新媒体教育与行业透视丛书
丛书总主编 涂 涛

# 媒 体 监 测

## MEITI JIANCE

主　　编　郭　好

副 主 编　王命洪　李　晶

参　　编　操　梅　李　洁
　　　　　刘晓林　冯扬帆

高等教育出版社·北京

本书为新形态教材

## 内容提要

本书是新媒体教育与行业透视丛书之一。

本书以新媒体理论教育为核心，以新媒体思维养成为基石，以新媒体职业素养提升为目标，以新媒体能力形成为落脚点，以教程与学程的统一为原则，致力于帮助有新媒体理想的人有效进入新媒体语境，成为学理和技能兼具的职场人。全书共分为上中下三篇，上篇为媒介演进与媒体监测行业概述，中篇为媒体监测机制与技术解析，下篇为新媒介思维与技术能力养成，共八章。

本书的读者对象是高校在校师生、新媒体从业人员、新媒体相关研究者等。

## 图书在版编目（CIP）数据：

媒体监测 / 郭好主编. -- 北京：高等教育出版社，2018.6
ISBN 978-7-04-048845-6

I. ①媒… II. ①郭… III. ①媒体（新闻）-监测-高等学校-教材 IV. ①G21

中国版本图书馆CIP数据核字（2017）第275112号

| 策划编辑 | 张晶晶　熊英 | **责任编辑** | 时俊龙　张晶晶 | **封面设计** | 张文豪 | **责任印制** | 高忠富 |

| | | | |
|---|---|---|---|
| **出版发行** | 高等教育出版社 | **咨询电话** | 400-810-0598 |
| **社　　址** | 北京市西城区德外大街4号 | **网　　址** | http://www.hep.edu.cn |
| **邮政编码** | 100120 | | http://www.hep.com.cn |
| **印　　刷** | 当纳利（上海）信息技术有限公司 | | http://www.hep.com.cn/shanghai |
| **开　　本** | 787mm×1092mm　1/16 | **网上订购** | http://www.landraco.com |
| **印　　张** | 19 | | http://www.landraco.com.cn |
| **字　　数** | 388千字 | | |
| **购书热线** | 021-56717287 | **版　　次** | 2018年6月第1版 |
| | 010-58581118 | **印　　次** | 2018年6月第1次印刷 |
| | | **定　　价** | 45.00元 |

本书如有缺页、倒页、脱页等质量问题，请到所购图书销售部门联系调换

# 总　序

从印刷术的发明到印刷媒介产业化,人类走过了三百多年的时间;而从计算机的发明到信息产业化,人类只用了短短二十几年。幸运的是,这二十几年,正是我走上讲台,讲授和研究新媒体传播与未来教育的二十几年,浸润其中,深感技术的天翻地覆,涨落更迭,产业的风云变幻,跌宕起伏。

作为一个新媒体产业的消费者,昨天还和家人一起翻看报纸,今天,就人手一部智能手机,爱人、孩子和我喝着同样的咖啡,却可能享用着完全不同的信息资讯。

作为一个新媒体产业的研究者,昨天还在研究一个媒体机构五十年发展轨迹,今天就面对着一个市值过亿的互联网企业一夜之间崛起或者坍塌的惊心动魄。

作为一个新媒体教育的践行者,昨天还在以引领者的身份按部就班地规划着未来人才的培养方案,今天就不得不面对师生"动机鸿沟"、技能脱节、学术滞后、发展瓶颈、人才供需矛盾等一系列问题。

生逢其时,是荣幸,更是责任。高等教育如何为学生就业和其未来职业发展创建自我进化的良性机制,如何为产业可持续的高速发展输出有新锐思考和持久能量的新鲜血液,"变革"二字,之于我们,既意义深远,又迫在眉睫。

2013年,我有了编撰一套以学习者为中心的新媒体教材的想法,并根据多年教学经验设计出整体构想的思维导图,再交给研究生们以"我最需要的新媒体资源"为轴线,依据学习者自身需求和未来从业基本技能储备等方面进行个性化补充。一年又一年,构思和框架几易其稿,却总感到不够完美,面对产业裂变级的发展,心中之紧迫和压力与日俱增。2016年7月,我带领西南大学新媒体研究所的老师们,到北京和上海进行了为期30天的产业调研。我们走访了新浪、微博、网易、今日头条、腾讯、360、乐视、美通社等十余家互联网企业及其上下游的相关企业,与其研发、技术、内容、数据、市场、公关等领域的副总裁、总编辑、总监等进行了三十余次的深度交流。在此过程中,业界朋友们对于人才的迫切需求,对于人才培养改革的真挚期盼让我感动和震惊,也有了更深的思考。

1. 企业求贤若渴,人才市场供给不足。学生就业不再是供求之间数量的矛盾,而是供求之间需求不匹配的矛盾。

2. 产业的发展需要可持续的推动力,毕业生短期就业率和长期发展力应同等考量。"技能"是企业招聘看中的条件,但是"自我学习能力""团队协作精神""专业态度"甚至"吃苦耐劳"等综合品质更是企业评估毕业生长效发展潜力的必要条件。

3. 企业对于教育改革的期盼和热忱丝毫不亚于学界,突破学界业界的阻隔,建立科学新媒体人才协同培养机制,势在必行。

同年8月,在高等教育出版社上海出版事业部的大力支持下,我们和编辑团队,经过了对丛书框架和定位的充分讨论,对科学性和严谨性的反复论证,确定了以新媒体理论教育为核心,以新媒体文化养成为基石,以新媒体职业素养提升为目标,以新媒体能力锤炼为落脚点,以教程与学程的统一为原则的"新媒体教育与行业透视丛书"出版合作计划,至此,开启了为期16个月的业界一线调研、案例精选、规律梳理、原理归纳、理论透析等编撰工作,并将丛书的视野定位在知识、能力、思维三个维度,旨在打破"书未出版就已过时"的小尴尬,以及学生"人未毕业就已落伍"的大尴尬。

> 做知识获取能力的开启者:信息产业带来了信息的高速更迭和低成本接入,由此导致了在电子空间中的新型知识沟,基于个人信息处理能力和终身学习能力差异的数字鸿沟。教材的功能应该突破单纯知识承载者的角色,按照新媒体环境下知识习得能力的链条:传授—拓展—探索—运用,成为学生知识获取能力的开启者,为其终身学习奠定基础。

> 做技能自我更新的推动者:比知识更新更快的是新媒体技能迭代,面对"学不完""追不上"的窘境,教材的功能应该从"求新"转化为"寻源",帮助学习者探索、理解、掌握媒体技能变化中不变的核心要素和积极有效的技能学习方法,推动学生新媒体技能的自我适应更新。

> 做媒介思维演变的引领者:未来的新媒体人才应该认识到,新媒介产业对于个体的影响远超越了知识和技能,通过在思维层面有意识或无意识的流动,成为社会基础结构和个人日常生活中理所当然的一部分,形塑着产业和社会形态。技术的拓展与思维的转变,就如同"技""术"二字的美妙组合,决定着个人在产业洪流中的位置和发展潜力。教材应该首先突破"技"的桎梏,成为新媒体思维"术"的引领者。

为了完成"开启—推动—引领"的螺旋上升愿景,丛书以《新媒体通论》为理论统领,按照新媒体产业大格局分为《自媒体传播》《新媒体影视》《计算新闻》《媒体监测》四本垂直领域针对性的专业教材。每一本书都按照上、中、下三篇呈现,上篇讨论和梳理理论构架和产业发展历程,中篇关注技术内驱力和行业现状,下篇完成学生思维转换和技能养成的引导。对于教材内容构架的审度,在每一个章节中着重体现以下几个部分:

> 解释理论:对于应用型学科理论与实践关系的争论由来已久,本丛书充分肯定理论的效用,重新审度理论阐述的方式,在每一本教材的上篇阐释传播规律和传播理论,启发学生以经典的理论透视产业,引领实践。

　　⇒启迪思维：每一章开篇使用思维导图的方式展示知识结构图谱，章节中用信息可视化和结构化的方式引导思维拓展练习，鼓励学生批判性思考，尝试构建自己思维的体系并图释化。

　　⇒拓展视野：梳理媒体产业的发展历程，透视当下新媒体产业格局，用企业的话语方式，最真实的案例和市场数据让读者"虚拟"在职场，以外部链接和二维码的形式拓展读者视野，引导读者在更广阔的信息和思维空间延展对新媒体产业未来的思考。

　　⇒互动留白：新型学习模式，教材是一个启发式的起点，而绝非终点，本丛书尝试用开放性的内容、问题和语言方式鼓励学生对新媒体技术和产业的未来空间进行探索，发现问题，提出问题，解决问题，并期待学生对教材进行反馈和讨论，这种互动式的留白既是本丛书的特点，也是我们所讲授的新媒介时代最大的魅力。

　　对任何创新的思考和尝试，就如同这个时代一样，会有诸多的困惑、难关和不完美，甚至可能迷途或挫败，可是恰恰因为充满挑战和未知，这样的思考、尝试和这个时代一样精彩纷呈，充满想象。在此书交付出版之际，我充满感激、期待，也心怀忐忑。感激诸多朋友的鼎力支持，团队老师同学的夜以继日，期待新媒体教育最朴实的愿景能够长存于每一位的心中，忐忑于匆匆之作，有诸多遗漏和不足。"梦为远别啼难唤，书被催成墨未浓"，于此，感谢每一位阅读此丛书的朋友，并热切而真诚地期待聆听你们的声音。

涂　涛

2017 年 11 月

# 序

　　1954 年，一个参加了二战的美国通讯兵，在退役后利用自己掌握的通信技术，第一次把一条电话专线，铺进了美国的几家主流报社的办公室，从此编辑们不用出门就可以接听电话，获取来自企业的最新商业咨讯，于是一家叫作美通社的企业新闻机构，就此诞生。直到后来，电话机变成了传真机、手机；电话线则变成了网线。企业新闻传播服务，也在美通社等的开拓下，成为一种全球商业传媒活动的标准服务形态，蓬勃发展至今。

　　而在更早的 1872 年，在瑞典的一家小小的广告公司里，有几个年轻人每天都在为客户收集和裁剪企业在报纸上的广告和新闻信息，制作成工整的剪报夹，交付给客户。他们决定将这块业务独立出来，成立单独的公司。之后，经过一百五十多年的发展，这家叫作 Cision 的公司，不断吸纳全球范围内、技术最先进、覆盖面最广的媒体数据和媒体监测公司，于 2016 年 8 月，收购了美通社，并于 2017 年 6 月成功登陆纽交所，成为该行业里第一个将媒体数据和传播渠道在企业传播全产业链成功布局并提供相关云服务的行业巨人。

　　回顾历史，总让人感叹"天下难事，必作于易，天下大事，必作于细"，媒体监测也好，企业新闻传播也好，并不是处在镁光灯下的光鲜行业。它的商业模式的基石，正是在于一次次发出企业信息和收集企业情报中贯彻始终的仔细与周全。虽然其商业化的进程显得不那么"其兴也勃焉"，然而一百多年的发展历史，也足以印证它绝不会"其亡而忽焉"。在一代代从业者的努力下，尤其是在新媒体、大数据和云服务技术的帮助下，这一行业早已超越了单纯的采集作用，成为一个真正能影响企业战略决策的应用技术行业。

　　但也正因为这个行业不那么"显山露水"，因此无论中外，都鲜有学术著作单独对其进行全面的梳理和研讨。此次西南大学新闻传媒学院，能将其作为系列教材的重要一环，从理论高度重新整理和归纳，并将其传授给未来的媒体公关从业人员，这实为一件功在当下、利在千秋的事情。因为我相信，无论媒体技术和形态如何变化，构成其核心的"内容、渠道、受众"等要素，是具有规律性和学习研究的价值的，而媒体监测，正是可以对这些规律性问题，进行总结和提炼的核心环节，故而其行业价值和应用发展才会历久弥新。

通读此书后，我的感觉是既欣喜又遗憾。欣喜的是终于有人可以系统地为这一行业打好理论基础，让后来人能带着客观、理性、以数据为依托的思维，在新媒体时代，重新打造我们行业的数字化格局。遗憾的是，在实际商务和企业应用中，我们又是如此缺乏具备此类知识和技能的媒体人，为企业把握、梳理传播绩效和舆情表现。放眼全球，由于地区经济和媒体的发展程度不同，企业所处行业和发展阶段的不同，其媒体传播渠道之差异化和碎片化，其情报收集需求之多样化和个性化，都使得一个在媒体监测方面训练有素的从业人员的价值，在这个时代显得尤为重要。

通常来看，我们会把敏锐的职业嗅觉和出色的文字能力视为媒体和公关人员安身立命的根本。但无论是锐化嗅觉也好，丰富创意也罢，离开了客观有效的媒体监测，则如同一个没有眼睛的巨人，只能盲目地行动。更为实际的是，离开了有效的媒体监测数据，当我们的媒体公关工作在向企业决策层提出各种意见，乃至申请相关投入时，都会显得比较无力和牵强，只能"硬着头皮"请领导相信我们的"嗅觉"和"能力"。

而在企业层面，正是由于监测数据的匮乏及应用的不智能、不规范，使得媒介活动、公关活动，乃至市场和广告活动等，只能采用含糊不清、似是而非的标准进行评估和考核，因此类似公关部去追求更高的"广告价值"这样的缘木求鱼的行为，也就层出不穷了。因此我由衷希望此书的出版，不仅为莘莘学子提供一个良好规范的学习与训练文本，更能为我们的行业上下游及其企业应用方面正本清源。

合上此书，我不禁感慨自己不能再像同学们一样，系统完整地学习新媒体的核心理论和应用技能，只能凭自己的一些实际业务体验来不断努力跟上媒体变化的趋势和时代变革的步伐。而我也十分确信，《媒体监测》及"新媒体教育与行业透视丛书"中的其他图书，能够帮助同学们全面地掌握新媒体时代一些行业规律性的知识和通用化的技能。作为整个行业发展的开拓者和见证人，美通社能为同学们的学习内容上提供一些数据和案例，成为大家构筑从业能力的一砖一瓦，我也深感荣幸！我更希望有一天，大家能带着各自独到的见解和体验，和美通相逢在新媒体的"江湖"，共同创造出媒体和公关行业的美好未来。

美通社亚太区高级副总裁　陈玉劼

2018 年 5 月 25 日

# 目　录

## 上篇　媒介演进与媒体监测行业概述

**第一章　媒体技术流变与媒体监测行业迭代 / 3**

第一节　传统媒介与传统媒体监测 / 5

第二节　网络社会与网络媒体监测 / 15

第三节　移动互联与社交媒体监测 / 26

第四节　大数据时代与人工智能 / 40

**第二章　媒体监测产业格局与应用 / 55**

第一节　媒体监测产业发展概况 / 57

第二节　媒体监测的案例应用 / 71

## 中篇　媒体监测机制与技术解析

**第三章　媒体监测技术流程 / 85**

第一节　舆情数据采集 / 87

第二节　舆情数据分析 / 99

第三节　网络舆情研判 / 108

**第四章　媒体监测生成机制 / 117**

第一节　传统媒体监测的生成机制 / 119

第二节　网络媒体监测的生成机制 / 130

第三节　社交媒体监测的生成机制 / 141

第五章　政府媒体监测与社会舆论引导 / 149

　第一节　社会舆论形成及政府媒体监测机制 / 151

　第二节　媒体监测与政府形象传播 / 165

　第三节　媒体监测与政府危机管理 / 172

第六章　媒体监测与公关市场决策 / 181

　第一节　舆情预警与危机处理 / 183

　第二节　公关引导与决策应对 / 194

　第三节　市场调研与竞品分析 / 205

## 下篇　新媒介思维与技术能力养成

第七章　新媒介思维养成 / 219

　第一节　定量思维与定性思维 / 221

　第二节　大数据思维 / 230

　第三节　可视化思维 / 237

第八章　新媒介技术能力养成 / 247

　第一节　从数据到智慧——数据处理能力 / 249

　第二节　从字节到价值——舆情分析与研判能力 / 259

　第三节　制胜组合——用可视化助力舆情报告 / 266

参考文献 / 289

# 上篇 媒介演进与媒体监测行业概述

- ■ 媒体技术流变与媒体监测行业迭代
- ■ 媒体监测产业格局与应用

# 第一章 媒体技术流变与媒体监测行业迭代

　　自诞生之日起，人类便开始用双脚丈量大地，用五官感知风云，用双手把握世界。火的意外获取使得人类可以主动改变自己的生存环境，轮子的发明与使用则解放了双脚，拓展了人类的活动范围。到现在，偌大的地球变成了村子一样的存在，人们在短时间内就可以实现空间位移、建立连接，人与人之间的关系变得微妙有趣。

　　技术手段的革新不断改变着人类生活的方方面面。生存在这样一个大环境中，我们需要不断调整自己的思想与态度，去引领、去适应、去反抗；虽没有成败的区别，但总有力量强弱的对比。不同时期的媒介也在经受着历史与未来的考验，被人类重视或抛弃。历史长河中一点一滴的信息被不同媒介争先恐后地记录留存，而这留存下的信息文本也成为我们审视历史、总结经验的最好资源。

　　媒体监测的对象正是不同时期信息文本的媒介载体。在开始媒体监测的讲解之前，从技术演变的角度回顾媒介从古到今的发展是非常有必要的。本章内容介绍了从传统媒体时代到现今互联网时代再到未来人工智能时代的媒介发展，对不同时代的媒介技术和相应的监测方式、手段进行了全面梳理，希望能从媒介技术出发，把握媒体监测的发展脉络。

# 本章思维导图

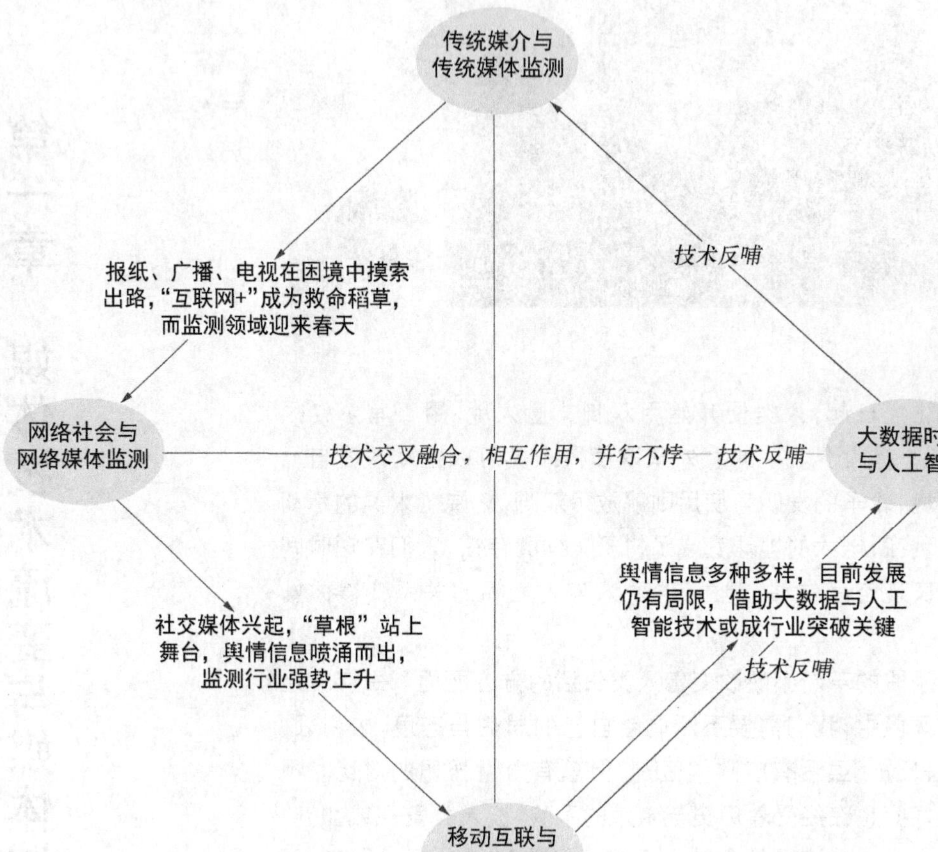

传统媒介与
传统媒体监测

报纸、广播、电视在困境中摸索
出路，"互联网+"成为救命稻草，
而监测领域迎来春天

技术反哺

网络社会与
网络媒体监测　———　技术交叉融合，相互作用，并行不悖　———　技术反哺　　大数据时代
与人工智能

社交媒体兴起，"草根"站上
舞台，舆情信息喷涌而出，
监测行业强势上升

舆情信息多种多样，目前发展
仍有局限，借助大数据与人工
智能技术或成行业突破关键

技术反哺

移动互联与
社交媒体监测

# 第一节　传统媒介与传统媒体监测

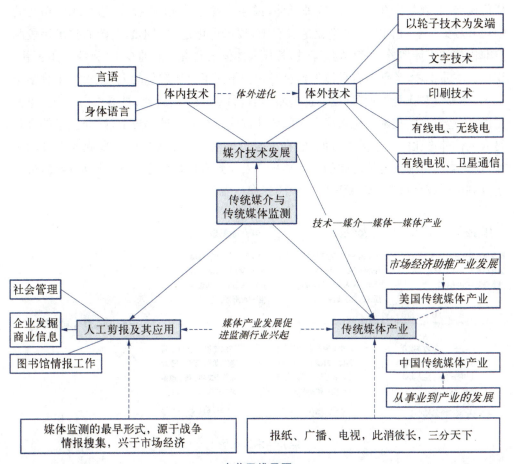

**本节思维导图**

媒介技术的发展使得人类之间的交流逐渐克服时间与空间的障碍。在技术的推动之下，各种不同的媒介形态产生，并在人类发展的历史长河中发挥着自己的作用。深入探究媒介的技术支持，能帮助我们理解人类对于交流的内心渴望，理解媒介在人类进步中所扮演的角色，理解媒体监测的由来和意义。人工剪报作为媒体监测行业的发端，在传统媒体时代，为政府、企业等提供了重要的信息情报。本节也将从人工剪报的产生、流程、应用等方面进行全方位的阐述。

## 一、媒介技术发展与传统媒体产业的兴起

### （一）媒介技术演进

传媒技术进入不同的文化领域，扩展了那里已经存在的独具特色的传统、价值观

和生活风格,同时,传媒技术也挑战和改变那里的文化根基①。在全球文明史上,传播、媒介和技术进化是三个高度相关的历史文化现象。用麦克卢汉(Marshall McLuhan)的"泛媒介"定义讲,"媒介是人的延伸"——媒介是用来延伸人体器官及其机能的中介性工具。在麦克卢汉看来,任何一种技术,只要是人类身体、思想、存在的任何延伸,它就是媒介;媒介的这种延伸,说穿了就是对人的"器官、感官或曰功能的强化和放大"②。在西方技术进化论者看来,技术进化是利用不断更新的技术手段制造非肉体的人体体外器官(人造器具)替代人体体内器官功能的技术"自我繁殖更新"现象。本质上,人类创造自身体外器官是一种不同于自然进化的人工进化,生物学家称为"体外"或"人身外地"进化。这些新器官可以是工具、武器、机器或房子③。也就是说,人造器具的技术进化构成了人的体外进化。在人类进化史上,媒介技术的进化是人的体外进化的一个重要方面,它在人类传播活动中呈现出一种螺旋式上升的态势,使人类的传播从身体之间的近距离传播发展到机械媒介之间的远距离传播,最后上升到电子媒介形似"零"距离的远距离音像传播。

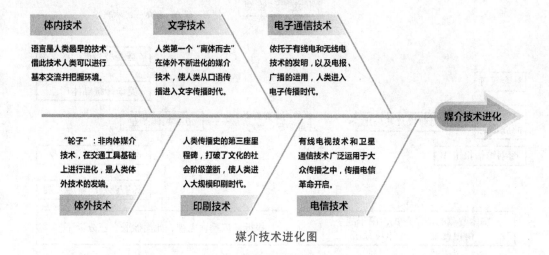

媒介技术进化图

在以人体为传播媒介的时期,依托于人体器官自身的进化,原始人类的传播活动经历了从肢体语言到口头语言的发展进步。麦克卢汉认为"言语是人最早的技术"④。这种言语既包含口头语言,也包括肢体、表情在内的身体语言。按照这个定义来理解,可以将言语看作是一种体内的媒介技术。在人体本身的资源发掘殆尽之后,人类将目光投向了更加丰富的外部世界,开始尝试借助体外工具来帮助信息的输出与接收,比如轮子的发明。

① [美]詹姆斯·罗尔.媒介、传播、文化:一个全球性的途径[M].董洪川,译.北京:商务印书馆,2005.
② [加]埃里克·麦克卢汉.[加]弗兰克·秦格龙.麦克卢汉精粹[M].何道宽,译.南京:南京大学出版社,2000.
③ [英]卡尔·波普尔.客观知识:一个进化论的研究[M].舒炜光,等,译.上海:上海译文出版社,2005.
④ [加]马歇尔·麦克卢汉.理解媒介:论人的延伸[M].何道宽,译.北京:商务印书馆,2000.

**概念**

"轮子"：非肉体媒介技术。其内在逻辑为不断更新换代和自我繁殖，在进化中增强工具和机器的作用。

"轮子"理论图

　　轮子的发明是人类由体内技术向体外技术发展的代表。任何超过人类体能极限的物体的空间转移，在轮子发明以前都是不可能实现的。借助轮子在交通运用上的逻辑，这种非肉体媒介技术大大提高了信息传播的速度与效率。

　　造字术、书写术的发明使人类从口语传播时代进入文字传播时代，文字技术成为人类第一个"离体而去"并在体外不断进化的媒介技术[①]。我国雕版印刷术和活字印刷术的发明，标志着印刷时代的到来，1456 年德国古登堡发明金属活字印刷术，开启了大规模印刷时代。这是人类传播史的第三座里程碑。新的思想、新的信息随着印刷时代的到来变成了统治者无法遏制的潮流[②]。印刷术复制信息的能力使得知识得以普及，打破阶级的垄断和局限，使原先为奴隶主、封建主、教会上层所垄断的文化知识扩散开来。

　　电子通信技术的出现使得信息传播实现了质的飞跃。这种将电流作为信息载体的奇思妙想使得人类迈入了一个时间、空间相对加速的全新时代，信息传递形似"零距离"。1893 年，无线电的出现使得广播成为可能，20 世纪 50 年代，有线电视技术在美国出现。1962 年，美国首次发射了"电星一号"卫星，专门用于广播电视节目，人类传播史上的第四次传播革命——电信革命开启。随后，计算机技术以及网络技术的迅猛发展更是开始了对大众传播的渗透，网络逐渐成为传播信息的重要阵地，并对传统媒体形成巨大冲击。但网络这种新媒介并非将传统媒介取而代之，而是并驾齐驱、互相交融。即便在互联网大行其道的今天，传统媒体仍具有网络不可比拟的优势，发挥着不可忽视的重要作用。

　　（二）传统媒体产业的兴起

　　1. 媒体产业的概念

　　所谓产业，从经济学的角度，一般定义为：指各种制造或供应货物、劳务或收入

---

①　李曦珍，楚雪，胡辰.传播之"路"上的媒介技术进化与媒介形态演变[J].新闻与传播研究，2012(1).

②　郑超然，程曼丽，王泰玄.外国新闻传播史[M].北京：中国人民大学出版社，1999.

来源的生产性企业或组织①。其具有以下几个属性特征：一是能制造或供应货物或劳务；二是能制造收入来源，即生成经济利益；三是一个生产性企业或组织。

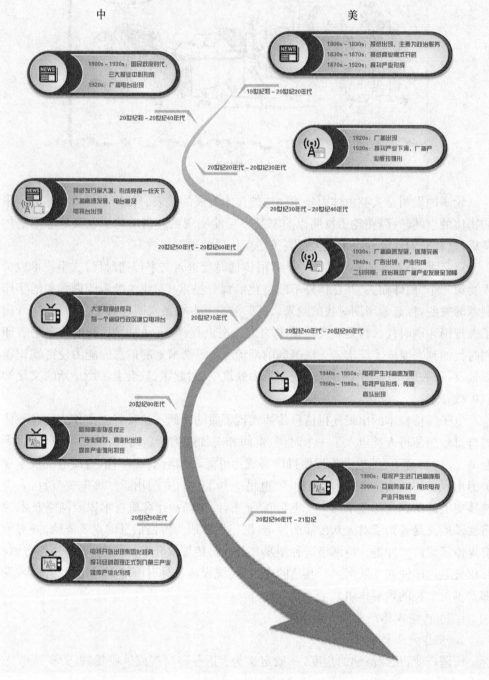

中

美

1900s～1930s：国民政府时代，三大报业中心形成
1920s：广播电台出现

1800s～1830s：报纸出现，主要为政治服务
1830s～1870s：报纸商业模式开启
1870s～1920s：报刊产业形成

19世纪初～20世纪20年代

20世纪初～20世纪40年代

1920s：广播出现
1930s：报业产业下滑，广播产业雏形

20世纪20年代～20世纪30年代

报纸发行量扩大，形成党报一统天下
广播高速发展，电台普及
电视台出现

20世纪30年代～20世纪40年代

20世纪50年代～20世纪60年代

1930s：广播高速发展，逐渐完善
1940s：广告出现，产业形成
二战时期：政治推动广播产业发展至顶峰

大多数报纸停刊
每一个省级行政区建立电视台

20世纪70年代

20世纪40年代～20世纪90年代

1940s～1950s：电视产生并高速发展
1960s～1980s：电视产业形成，传媒寡头出现

20世纪80年代

新闻事业拨乱反正
广告业复苏，商业化出现
媒体产业雏形初现

1990s：电视产生几后赢巅峰期
2000s：互联网普及，传统电视产业开始转型

20世纪90年代

20世纪90年代～21世纪

电视开始出现集团化趋势
报刊经营管理正式列入第三产业
媒体产业化形成

中美媒体产业发展图

---

① 李英健.关于出版实行市场化、产业化的思考[J].记者摇篮，1999(7).

　　媒体是否具有以上属性呢？媒体作为信息组织,它主要从事信息的收集、加工和传播,即主要从事信息产品的生产,并通过传播向社会提供信息服务。这样来看,媒体的确具有产业属性的第一和第三方面的特征。但媒体自身的特殊属性使得它很多时候并不能单纯地去生成经济利益,因为无论在何种制度下,媒体普遍被视为一种公共事业,其所传播的信息具有一种社会共享性,在传播过程中并不能形成商品化的交换关系。媒体拥有大众传播的先天优势,是商业信息传播的得天独厚的平台,这也就促成了广告与媒体的联姻。广告对媒体的利用和媒体对广告的接纳,使得媒体广告经营行为发生,媒体的产业属性得以凸显。

　　媒体产业的形成以近代报业为发端。随着生产力的进步和继续分化,广播业、电视业、网络媒体业在技术进步的推动下,在满足市场需求的过程中,通过提供专门化的商品和劳务而形成一个独特的市场产业①。我们现在讲的传统媒体产业是相对于大行其道的互联网等新媒体而言的。新旧的概念是相对的,报纸、广播、电视在新媒体出现之前,都曾是时代的宠儿。

　　鉴于美国传统媒体产业在全球同一时期的巨大优势,本节只对美国传统媒体产业以及我国媒体事业和产业发展作介绍。

### 2. 美国的媒体产业发展

　　一般意义上讲,美国的媒体产业大体可以分为图书、期刊、报纸、杂志、电影、录音、广播、电视和互联网,鉴于本书所讲的媒体监测在传统媒体中主要存在于报纸、广播、电视,因此本部分内容也主要涉及以上三类媒体。

　　(1) 报纸产业。

　　报纸在美国的产生原本是为了宣传政治观点。到了 19 世纪 30 年代,受美国政治及经济大环境影响,报纸成为出版方十分有效的营利工具。从 1833 年美国《纽约太阳报》和《先驱报》创刊,到 19 世纪 70 年代,报纸逐渐发展成为当时唯一的大众媒体形态。

《纽约太阳报》

知识窗

《纽约太阳报》是美国第一份成功按商业原则创办的商业报纸,也是第一份报价便宜的"便士报"。

　　新型印刷机、电报技术以及广告的介入推动了报纸产业的繁荣。1880 年至 1900年间,美国报业公司数量从 850 家增长到 1 967 家,到 1900 年,93％的家庭成为报纸订户;到 1919 年,报纸达到高峰期,平均每户家庭每日收到 1.4 份报纸。进入 20 世纪

---

① 中国大百科全书出版社《简明不列颠百科全书》编辑部译编.简明不列颠百科全书:第二卷[M].第二卷.北京:中国大百科书出版社,1985.

30 年代,由于广播、电视出现,报纸的生存空间受到挤压,到 1945 年,美国的日报数量下降到 1 750 份。自 20 世纪 50 年代以来,美国的报纸重新定位自己的角色,主要为地方媒体的受众和广告商服务。

（2）广播产业。

虽然有线电与无线电技术对广播的产生起到了重要的推动作用,但真正的广播业却始于 20 世纪 20 年代。1921 年,美国只有 5 家调幅无线电台,到 1923 年,美国共计有五百多家电台。进入 20 世纪三四十年代,美国广播产业进入发展高峰期,1936 年,美国平均每户家庭拥有一台收音机,10 年内,数目增长了一倍。随着广播台站、商业广告赞助、广播网络等概念的发展和成熟,广播电台从一种新奇的事物进化为商业化公司。1927 年,广告平均占用了 20％的广播时间;到 1940 年,广告时间达到广播时间的 50％以上。二战期间,由于政治宣传和经济扩张的需求,美国的广播产业得到长足的发展,人们把大部分的时间花在听广播上。

（3）电视产业。

20 世纪 30 年代,科技的发展已经使传输和接收电视信号成为可能。1941 年,第一家电视台开播;1948 年,美国几乎有 3％的家庭拥有一台电视机;1950 年,美国共计有电视台 107 家;到 1960 年,美国电视台超过 500 家。电视因其独特的传播优势,将媒体产业化推向高潮。ABC（美国广播公司）、CBS（哥伦比亚广播公司）、NBC（美国全国广播公司）三大电视网从 20 世纪 40 年代开始就支配了美国的电视工业,形成了美国三大传媒寡头。到了 20 世纪 70 年代晚期,ABC、CBS、NBC、FOX（福克斯广播公司）、CW（哥伦比亚华纳兄弟联合电视网）五大电视网联

美国五大电视网

合控制了 95％的市场份额。1980 年,美国 99.5％的家庭至少拥有一台电视机,超过 90％的家庭拥有彩色电视机。整体电视产业在 20 世纪 90 年代达到 210 亿美元的产值。

近年网络视频的崛起、数字化潮流的涌现以及各种新技术的运用对美国传统电视收视率打击沉重,如果说传统电视是电视业的过去,那么网络电视就是电视业的未来。然而目前的电视业似乎被卡在了这两者之间。

3. 中国的媒体事业与产业发展

与美国相比,中国媒体产业发展起步较晚,早期的媒体形式也比较单一,以报纸、广播为主。中华人民共和国成立后,随着技术发展进步,电视开始出现,三足鼎立的局面慢慢形成。

（1）报纸与广播事业。

报纸和广播是 1949 年后中国重要的舆论工具。1950 年,中国报纸的发行量就已

达到 8 亿份,到 1960 年达到 30.8 亿份。这段时期,中国报纸逐步形成了党报一统天下的格局。随后,"文化大革命"时期,重要新闻单位被夺权,大多数报纸停办。1978 年至 1992 年间,中国新闻事业拨乱反正,得到全面快速发展,经济类报纸异军突起;报纸可刊登广告,且媒体开始自办发行。1992 年后,报纸的商品属性逐渐被理解与认可,市场化、产业化速度明显加快,报业集团化也渐成趋势。

与报纸事业十分相似的广播事业发展曲折。1949 年后,中国广播收音网普遍建立。1956 年,广播工作改革全面展开,意在加强同人民日常生活的联系。由于实行中央和地方并举的方针,1957 年以后地方广播事业有了很大发展:1957 年广播电台有 61 座,到 1960 年年底,全国地方电台发展到 135 座;到了 1980 年,全国有电台近 100 座,发射台和转播台 500 座,调频台 90 多座。此后随着电视的普及,20 世纪 80 年代中后期,广播事业受到巨大挑战,但经过一系列调整改革,广播受众有回流的趋势。

早期的电视节目录制

(2) 电视事业。

1958 年 5 月 1 日,中国第一家电视台——北京电视台试播,同年 9 月 2 日正式播出。1958 年 10 月 1 日上海电视台问世,1958 年 12 月 20 日哈尔滨电视台试播,1958 年成了中国电视事业的诞生之年。1970 年,大多数省会城市建立正规电视台,至 1979 年,全国每一个省级行政区都建立了自己的电视台。1983 年,中国电视事业结构向多级办台转变。20 世纪 90 年代后期,中国电视事业撤销地县两级电视台的建制,逐步实行制播分离,且开始了集团化的趋势。

(3) 媒体产业雏形初现。

纵观中国的媒体发展,在改革开放以前,中国的报业、广播、电视只能称之为事业。自 1978 年改革开放以后,由于新的市场经济成分的出现,市场需求决定了一个新的产业——媒体产业的萌芽;广告业的全面复苏和"事业单位,企业化管理"的新机制的出台,各种因素的合力决定了中国媒体的市场化、商业化和产业化方向。

在 20 世纪 80 年代至 90 年代后期这段媒体产业的形成时期,资源的市场供给充足,媒体缺少的是受众(消费者)的注意力资源。在资金和资源的支持下,中国媒体产业步入了一个新时期。

1984 年,中国以城市为重点的经济体制改革拉开序幕。1987 年,新闻出版事业和广播电视事业被纳入"信息化商品"序列。市场经济体制下,国家的产业政策直接或间接地促成了媒体产业的形成。1993 年 6 月,"报刊经营管理"被正式列入第三产业,媒体经营在中国首次获得产业的名分。1994 年 5 月,国务院颁布《国民经济行业分类与代码》(GB/T 4754 – 1994)又将广播、电影、电视业列入教育、文化艺术与广播电影电视业类。至此,媒体产业被视为中国国民经济的一部分。财政部在发布企业财务管理制度时将广播、电视、报社一并划入文教企业类,归并为企业化的财务管理①。由此,媒体的企业性质得以确认。在这一时期,报纸、电视媒体机构大规模扩张,外资也开始注入,传统媒体产业迅速发展。

## 二、媒体监测的产生及人工剪报工作的应用

在美国南北战争时期,情报搜集人员将大量有关对方人员动向、物资调配等的信息从公开媒体搜集起来并送回本部用以推断对方的军事动向。这可以说是美国政府对剪报的原始运用。随着媒体产业的蓬勃发展,报纸媒介的社会功能越来越强大,不仅具有监视(收集情报)、协调(解释情报)、制定、传播和执行政策的政治功能,同时还具有提供买卖信息、解释信息、活跃市场等经济功能,以及协调公众的了解意愿、传递社会规范、进行社会控制的一般社会功能。基于此,对媒体传播内容进行监测成为政府、企业等组织的必要需求,而剪报工作则能很好地满足这种需求。剪报可以对一定时间段内报纸上关于某一事件的信息资源进行收集、整理、分析,获得整体性的鸟瞰图像。

因此,媒体监测服务最先开始于报纸领域,但那时只是单纯的剪报服务,并没有形成"媒体监测"这一概念。当监测服务开始普遍应用于报纸、广播、电视、网络、广告等多种媒体时,"媒体监测"的概念才开始被广泛使用。最初,政府、企业会在内部成立专门的情报部门来负责剪报工作,后来慢慢地发展出了作为第三方机构的剪报服务公司专门承接政府与企业以及其他组织的剪报收集工作,且发展迅速。

而在传统媒体监测中,广播电视监测受限于技术发展,信息存储不便,只能依靠人工浏览记录的方式进行,且相较于报纸的可存储、发行量大的特点,广播电视在监测领域的影响远不及报纸的影响力大。因此,本节主要介绍人工剪报工作。

### (一) 人工剪报工作

人工剪报是媒体监测的最早形式,剪报工作就是剪报人员从报纸版面上进行知识或信息的采撷。报纸版面是剪报人员进行知识或信息采撷的活动场所,剪报工作

---

① 向东.中国媒体产业创新论[D].成都:四川大学,2002.

是剪报人员对报纸的开发,其开发的成果就是知识或信息,这种采撷或开发,以单篇文章或段落、图片为对象。

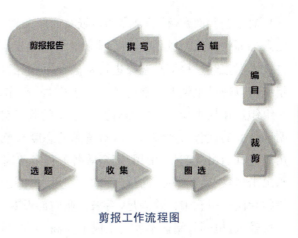

剪报工作流程图

剪报工作全程采用人工方式,流程包括选题、收集、圈选、裁剪、编目、合辑、报告生成等。剪报人员会根据需要确定选题,同时确定包含所需信息的报纸范围。其中圈选是指根据课题任务在报纸版

面上扫描后再圈定所要裁剪的信息内容,是专题资料的采集选择工作。这个环节比较注重从业者对信息的敏感度及细致程度,且提供圈选的报刊资料越多,圈选的信息越全,最终做出的剪报则越翔实。在裁剪这个过程中,最原始的方式是用剪刀剪下所需内容。后来有了扫描仪、影印机,也可以选择扫描复印的方式来完成。合辑就是对裁剪下的零散的资料进行二次装订,将其用胶水或其他材料黏附在特定的依托物如报纸或牛皮纸上。同时要注意合理排版,既要直观也要美观。报告是剪报工作的最终环节,也是最重要的环节。工作人员通过对收集到的剪报信息进行归纳整理,对内容作出大致的分析,比如信息来源、包含正负倾向的信息数量,最终作出某一阶段内的舆情趋势总结。

剪报改变了报纸信息较分散、知识不系统、科学性较差等负面特点,经过归序、整合、去粗取精、去伪存真开发出更高价值的情报资料。因此,剪报这一简便实用的信息产品,自诞生以来,一直被情报机构作为情报服务的主要手段之一进行开发和利用。特别是改革开放以来,企业在从计划经济向市场经济的转变中对市场信息、科研情报的需求加大,剪报像轻骑兵,以及时、灵活、丰富等优势为广大信息市场所接受和欢迎。

## (二) 人工剪报工作的应用

剪报工作一般服务于政府、企业以及其他组织机构,内容涉及政府舆情、商业情报、事件热点、媒体倾向等方面。

剪报是政府运用媒体进行社会管理的一项重要工具。但是由于报刊交互性差,并不能直接反映舆情,通常只是充当人民的发声筒,采集报道普通民众或意见领袖的意愿。因此在印刷媒介时代,政府部门的剪报工作,多是从媒体层面获悉人民意见、掌握舆情动态。不同媒体对某一社会热点事件或政策所持的价值观、立场是不同的,在一定程度上代表了不同地域、不同层次人民的声音,通过对这类报道信息的收集、整理、分析,可以掌握全局事态与议论动态,持续跟踪,实时调整政府应对策略。在早期,政府一般会成立专门的参考咨询部门或舆情监控部门来进行此项工作,后来,随着剪报产业的形成,政府也会借助图书馆情报机构或剪报公司等开展此项工作。

对于企业而言,种类繁多的报纸及商业杂志中蕴藏着极其丰富的商业信息,具有巨大的商业价值。世界上一些国家很早就出现了剪报公司,集中人力、物力,利用先进技术对报刊这块信息宝藏进行发掘,并且把报刊信息进一步商品化[①]。企业或其他组织可以通过报纸上刊登的竞争对手广告、运作动态、市场口碑等了解市场情况,以对组织运作提供指导。比如对竞品信息的收集分析可以掌握竞争对手的发展方向,明确彼此的优势与劣势。民众对竞品的态度与意见也对企业产品的优化具有指导作用。尤其当出现产品、信用、资金等各方面危机时,可以及时采取正确的公关策略,主动出击,将主动权掌握在自己手中。企业的市场信息需求在一开始可能仅仅通过高层领导阅读报刊来大致满足,后来企业内部设专人负责报刊信息采集整理,但由于工作量较大,报刊订阅成本和人工成本太高,而外部剪报服务渐渐产业化,具有方便、高效、成本低的特点,这部分工作也就慢慢外包给了专业的剪报公司。

剪报另外一个广泛应用的领域便是图书馆。我国剪报服务最先开始于高校的图书馆,尤其是文科院校图书馆,比如杭州商学院图书馆,从1988年下半年以来开始剪报工作,他们立足校内,面向社会,在为教学、科研服务,为领导决策,以及为经济建设主战场服务等方面提供了大量有价值的剪报资料。图书馆开展此项工作的优势在于大量的信息资源、报刊订阅资金一般由政府支持。在20世纪90年代市场经济开始之前,图书馆参考咨询中的剪报工作一直如火如荼地开展着。比如当时广东省立中山图书馆剪报,福建省图书馆房地产剪报,部分县市图书馆的种植、养殖信息剪报等,一直很受用户欢迎[②]。但是随着市场经济的深入发展,用户需求激增,图书馆却一直闭门造车,与外界脱离,私营剪报公司则强势崛起,进一步压缩了图书馆剪报的生存空间。

## 本 节 小 结

技术驱动下的媒介发展是人类发展史的一个缩影,媒介技术的发展催生了不同形态的媒体组织,媒体组织成为人们获得外部消息的主要来源。对于媒体提供的庞杂信息,仅仅停留在了解的层面是不够的,需要对某一方面的信息进行挖掘分析,知晓它的原因与结果、过去与未来,以及与其他事物的相关性。媒体监测便成为我们进一步发掘信息价值的途径。

人工剪报是媒体监测的发端,是为满足人们掌控信息、左右局势的需求而生。2000年以后,网络技术的迅猛发展改变了人们的生产生活方式,"互联网+"的概念渐渐被人们所接受且身体力行,企业、政府纷纷利用网络平台大展身手,传媒业尤为显著。网络媒体对传统媒体尤其是平面媒体的冲击很大;平面媒体虽然式微,但仍具

---

① 曾建勋.剪报公司与报刊信息[J].信息经济与技术,1994(10).
② 陈正阳.美国公开来源情报工作发展分析[J].中国-东盟博览,2013(11).

有网络媒体不可比拟的优越性,其内容对于政府、企业等组织来讲依然具有很强的借鉴指导意义。在媒体监测的工作中,网络媒体和平面媒体都是不可或缺、无法忽视的重要部分。

## 第二节　网络社会与网络媒体监测

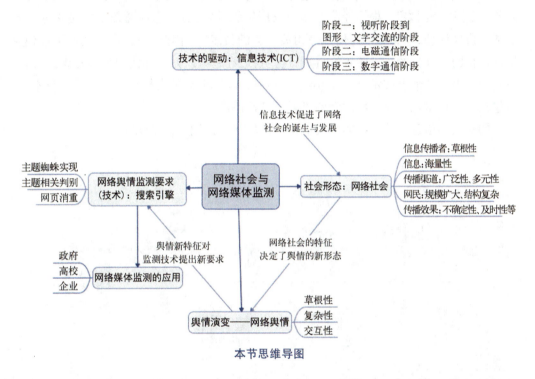

**本节思维导图**

随着网民数量的增加和移动互联网的发展,网络媒体已经成为信息获取和意见交流的主要渠道。网络媒体监测的产生与新的媒介环境紧密相关。网络媒介既为网络媒体监测提供了更加便捷、自由的舆情信息获取渠道,网络社会信息传播形式的多元化、信息的海量性以及交互性等特点又改变了传统的舆情呈现形态,为舆情的监测与管理带来极大的挑战。作为新媒介环境中的一部分,网络媒体监测愈来愈受到政府、企业甚至个人的关注。对网络社会舆情形态的分析以及对相关监测技术的了解有利于推进媒体监测行业的发展。

### 一、信息技术驱动下网络社会的产生与发展

古人以"爱惜字纸"来表明圣贤对文化的敬重,字即内容,纸即载体,从结绳刻木到图画符号,从甲骨卜辞到青铜铭文,从简策帛书到纸质印刷,千百年来,文字的形式和载体不断演进。如今,在一个由数字构成的网络信息时代,"纸"是看不见也摸不着

的互联网络,而"字"正在以每秒几十万字节的速度传播。

(一) 信息技术的发展及其对网络社会的影响

1. 信息技术的发展历程

信息通信技术(ICT, information and communications technologies)一词最早可追溯到丹尼斯·史蒂文森(Dennis Stevenson)于 1997 年向英国政府递交的工作报告。2000 年,英国政府将信息通信技术定义为"包含电子计算机技术、电子信息技术、国际互联网技术等"。欧洲在产业分类中将其定义为"在广义上是指硬件、软件、商务、服务以及网络"。根据经济合作与发展组织的定义,信息与通信技术是指通过电子手段来处理、存储和传递信息等相关一类的技术①。因此,信息通信技术不仅包括计算机网络连接的物理装置,也包括这些物理设施组织方式和使用者的知识集合。我们通常提到的信息技术(IT, information technologies)是指与计算机相关的技术,不包括通信技术,然而现今,两者的界限正日益模糊。

回顾人类信息通信技术的发展历程,可以划分为以下几个阶段:

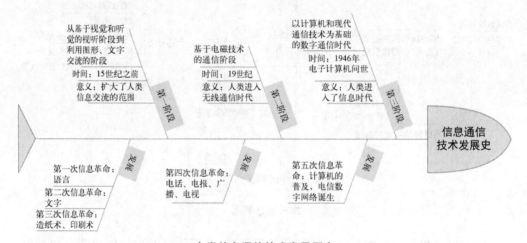

人类信息通信技术发展历史

**第一阶段:从基于视觉和听觉的视听阶段到利用图形、文字交流的阶段**

这个阶段包含了三次信息革命,首先是语言的产生和应用,标志着人类感知、接收、传递和交流信息的能力有了质的飞跃。其次是文字的产生和应用,突破了语言交流的时空障碍,促进了信息的大量积累和广泛传播,提高了人们交流和生产的能力。最后是造纸术和印刷术的发明,使信息的传播和知识的积累有了可靠的保证,为人类文明的发展奠定了基础。

**第二阶段:基于电磁技术的通信阶段**

这一阶段爆发的信息革命有几个重要的时间节点。首先是 1835 年,塞缪尔·莫

---

① 经济合作与发展组织.经济合作与发展组织信息技术展望 2004[M].国务院发展研究中心技术经济研究部,
译.北京:中国财政经济出版社,2005.

尔斯(Samuel Morse)的有线电报机在实验室架设成功；到 1916 年，伽利尔摩·马可尼(Guglielmo Marconi)完成短波实验，奠定了现代远距离无线电通信的基础。再者是亚历山大·贝尔(Alexander Bell)提出早期电话原理，即说话声音作为空气里的复合振动可传输到固体上，并通过电脉冲于导电金属上传递；为有声传播提供了基础。1876 年，贝尔申请了电话的专利权。1877 年，第一份用电话发出的新闻电讯稿被发送到波士顿的《世界报》，开始了公众使用电话的时代。

**第三阶段：以计算机和现代通信技术为基础的数字通信时代**

二战以后，尤其是 20 世纪中叶以来，随着计算机的发明和应用，出现了与电信网络技术并行发展的计算机网络。进入 21 世纪，计算机网络正朝着多样化、智能化方向发展，作为社会基础设施的通信网络，也正朝着数字化、宽带化、个人化的方向发展。计算机和现代通信技术的应用是信息传播手段与信息处理方式的革命，将人类推进到信息时代。

中国信息通信研究院(CAICT)于 2016 年 12 月 28 日在北京召开"ICT 深度观察大型报告会暨白皮书发布会"，会上发布"中国信息通信行业的 2017 十大趋势"之一为：我国 4G 用户突破 10 亿大关，5G 实验迈入新阶段。

5G 时代到来

2. 信息技术对网络社会的推动作用

信息技术的发展是社会运行到一定状态的一种迫切需求。1993 年 9 月，美国提出"信息高速公路"(information highway)计划，引起全世界的关注，西方国家纷纷效仿，打响了信息网络战。以信息技术为特征的经济在美国得到持续的繁荣。与发达国家相比，发展中国家如中国和印度在信息和通信技术发展上也取得了瞩目的成绩。现代信息技术日益渗透到人们生活的各个方面，其作为社会推动力量的特殊属性也日益凸显。

首先，信息技术对生产力发展具有推动作用。以信息技术为载体的现代生产工具改变了原有的生产方式和产业结构。如通过提高劳动者的信息素养来提高其素质，通过提高劳动工具的智能化来促进生产效率，通过网络信息社会的虚拟性来拓宽劳动对象。这种趋于高度人性化、全球化的生产力可以将人们从繁重的体力劳动和脑力劳动中解放出来，让人们有更多自由发展的时间和空间。

拓展：信息高速公路

其次，信息技术的"数字化"和"虚拟化"提高了人们的能动性和自由度。人类认识实践活动在深度和广度上得到了前所未有的拓展。正如麦克卢汉所言，"媒介是人的感觉能力的延伸或扩展"，网络社会也是现实社会的延伸和补充。在网络社会中，各种基于网络信息技术的网络社交、网络游戏、远程学习、远程会议等网络活动，将看似虚拟的"网络社会"变成了现实生活的一部分，而交往成本的迅速降低，迟早会把我们每一个人大脑内部的思维网络，并入那个无比扩展了的外部信息网络，从而彻底改变人类传统的"主体—客体"认知模式[①]。网络信息传播成本的降低,缓解了现实环境中信息不对称的现象,人们有了更多机会接触有别于现实生活环境的信息,从而有助于人们思想的解放。思维方式的变革则提高了人们对外界进行摸索和探讨的能动性,这种良性的互动循环有助于实现人的思维自由,从而促进社会精神文明程度的提高。

(二) 网络社会的形成及其信息传播特征

近 40% 的美国成年人常常通过数字媒体获取新闻。而通过广播和报纸获取新闻的美国成年人分别占 25% 和 20%。

——皮尤研究中心《2016 美国新媒体研究报告》

截至 2016 年 6 月,我国网民规模达到 7.10 亿,半年共计新增网民 2 132 万人,半年增长率 3.1%,较 2015 年下半年增长率有所提升。互联网普及率为 51.7%,较 2015 年底提升 1.3 个百分点。

——CNNIC 第 38 次《中国互联网络发展状况统计报告》

### 1. 网络社会形成

自 20 世纪 80 年代起,信息通信技术便受到世界各国的普遍关注。此后,"网络社会"作为一个概念逐渐被学术界接受并展开研究。曼纽尔·卡斯特在《网络社会的崛起》中将"网络"定义为一组相互连接的节点,节点是曲线与自身相交之处[②]。在开放的现代信息网络中,在我们不断地编码和解码的过程中,会创造无数的节点,网络则是由无数个节点组成的"网"。曼纽尔·卡斯特没有对网络社会进行明确的定义,但在书的末尾对其进行了总结:"作为一种历史趋势,信息时代的支配型功能与过程日益以网络组织起来。网络建构了我们社会的新社会形态,而网络化逻辑的扩散实质地改变了生产、经验、权力与文化过程中的操作和结果。……因此,我们可以称这个社会为网络社会(the network society),其特征在于社会形态胜于社会行动的优越性。"[③]网络社会中信息的生成、传播与扩散主要是基于新的媒体形式如网络媒体,其中"媒体"是指体制化的媒介组织,网络媒体则是指以网站形式出现的有一定专业性质的信息传播机构[④]。

### 2. 基于"5W"模式的网络社会传播特征分析

网络社会中,每个人都可能成为网络信息传播的一个节点,无数个节点所构成的信息传播路径形成了庞大的传播格局,任何接触网络的人都可以拥有传播权,任意一个节点,都体现出信息发送和接收的双重角色。同时,基于网络技术传播速度快、存储量大的特点,信息的传播渠道空前的广泛、多元,并具有可移动性和交互性,信息也呈现出超时空性、海量性和个性化特征。随着无线网络的发展,如今人们可以在任何

**概念**

网络社会:是人类社会结构变迁过程中,一种作为人类交往实践活动的新生社会关系网络与信息技术网络的社会共同体。

---

① 汪丁丁.自由人的自由联合:汪丁丁论网络经济[M].厦门:鹭江出版社,2000.
② 曼纽尔·卡斯特.网络社会的崛起[M].夏铸九,王志弘,等,译.北京:社会科学文献出版社,2001.
③ 曼纽尔·卡斯特.网络社会的崛起[M].夏铸九,王志弘,等,译.北京:社会科学文献出版社,2001.
④ 董天策.网络新闻传播学[M].福州:福建人民出版社,2003.

地方使用邮箱、云端来下载、传输或者处理信息，可以随时接收图像、视频，甚至进行直播。信息的传递和人与人的沟通已经打破了空间的限制。

知识窗

"5W"模式是由美国学者H·拉斯维尔于1948年在《传播在社会中的结构与功能》一文中提出的关于构成传播过程的五个要素。

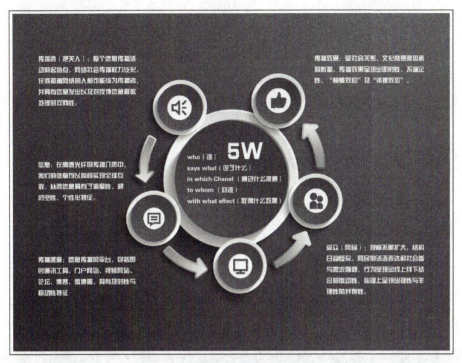

网络社会传播特征

根据中国互联网络信息中心的定义，网民是指平均每周使用互联网至少1小时的公民①。随着互联网的普及，其规模不断扩大，结构越来越复杂。以中国为例，根据第38次《中国互联网络发展状况统计报告》，我国网民在性别、年龄、职业、学历、收入等维度的各个层次都有所分布。面对网络媒体相对的隐秘性和表达的自由性，网民的情绪有了宣泄的出口，话语表达和社会参与需求强烈。但是网络的开放性和匿名性使网民有了"法不责众"的非理性心理，网络民意事件开始频发，网民个体间会由于观点的相近而结成群体，相互感染，表现出"群体极化"的特征。同时，从行为上分析，网民的行为呈现出线上线下结合的联动性。2011年中国春节期间解救乞讨儿童的"微博打拐"活动与2014年为渐冻人募捐发起的全球性"冰桶挑战大赛"反映了网民积极参与网络公共事件的热情。

关于信息传播效果的研究理论有20世纪初至40年代的"魔弹论"和20世纪40年代至60年代的"有限效果论"。网络社会信息的传播效果更倾向于后者，即信息的传播效果受到社会关系、文化背景等因素的制约。

---

①　史达.政府网络与网络政治：多维视角的研究[M].大连：东北财经大学出版社，2011.

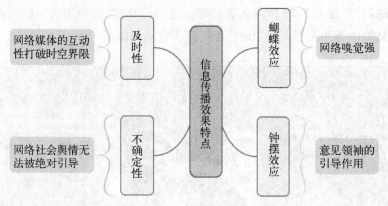

网络社会信息传播效果的特点

## 二、网络社会的舆情形态及监测要求

（一）舆情的演变与网络舆情定义

1. 舆情的演变

"舆"字最早出现在春秋末期,本意是指有轮子的车,甲骨文的"舆"是指四只手合力推动车,舆和人在一起,称为"舆人",即车夫、差役等。"舆"与"情"最开始连用,是指"百姓的情绪、情感"。

"舆"的字形演变

《辞源》将"舆情"定义为"民众的意愿"[1],是指民众对某种情况的意见的总称。学界关于舆情的定义有以下几种。最早对国内舆情进行系统定义的是王来华,他认为舆情是舆论情况的简称,是指在一定社会空间内,围绕中介性社会事件的发生、发展和变化,作为主体的民众对作为客体的社会管理者及其政治取向产生和持有的社会政治态度,它是较多群众关于社会中各种现象、问题所表达的信念、态度、意见和情绪等的总和[2]。刘毅认为舆情是由个人以及各种社会群体构成的公众,在一定的历史阶段和社会空间内,对自己关心或与自身利益紧密相关的各种公共事务所持有的多种情绪、意愿、态度和意见的总和[3]。我国舆情研究的后起之秀曾润喜认为舆情是由于各种事件的刺激而产生的通过互联网传播的人们对于该事件的所有认知、态度、情感

① 林竹.群体性突发事件的舆情视角研究[J].社会纵横,2016(10).
② 王来华,冯希莹.舆情概念认识中的两个基本问题[J].天津社会科学,2012(6).
③ 刘毅.网络舆情研究概论[M].天津:天津人民出版社,2007.

和行为倾向的集合①。

随着传播环境的变革,舆情在传播方式、传播速度及影响力等方面有了新的特征。

上网时间

他死后
有些改变了,有些仍 很远

2003 年,"孙志刚"事件推动了中国收容遣送制度的改革,促使民众开始关注网络媒体和网络舆论的重要作用,这一年因而被称为"网络舆论年"。上网搜索回顾一下整个事件,整理一份自己的舆情报告。

### 2. 网络舆情的定义

网络舆情,则是在舆情定义的前提下,对舆情的传播载体与舆情所处环境进行了进一步的界定,即网民在网络环境中围绕热点公共事件发表的具有倾向性的意见和态度的总称。周如俊等人认为网络舆情从其字面上理解就是在互联网上传播的公众对某一"焦点""热点"问题所表现的有一定影响力、带有倾向性的意见或言论的情况②。徐晓日认为网络舆情是社会舆情的一种表现形式,是公众在互联网上公开表达的对某种社会现象或社会问题的具有一定影响力和倾向性的共同意见③。纪红等人认为网络舆情就是指在网络空间内,围绕舆情因变事项的发生、发展和变化,网民对执政者及其政治取向所持有的态度④。

### (二) 网络社会舆情形态

德国社会学家伊丽莎白·诺尔-诺伊曼(Elisabeth Noelle-Neumann)提出了著名的"舆论是社会的皮肤"⑤的观点。当下网络舆情俨然成为社会舆情的"方向标"和"晴雨表",其发展势态直接影响着社会舆情的整体走向。开放和虚拟的互联网传播环境以及把关人的缺席决定了网络舆情类似"自由超市"的特点。在互联网络空间里,传统的舆情生成和传播机制被打破,由传统媒体议程设置的"权威"观点受到冲击,舆情发言人"隐身",舆情传播扩散加快,作为社会舆情的重要表现形式,网络舆情显示出自身的形态特征。

① 曾润喜,徐晓林.网络舆情突发事件预警系统指标与机制[J].情报杂志,2009(11).
② 周如俊,王天琪.网络舆情:现代思想政治教育的新领域[J].思想·理论·教育,2005(11).
③ 徐晓日.网络舆情事件的应急处理研究[J].华北电力大学学报:社会科学版,2007(1).
④ 纪红,马小洁.论网络舆情的收集、分析和引导[J].华中科技大学学报:社会科学版,2007(6).
⑤ 伊丽莎白·诺尔-诺伊曼.沉默的螺旋:舆论——我们的社会皮肤[M].董璐,译.北京:北京大学出版社,2013.

（三）网络社会舆情监测要求

首先，需要实时多维的监测技术。网络社会信息的裂变式传播环境孕育了舆情的新特征，舆情的产生与传播扩散始终处于一个动态的过程，传统社会的人工监测方式已经不能满足网络时代的监测需求。实时多维的舆情监测技术不仅能够在舆情爆发前进行预警，还能从多个维度进行舆情信息监测，发现新的舆情。

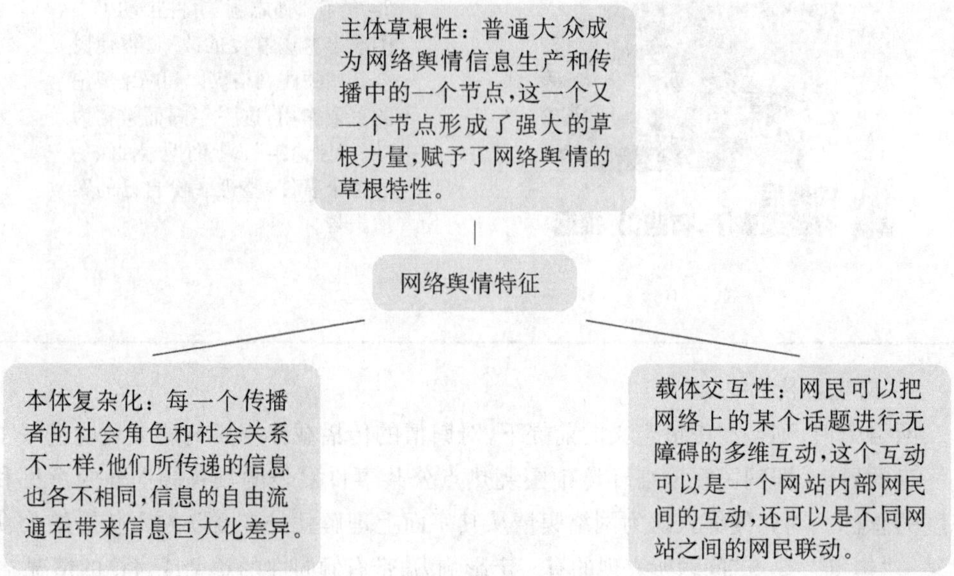

主体草根性：普通大众成为网络舆情信息生产和传播中的一个节点，这一个又一个节点形成了强大的草根力量，赋予了网络舆情的草根特性。

网络舆情特征

本体复杂化：每一个传播者的社会角色和社会关系不一样，他们所传递的信息也各不相同，信息的自由流通在带来信息巨大化差异。

载体交互性：网民可以把网络上的某个话题进行无障碍的多维互动，这个互动可以是一个网站内部网民间的互动，还可以是不同网站之间的网民联动。

网络舆情特征

其次，改变传统的舆情监测的观念及机制。1972 年，麦克姆斯提出"议程设置"理论，认为媒体无法决定你怎么想，但是能够决定你想些什么[①]。人们会按照媒介对相关议题的安排来左右自己对事件的谈论顺序，从而影响自己对事件的重视程度。传统的舆情发布由官方掌控，舆情的监测往往采取的是遏制舆情的发展源头，而网络时代，人们由被动、孤立、分散的个体变成了主动发布信息的庞大群体。话语权的下放使网民的作用越来越凸显，舆情监测所面临的挑战越来越严峻，传统的控制源头与信息发布渠道的"灭火"方式违背了网络时代网民所具有的特点，即超强的信息敏感度与信息解读能力。

## 三、基于搜索引擎技术的网络媒体监测产业的发展

（一）搜索引擎的概念与发展历程

1. 概念界定

信息的生产、传播与查询是人类最基本的生产活动之一。20 世纪 90 年代以来，随着计算机与信息技术的快速发展，互联网普及，人们开始有了一个全新的信息使

---

① 马克斯韦尔·麦库姆斯.议程设置：大众媒介与舆论[M].郭镇之，徐培喜，译.北京：北京大学出版社，2008.

用、存储、加工和传递的载体。随着 Web 数据信息的几何式增长，互联网上的信息犹如浩瀚的海洋中星罗棋布的小岛，网页链接是这些小岛之间纵横交错的桥梁，而搜索引擎，则为网络用户绘制了一幅一目了然的信息导航图①。用户要在类似海洋的互联网里寻找信息，简直

**Archive 界面**

比大海捞针、沙里淘金还困难，而搜索引擎技术的出现，解决了这一"迷航"问题。

搜索引擎是一种用于帮助互联网用户在互联网上查询信息的搜索工具，以一定的计算机算法在互联网中发现、搜集信息，并对搜集的信息进行加工整理和组织存储，为用户提供检索服务，从而起到信息导航的作用。

2. 发展历程

搜索引擎经过几十年的发展，已经成为人们日常生活中必不可少的工具。目前国内常用的搜索引擎有百度、搜狗等，除此之外，世界主要搜索引擎还有谷歌、Bing 等。搜索引擎的发展经过以下四个阶段（见表 1-1）。

**表 1-1　搜索引擎发展历程**

| 发展历程 | 主要特征 | 代表性搜索引擎 |
|---|---|---|
| 第一代搜索引擎 | 分类目录 | Archive |
| 第二代搜索引擎 | 文本检索 | AltaVista |
| 第三代搜索引擎 | 链接分析 | 谷歌 |
| 第四代搜索引擎 | 用户中心 | 儒豹搜索 |

**谷歌搜索界面**

所谓的目录式搜索就是以人工方式或半自动方式建立起来的目录导航。目录的用户界面是分级结构，首页提供了几个分类入口，把信息放在目录下，逐级向下查询，用它可以找到需要的信息。因为是手工输入，所以算不上是真正的搜索引擎，只是目录分类链接而已。文本检索则是通过用户所输入的查询信息提交给服务器，服务器经过查阅，返回给用

户一些相关程度高的信息。链接分析代表的是一种推荐的含义，通过每个网站推荐链接的数量来判断一个网站的流行性和重要性，然后搜索引擎再结合网页内容的重要性和相似程度来改善用户搜索的信息质量。第四代搜索引擎主要是以用户为中心的智能搜索引擎，它具有信息服务的智能化、人性化特征，允许用户采用自然语言进行信息检

---

① 隋莉萍.网络信息检索与利用[M].北京：清华大学出版社，2008.

索,提供了更方便、更确切的检索手段。它还具有一定的推理能力,能综合用户在一次次的检索结果中的取舍,自我学习并进行推理,从而调整其检索策略,完善和提高检索效率。

(二)搜索引擎在网络媒体监测中的应用

网络媒体监测,是指针对网络媒体中特定对象的内容进行收集、分析与反馈。网络舆情监测的方式主要分为人工方式和自动方式。人工方式是借助通用搜索引擎,搜索网站上含有关键词的内容,人为判断是否有需要应对的舆情或者是否有新的舆情。自动方式是通过计算机软件自动在设定的重点网站上搜索关键词,自动分析网站上的内容并提示监测人员进行处理[①]。

利用搜索引擎对网络舆情信息进行搜集整理,能够很大程度上降低搜索成本,保证舆情信息的全面性和准确性,同时也能对突发事件进行舆情预警和干预,为舆情监测工作带来便利。

网络舆情分析流程与关键技术解析可分为以下几个方面(见表1-2)[②]。

表1-2　网络舆情分析流程及关键技术解析

| 步骤 | 网络舆情分析流程 | 涉及关键技术 |
| --- | --- | --- |
| 1 | 网络信息采集 | 基于垂直搜索引擎的网络舆情采集技术 |
| 2 | 网络信息预处理 | 基于统计与规则相结合的信息过滤技术 |
| 3 | 舆情关键信息抽取 | 基于语义信息抽取的智能节点识别技术 |
| 4 | 网络舆情内容分析 | 基于机器学习的舆情分析技术 |
| 5 | 舆情研判平台构建与服务 | 舆情研判平台的框架模型与实现技术 |

其中网络舆情信息采集主要运用垂直搜索引擎,针对特定主题的信息页面进行自动识别和抓取,同时对主题页面进行去噪排重。主要过程如下图所示。

如图所示,搜索引擎在媒体监测中的应用主要分为三个过程,分别是主题蜘蛛实现、主题相关判别和网页消重,是一个从信息抓取到信息筛选不断精确化的过程。

其中,主题蜘蛛实现分为五部分。① Deep web下载技术,通过用户提交查询,向后台数据库查询数据,动态生成查询结果页面。② 智能更新搜索功能,网络蜘蛛根据网站中的数据量、访问速度、更新频率等因素自动设定该目标网站下一次更新的时间,避免盲目全部遍历(遍历是指沿着某条搜索路线,依次对树中每个结点均做一次且仅做一次访问)。提高了蜘蛛爬行和主题信息发现的效率。③ 爬行深度控制,根据实际情况设置爬行深度。④ 智能下载,根据种子网站的分值确定网站的下载优先级,并根据目标网站的下载速度决定下载的线程数及请求的频率。⑤ 模拟浏览器技术,以模拟主流浏览器的浏览行为抓取目标页面,浏览器可以浏览的页面网络蜘蛛基本能够进行信息抓取。

---

① 龚建疆,扬沙,张杰文.基于自主搜索引擎的质监局网络舆情监测系统的设计[J].企业家天地,2011(8).
② 许鑫,章成志.互联网舆情分析及应用研究[J].情报科学,2008(8).

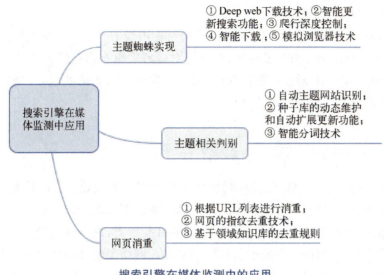

**搜索引擎在媒体监测中的应用**

　　主题相关判别分为三个方面。① 自动主题网站识别,根据人工预先设定的主题知识库,识别目标网站中的信息页面并下载,且能够识别出新的主题网站添加到种子库中。② 种子库的动态维护和自动扩展更新功能,根据前一周目标网站的信息量和本周目标网站的信息量设定一个更新域值。③ 智能分词技术,采用多元歧义自动识别技术。

　　网页消重分为三部分。① 根据 URL 列表进行消重,蜘蛛从制定好的 URL 列表(即"未访问的 URL 列表")出发,一个 URL 抓取完之后将其放入到"已访问的 URL 列表"中。在抓取时不断提取新的 URL,在"已访问的 URL 列表"中判断其是否访问过,若尚未访问过则将其加入到"未访问的 URL 列表",反之则放弃。② 网页的指纹去重技术,对已访问的页面采用加密算法获得该网页具有唯一性的指纹信息。对于新解析出的页面,根据已访问页面的集合判断是否已经抓取过,若没有则进行保存,反之则放弃。③ 基于领域知识库的去重规则,并根据实际的应用领域,可以制定更加具体的消重规则进行信息消重。

### (三) 网络舆情监测的具体应用

　　网络社会的发展与网络媒体的兴起使网络舆情监测越来越受到社会各个行业的重视,无论是高校、企业还是政府无不将舆情的监测与应对作为其健康发展的重要环节。

　　于高校而言,舆情工作主要是针对学生和教职工对校园制度、建设等方面的态度倾向监测。其次,是针对校园安全事故发生之后,学校在社会中口碑优劣的监测。为了校园管理的健康有序以及维护好校园的口碑和声誉,需要及时地了解和掌握高校的舆情动向,探索舆情引导机制。这是扭转校园风气,维护高校稳定发展,为学生提供良好的学习和生活环境的必然要求。

　　于企业而言,不仅要监测自身品牌还要监测竞争对手。有效及时地进行舆情监测,第一时间了解并处理企业在网络上的负面信息极为重要,甚至可能成为企业生死存亡的关键环节。此外,了解竞争对手的营销策略、产品定位等能够帮助企业制订更加合理的发展策略。

于政府而言,网络舆情监测已经成为政府工作内容的一部分。发现危机信息,及时反应,争取反应时间。对突发事件,尤其是对政府形象有影响的舆情,进行良好的掌握,及时地了解动态,对于一些错误的、失实的舆论作出正确的引导。积极主动的处理措施是政府网络舆情监测的重点。

## 本 节 小 结

阿尔文·托夫勒在《第三次浪潮》中将人类文明分为农业、工业、信息化三个阶段,每个阶段的演进都伴随着信息技术的推动。我们现阶段所亲历的是以信息技术为核心的第三次浪潮。信息技术重构了我们的社会形态,网络社会的到来颠覆了我们原有的信息环境,解构了传统的信息传播格局。网络舆情在新的媒介时代开始凸显其对网络生态的巨大破坏性,对舆情进行监测是现今不同行业、机构甚至是个人在网络社会立足的重要条件,网络媒体监测行业也在这种环境中愈发壮大。

## 第三节　移动互联与社交媒体监测

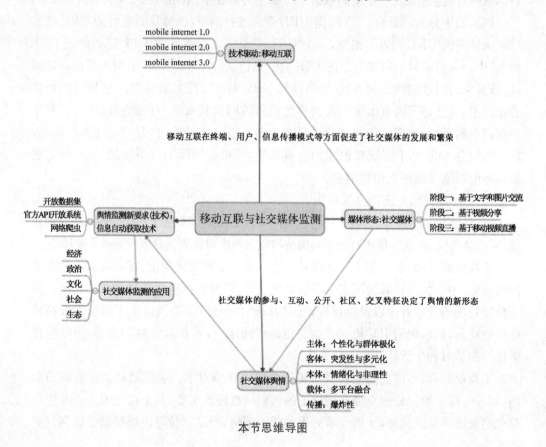

本节思维导图

2011 年,中国互联网络信息中心发布了第 29 次《中国互联网络发展状况统计报告》。报告显示传统的信息交流平台如电子邮件、论坛、博客和个人空间的使用率较 2010 年有了大幅下滑,降幅在 2~7 个百分点。伴随传统网络媒介的式微,微博等新媒体正在强势崛起,为中国用户提供了参与公共事件的新平台。无论是国内还是国外,网络公共事件的讨论平台从最初的贴吧、论坛发展到如今的微博、微信、Facebook、Twitter 等社交平台。社交媒体所承载的网络舆情对现实社会的影响已愈发显著,社交媒体监测成为政府部门知悉社会舆情和各行各业了解用户需求和市场的一个重要阵地。

## 一、移动互联带动社交媒体的兴盛

互联网的诞生让"地球村"的愿景逐步变成现实,移动互联网络技术的移动性、便捷性等特征使社会网络更加密集,尤其是智能终端的普及和社交网络的应用给人们提供了超越时空、持续连接的可能性。社交媒体在移动互联技术的推动下显示出了蓬勃发展的态势。

奥巴马 Facebook 首页

特朗普利用 Facebook 竞选

### (一) 社交媒体的定义与发展

#### 1. 社交媒体的定义

社交媒体进入我们的视野并引起关注始于 2008 年的美国总统大选。奥巴马团队利用 Facebook、Twitter 等社交工具发布大量有利于自己竞选的信息,赢得大选,成为社交媒体的受益者。2012 年奥巴马连任当天,在 Twitter 上分享的一张与夫人米歇尔·奥巴马拥抱的照片被转发 75 万次,创造了当时 Twitter 史上转发量新记录。2016 年的美国大选,再一次让全世界的人聚焦社交媒体在政治大选中的作用,特朗普在接受采访时也表示社交媒体对其竞选成功给予了很大的支持。随着互联网的发展与普及,社交媒体在西方国家的政治生活中扮演着越来越重要的角色,许多政治人物为了更好地开展政治活动,专门注册了社交媒体账号以便传达自己的政见、树立自身形象并与民众进行互动。社交媒体在政治活动中的重要性愈发受到关注。

美国学者安东尼·梅菲尔德(Anthony Mayfield)2007 年在《什么是社会化媒体》(*What is Social Media*)中将社交媒体定义为一种给予用户极大参与空间的新型媒体,并认为社交媒体具有参与性、公开性、交流对话性、连接性等特征,给予大众用户与媒体实时对接以及与他人实时讨论的参与满足感[1]。传播学者安德烈·开普勒(Andreas Kaplan)和迈克尔·亨莱因(Michael Haenlein)对社交媒体所下的定义是:一系列建立在 Web 2.0 技术和意识形态基础上的网络应用,它允许用户自己生产内容(UGC)的创造和交流[2]。关于社交媒体的定义还未统一,但大部分定义都强调了社交媒体具有沟通、互动、分享等功能和特点。

### 2. 社交媒体的发展

社交是人类的天性和本能,灵长类动物群居的社会属性与现代人类离不开 Facebook 等社交媒体在本质上是没有区别的。人在社交关系网中评估和维持自己地位的一个主要方法是与别人交流信息和交流关于别人的信息[3]。汤姆·斯丹迪奇在《从莎草纸到互联网:社交媒体 2000 年》中提出,社交媒体并非当今时代的新鲜事物,从古罗马时期政治家信息交换使用的莎草纸、基督教徒间流传的信件到宗教改革以及法国大革命使用的宣传小册子,都是信息交流的一种方式,它们对现在社会的信息交流依然存在影响。随着互联网的诞生和移动互联技术的发展,社交媒体又重新变成了人们信息交流的工具,并且推动了人们对公共事件的讨论热情。历史上不同时期和地点产生的社交媒体形形色色,但它们都是建立在人类信息交流需求的基础之上的。

现代意义上社交媒体的发展经历了以下几个阶段。

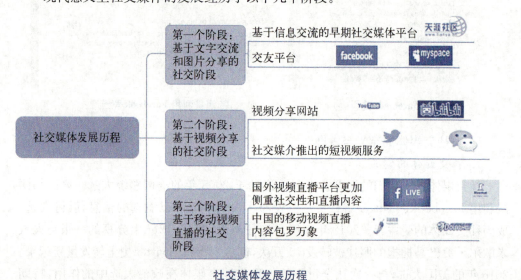

**社交媒体发展历程**

---

① 汤景泰.危机传播管理[M].北京:经济日报出版社,2015.
② 汤景泰.危机传播管理[M].北京:经济日报出版社,2015.
③ 汤姆·斯丹迪奇.从莎草纸到互联网:社交媒体 2000 年[M].林华,译.北京:中信出版社,2015.

**第一个阶段：基于文字交流和图片分享的社交阶段**

这个阶段包括两个方面的社交形式，第一个是以 BBS（bulletin board system，电子公告栏）为代表的基于信息交流的早期社交媒体平台，这种信息交流形式在当时具有很强的信息交互性，极大地降低了信息交流的成本。第二个是以 2002 年成立的 Friendster、2003 年成立的 Myspace，以及于 2004 年成立的 Facebook 为代表的交友平台。Friendster 与 Myspace 开启了社交媒介的"自助餐厅"，允许用户自己发布视频、图片、音乐等内容。Facebook 作为世界上最受欢迎的社交媒体，目前拥有 20 多亿的用户，占全球总人数的 1/3 左右。

表 1-3　具有代表性的社交媒体及其诞生时间

| 诞生时间 | 社交媒介形态 | 备　　注 |
| --- | --- | --- |
| 1993 年 6 月 | 最古老的博客原型：What's New Page 网页 | 1997 年更名为 Weblog，1999 年定名为 Blog |
| 1997 年 | 六度空间网站 | 用户可创建个人资料 |
| 2001 年 | 维基百科 | |
| 2002 年 | Friendster | 交友网站 |
| 2003 年 9 月 | Myspace | 交友、信息分享、通信 |
| 2004 年初 | 播客网（Flickr） | |
| 2004 年 2 月 | Facebook | |
| 2004 年 12 月 | 掘客网（Dig） | |
| 2005 年 2 月 | YouTube | 世界上最大的视频网站 |
| 2006 年 3 月 | Twitter | 全球访问量最大的十个网站之一 |
| 2009 年 | 微博 | |
| 2011 年初 | 微信 | |

**第二个阶段：基于视频分享的社交阶段**

视频分享的社交阶段主要有以 YouTube 为代表的视频分享网站和社交媒介推出的短视频服务。前者主要是让用户观看、分享和下载影片并在线交流。后者是近几年兴起的社交媒体短视频分享服务。2013 年是短视频兴起元年，Twitter、Facebook，以及国内的微博、微信等社交媒体都相继推出了短视频应用服务，用户可以自己制作短视频实现即时互动，视频的动态性、连续性和丰富的信息元素改变了原有的信息传播模式和环境。

**上网时间**

去看看 Papi 酱的视频吧，想想什么是"网红"，Papi 酱是如何成为"网红"的？

表 1-4　社交媒体推出短视频服务的时间与事件

| 时　间 | 短视频推出事件 |
| --- | --- |
| 2013 年 1 月 24 日 | Twitter 推出 vine |
| 2013 年 2 月 1 日 | 爱奇艺推出啪啪奇 |
| 2013 年 4 月 19 日 | YouTube 推出玩拍 |
| 2013 年 6 月 21 日 | Facebook 推出 Facebook Live |
| 2013 年 7 月 2 日 | Yahoo 收购 Qwiki |
| 2013 年 8 月 28 日 | 新浪推出秒拍 |
| 2013 年 9 月 24 日 | Line 推出微片 |
| 2013 年 9 月 28 日 | 腾讯推出微视 |
| 2014 年 9 月 30 日 | 微信推出微视频 |

<aside>
知识窗

2016 年里约热内卢奥运会期间,"洪荒少女"傅园慧在某直播平台直播,观看人数超过 1 000 万。
</aside>

**第三个阶段:基于移动视频直播的社交阶段**

直播原本是指广播电视节目后期合成和播出时间一致的播出方式。随着移动互联技术的发展,这种直播方式被嫁接到社交媒体平台。2016 年被称为视频直播元年,国外的视频直播平台有 Facebook Live、Meerkat、YouTube Connect 以及 Twitter 旗下的 Periscope,形成了国外直播领域的基本格局。从特征及属性来看,国外视频直播平台更加侧重社交性和直播内容。在中国,2015 年移动视频直播进入爆炸式增长。2016 年视频直播与电商、旅游等行业进行合作,行业垂直细分领域开始崛起。

表 1-5　视频直播发展历程

| 发展历程 | 代 表 平 台 |
| --- | --- |
| 直播史前时代 | 广播电视直播:CCTV 等 |
| 直播 1.0 时代 | PC 秀场直播:YY、9158、六间房等 |
| 直播 2.0 时代 | 游戏直播:斗鱼、熊猫、映客、花椒直播、Facebook Live 社交直播等 |
| 直播 3.0 时代 | 泛生活直播:承载互联网商业模式的直播,新闻、影视、购物、O2O 等 |
| 直播 4.0 时代 | 全场景 VR 直播 |

**(二)移动互联对社交媒体的促进作用**

美国社交媒体用户占全部互联网用户的比例由 2005 年的 10% 发展到 2015 年的 76%,且 Facebook 成为网络用户获取主要政治新闻的渠道之一,成为新的新闻获取渠道,并挑战了传统的新闻渠道。

——《2015 年美国新媒体研究报告》

社交媒体用户占城市居民的比例由 2013 年的 28.6% 发展至 2015 年的 50.9%,且人均单日使用时长为 48 分钟,高于美国的 43 分钟。中国正处于社交媒体的快速发展阶段。

——凯度集团发布《2016 中国社交媒体影响报告》

### 1. 移动互联网的概念、发展历程及特征

（1）概念。

Information Technology 论坛定义：无线互联网是指通过无线终端，如手机和平板电脑等使用世界范围内的网络。无线网络提供了任何时间和任何地点的无缝连接，用户可以使用 Email、移动银行、即时通信、天气、旅游信息及其他服务。总的来说，想要适应无线用户的站点就必须以可以显示的格式提供服务。

中国《移动互联网技术发展白皮书》给出的定义：狭义的移动互联网是指用户能够通过手机、平板电脑或其他手持终端通过无线通信网络接入互联网。广义的定义是指用户能够通过手机、平板电脑或其他手持终端以无线方式通过各种网络（WLAN\BWLL\GSM\CDMA 等）接入互联网。[①]

（2）发展历程及特征。

根据《移动互联网技术与业务》的划分，移动互联网技术发展大致经历了三个阶段（见表1-6）。每个阶段的主要技术、移动终端以及业务形态都不一样。第一个阶段是基于 WAP、封闭的移动互联网，网络宽带和移动终端的处理能力有限，只能处理简单的文本业务。这个阶段移动互联网的发展是基于巨大的手机用户群之上的。第二个阶段是手机和互联网的融合，网络宽带和移动终端的处理能力增强，各类应用层出不穷，呈现出终端业务一体化的特点，用户可以自由选择个性化的移动互联网服务，这种个性化的服务无疑提升了移动互联网对用户的吸引力。第三个阶段有两大突破。第一个是基于用户的统一身份认证，主导商为用户提供的信息服务更加多元化和个性化。第二个是移动终端更加便捷化、智能化、融合化，例如出现了智能穿戴以及便携式的金融终端等产品。

> **知识窗**
>
> 移动互联的特征：终端智能化、移动化，服务个性化、私密性。

表1-6　移动互联网发展历程[②]

| 阶　　段 | 主要技术 | 产品应用 | 时　　间 |
|---|---|---|---|
| mobile internet 1.0 | Web 1.0—Web 2.0 | WAP 门户 | 2002—2006 年 |
| mobile internet 2.0 | Web 2.0—云计算 | iPhone 手机、移动邮箱 | 2006—2010 年 |
| mobile internet 3.0 | 云计算 | 智能穿戴 | 2010 年以后 |

随着移动互联网技术的快速发展，我们可以从中探寻其发展规律，即终端开始朝移动化、智能化方向发展，涌现出了巨大的增值业务，如股票、交通、音乐以及运动手环等外设智能穿戴产品。业务上显现出了移动互联网的个性化优势和私密性特征，

---

① 张传福,刘丽丽,卢辉斌,等.移动互联网技术及业务[M].北京：电子工业出版社,2012.
② 张传福,刘丽丽,卢辉斌,等.移动互联网技术及业务[M].北京：电子工业出版社,2012.

移动互联网的用户群主要是以个人为主,加之移动互联网所具备的用户定位、个性化定制服务等能力,不同个体的不同需求得以实现,移动互联网成了个性化越来越强的个人互联网。

### 2. 移动互联技术对社交媒体的影响

与传统的互联网和移动通信不同,移动互联网是一种基于用户身份认证、环境感知、终端智能和无线泛在的互联网应用业务集成。最终目标是以用户为中心,将互联网的各种信息通过一定的变换在用户终端上进行定制化和个性化的展现[①]。移动互联技术对社交媒体的影响可分为以下几个方面:

(1) 终端移动化。

2007 年,苹果公司推出 iPhone 手机,颠覆了传统手机行业,随后安卓、Windows Mobile 等系统的推出使智能手机得到了普及。随着移动互联技术和智能终端的蓬勃发展,通过移动终端获取信息的用户越来越多。以中国为例,截至 2017 年 6 月,手机网民规模达 7.24 亿,占全部网民人数的 96.3％[②],接近饱和状态。网民的上网设备进一步向移动端集中。

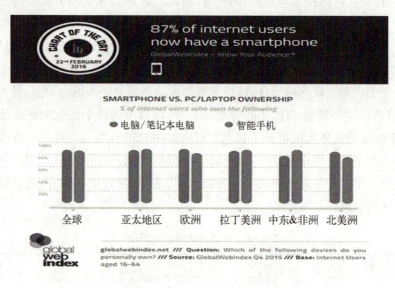

全球 87％的网民拥有智能手机

(2) 用户规模扩大化。

移动互联网技术发展的直接结果就是用户使用互联网络更加便捷。由于终端的移动性和智能化,网民可以随时随地在社交平台保持在线状态,中国互联网络信息中心发布的《2015 年中国社交应用用户行为研究报告》显示,63.3％的用户每天都会使用社交应用,每天使用 60 分钟以上的占 46.2％,社交应用的主要使用设备为手机的

---

① 张传福,刘丽丽,卢辉斌,等.移动互联网技术及业务[M].北京:电子工业出版社,2012.
② 中国互联网络信息中心.第 40 次中国互联网络发展状况统计报告[R].北京:中国互联网络信息中心,2017.

占 89.3%[①]。各项数据表明,随着移动互联技术的发展和智能手机的普及,不仅社交媒体的用户规模在扩大,用户对社交媒体的使用黏性也在增强。

(3) 信息传播模式多维化。

移动互联网的便利性体现在其无线信息数据的传送上。移动终端设备与移动互联网的结合,尤其是智能手机的普及,使用户只需在屏幕上进行触摸即可与外界交流,实现了随时随地的信息发布。这种便利性激发了用户参与网络的热情,信息的传播模式打破了传统的"一对多"的发射式传播,实现了"多对多""一对一"等网状传播模式,这种传播模式共同构成当今信息传播的景观。

(4) 人类活动场景化和媒介化。

在移动互联技术的驱动下,人们可以随时随地与外界进行沟通,真正地实现了"4A"(anyone、anywhere、anytime、anything),处于不同地域、不同背景下的不同个体信息交流的成本得以降低,不同物理空间的人被联合在一个虚拟的社交平台,每一个身体缺位的人经由社交媒体的连接都可以享有一种场景化的体验,拥有共同的认知。这种体验性构成了人类媒介化的新景观。人们对社交媒体的依赖并不仅仅是基于社交媒体的内容,而是使用媒介本身所带来的体验。对社交媒体时代的人类而言,不仅对于世界的想象主要由媒介来构建,其思维方式、个体意识也烙上了媒介化的印记[②]。

(三) 社交媒体特征及其信息传播特征分析

1. 社交媒体的特征

社交媒体改变了人们的思维和行动方式,兼具社交性、媒体性的社交媒体有以下几大特征。

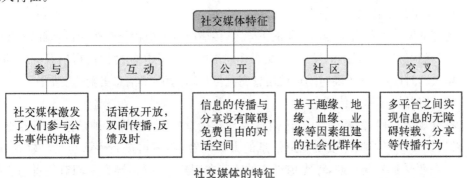

社交媒体的特征

2. 社交媒体时代信息传播特征

(1) 多维度信息传播。

传统媒体或者"传统"新媒体的信息传播是"一对多"或者"点对面"的信息传播模式,信息的传播者通常不知道信息接收者的规模与特征,也无法即时获悉接收者对信息的反应态度。社交媒体的传播形态具有多维化特征,传播者可以单独与某好友进

① 中国互联网络信息中心.2015 年中国社交应用用户行为研究报告[R].北京:中国互联网络信息中心,2016.
② 于婷婷,窦光华.信息社会学视角下的媒介融合[J].当代传播,2010(2).

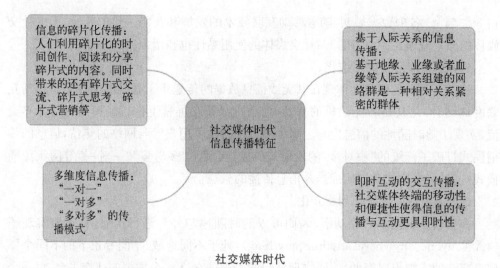

社交媒体时代

行互动也可以向某关系群进行传播，某关系群也可以成为信息的源头向外进行信息的辐射。最终形成了"一对一"和"一对多""多对多"的传播模式。

（2）基于人际关系的信息传播。

社交媒体与博客、论坛的不同之处在于其好友是基于地缘、业缘或者血缘等人际关系组建的网络群，是一种相对关系紧密的群体。以微博、微信为例，在加好友之前有验证环节。其信息传播的前提通常是确认对方身份的一种双向沟通。尤其是微信平台的信息传播，由于其紧密的人际关系使得彼此之间的信任度更高，信息的传达率和传播效果较其他平台更为强大。

（3）即时互动的交互传播。

传统的网络平台由于传播对象的不固定、传播内容的篇幅过长等原因，难以实现同步交流。随着移动互联网的发展，社交媒体终端的移动性和便捷性使得信息的传播与互动更具即时性，实现了随时随地地信息交流与互动，使网络信息更新速度加快。

（4）信息的碎片化传播。

社交媒体时代，传播者为了让信息容易被受众"吸收"，将各种信息不断分割成"颗粒"，使受众只需瞟一眼就知道信息的大概内容，不需再进行深入思考。轻松、趣味性的东西受到公众欢迎，浮光掠影式的阅读在用户中盛行，导致人们对信息内容缺乏深度、持续性关注。越来越多的人通过手机等移动设备参与到社会化媒体之中，利用碎片化的时间，创作、阅读和分享碎片式的内容。同时带来的还有碎片式交流、碎片式思考、碎片式营销等。

## 二、基于社交媒体的舆情形态及监测要求

（一）社交媒体时代舆情特征

1. 主体：个性化与群体极化

舆情的表达往往带有浓重的个人情感色彩。人在虚拟环境中容易摆脱自身社会

关系和角色的束缚,在舆情的表达中更加个性化。网络犹如一个巨型广场,相同兴趣的人群会组成一个圈子,这些"想象的共同体"在某些社会热点事件爆发后,集结成群在"广场"上发声,形成了强大的舆论压力。在各种矛盾和问题突出的社会转型时期,极易形成群体极化现象。

### 2. 客体:突发性与多元性

网络热点事件的爆发和网络舆论的形成往往非常迅速,热点事件加上作为催化剂的情绪意见是点燃网络舆情的导火索,再加上传播平台的融合,便会形成强大的声势。此外,从表达内容上来看,舆情所涉及的范围和领域非常广泛,所谈论的问题包罗万象。互联网打破了地域的阻隔,不同意识形态和文化背景的网民在意见的表达上也呈现出多元化的特点。

### 3. 本体:情绪化与非理性

著名学者陈力丹教授认为,舆论的质量关键在于理性程度[1]。目前我国正处于社会转型期,社会矛盾以及各种问题也随着社会运行机制的改变和利益结构的调整不断地出现。在这种复杂的社会背景下,人们容易产生焦躁不安的失衡情绪。网络空间开放自由的环境,使人们的观点和意见的表达容易呈现非理性和情绪化的特点。

### 4. 载体:多平台融合

舆情的载体是指网民表达意见和观点的具体场所。在现实社会中,人们会在会场、广场等聚集地交流意见、进行互动。网络世界中,人们对这类场所的选择更具多样化,包括论坛、贴吧、博客、微信、微博以及各种主题网站,各平台之间几乎形成了无缝连接。一个热点事件或者舆情的爆发,其扩散形式具有非线性特征,而每个平台都能成为扩散点,产生巨大的影响。在网络舆情的表达以及扩散中,不同的平台具有各自的特点。微博具有伴随性和数量上的优势,往往能够及时提供信源。微信由于其地缘、业缘、趣缘等特点,使舆情传播具有很强的到达率和转发率,且接收及时,讨论热烈。贴吧、论坛、博客等平台容易形成某种观点的聚集,情绪和意见的表达会比较清晰。多平台融合已成趋势,舆情的传播在这种融合的趋势下形成了多点联动的效应。

### 5. 传播:爆炸性

网络舆论的形成往往非常迅速,一个热点事件加上网民情绪化的言论就足以成为点燃舆论事件的导火索。加上网络舆情的传播是非线性的散播路径和交叉、叠加、重复的传播模式,新媒介时代舆情传播速度更快、覆盖范围更广,具有爆炸性。2016 年 8 月 14 日凌晨,王宝强发出离婚声明,短短

马来西亚航空MH370航班失联
载有227名乘客,机组12人,中国乘客154人

马航事件

上网时间

2014 年 3 月 8 日,马航 MH370 客机失联。上网搜索相关的新闻、论坛等网络舆论,尝试"图说"马航事件的舆论传播状况。

① 陈力丹.舆论学:舆论导向研究[M].北京:中国广播电视出版社,1999.

几分钟内微博评论达到几万条；2016 年 8 月 14 日至 2016 年 8 月 25 日，网民关于"王宝强离婚事件"的言论约 925.7 万条。网络舆情传播爆炸性的特点使其缺乏一定的可预兆性，人们对其进行预警和管理也比传统媒体更加困难。

（二）社交媒体时代舆情监测要求

1. 舆情研究从信息传播到情绪引导转变

美国国家科学院院刊 2014 年 6 月 17 日发表了一篇社交网站的数据研究论文，该研究发现：情绪可以通过情绪传染（emotional contagion）的形式相互传递，社交网站上的用户会在无意识中感受到相同情绪。

当前舆情监测的研究主要集中在对信息本身的传播机制研究，探讨信息的传播规模、传播节点和传播路径等。但社交媒介时代信息是由用户主宰，信息瞬息万变、情绪化的特点凸显，因此针对舆情监测的社会情绪引导机制的研究有利于稳定社会情感。社会情感是一种稳定的社会存在，在舆情传播过程中往往伴随着固定类别的社会情绪，这类情绪的传导机制并非是杂乱无章的，新媒介时代的舆情研究重点需要由原来的传播范式过渡到社会心理研究范式。

2. 大数据作为舆情研究的技术支撑

大数据既是社会经济高度发展的结果，也是信息技术发展的必然。大数据不仅带来了思维模式的改变，也带来了信息处理结构的变革，舆情研究是建立在大数据之上的信息搜集、分析、处理和研判。舆情研究在技术上无法回避大数据，在思维上更需要有大数据的思维。通过对传统零散的数据二次结构化处理发现新的数据价值，并在此基础上指导社会管理，这种观念转变才是大数据带来的真正价值。

3. 强化舆情预警在舆情监测流程中的重要地位

舆情预警是指从危机事件的征兆出现到危机开始造成可感知的损失这段时间内，化解和应对危机所采取的必要的、有效行动。新媒介时代，话语权的变化使人人都有麦克风，人人都成了网络信息发布的主体。传统的先监测再应对的舆情监测过程已经无法适应新新媒介时代的舆论环境和舆情信息传播的特点。舆情预警能够在危机爆发之前对舆情进行预测，减轻甚至避免舆情危机引发的经济或者社会利益的损失，对社会的稳定与和谐有重要作用。舆情预警包括建立网络舆情监测预警机制，及时掌握舆情动态；把握网络舆论的主导权，有效引导网上舆论；制定周密的应对不良网络舆情的预案；开发和应用高科技产品，提升网络舆情监测工作的有效性[①]。

## 三、基于信息自动获取技术的社交媒体监测

（一）社交媒体的数据开放

1. 社交媒体数据开放过程

在大数据时代的背景之下，数据愈发显现出强大的力量。数据开放成了各个行

---

① 曾润喜.我国网络舆情研究与发展现状分析[J].图书馆学研究,2009(8).

业持续发展的重要需求，"万维网之父"蒂姆·伯纳斯-李在展望未来互联网时强调其三大主要特征：数据整合，多样的网络和独立的设备，无所不在的 Web 应用[1]。数据整合(data integration)即指在相应的网络标准格式下实现整个 Web 的数据互联互通、开放共享。

社交平台基本都会开放自身的部分数据，大部分监测机构或者企业会对数据进行购买。不同社交平台开放的程度以及目的不一样。社交媒介的数据开放包括两个方面，一是 API 开放的多样性，其次是数据的完整性。API(application programing interface)是指在互联网时代，把互联网产品的服务封装成一系列计算机易识别的数据接口开放出去，供第三方使用[2]。

开放社交平台的合作方对开放数据的利用主要分为三个步骤。首先是对社交平台产生的海量信息进行分析，然后，通过分析结果获得用户诉求，最后再根据用户诉求进行个性化、精确化和智能化的推送。

主流的社交媒体例如 Twitter 很早就为研究者们提供了开放的 API 服务，方便研究人员进行数据获取，国内诸多社交媒体平台如新浪微博也顺应趋势纷纷开放了 API，为第三方开发者和研究者提供了上百种 API 接口和各主流语言的 SDK(主要有 Java、PHP、Java script、Flash 等)。

2. 社交媒体数据开放的应用现状

随着 Facebook、Twitter 等社交媒体的兴盛，社交网络俨然成了名副其实的信息数据海洋。社交媒体数据不断被人们开发和应用，无论是经济、政治、社会还是健康、生态、教育，在社交媒体数据运用方面都开始崭露头角。在社交媒体时代，谁掌握了社交数据谁就掌握了主动权。

(1) 在电子政务中的应用。

随着媒体环境的开放，公民参与意识进一步加强，传统的政府决策制定以及公共服务方式已难以满足人们的需求，open government、government 2.0、Web governance 等理念应运而生。这些理念的产生源于政府尚未改革传统封闭、阻碍创新的旧体制，这种形态的政府应当向外部世界开放其门户；与每一位公民合作以谋求创新；共享原先壁垒森严的资源；充分利用大众协作的力量；作为一个真正集成的组织运转而不是孤立管辖部门。开放数据是未来电子政务发展的必要条件，开放政府是未来政府胜任角色挑战的必然选择。

(2) 在商业中的应用。

在产业和商业方面，充分使用大数据和挖掘大数据的商业价值将为企业带来强大竞争力。社交媒介数据的开放打破了传统企业数据的边界，其背后蕴含的商业价值不可估量。如何组织并将大数据集成到数据中心，获取实时非结构化数据流，分析

---

① 谭健.开放数据及其应用现状[J].图书与情报,2011(4).
② 姚科.开放 API：新浪微博必经之路[J].互联网天地,2010(8).

2013 年,可口可乐公司通过对中国社交媒体使用热词进行监测挖掘,创意设计瓶身包装。原先的"可口可乐"四个大字被中国的网络热词所取代。

**可口可乐创意性设计**

并提供实时共享,将成为实现更佳业务决策的决定因素。

社交媒介平台会根据用户的点赞、评论、转发等社交行为来判断用户诉求,然后再根据分析所得的数据进行个性化的推送。沃尔玛的研究人员通过数据挖掘,发现四成左右的年轻爸爸在购买婴儿尿布时会顺手买点啤酒犒劳自己,因此便对这两种商品进行了捆绑销售,结果销售量双双增加。可口可乐为了在中国更加"接地气",通过与第三方合作,对社交媒体上使用过亿的热词进行数据挖掘、分析,把中国消费者在社交媒体上使用最多、耳熟能详的热门关键词印在瓶上,这种拉近品牌与消费者距离的做法,使可口可乐在中国的营销实现了两位数的增长。

（二）信息自动获取技术及其在社交媒体监测中的应用

信息自动获取包括利用开放数据集、基于官方 API 开发系统获取以及通过网络爬虫获取。

#### 1. 基于开放的数据集

随着 Web 2.0 技术的发展,信息的开放与资源共享愈发重要,利用已有的开放数据集可以缩短预处理的过程。开放的数据集是获取研究数据比较便捷的途径,随着计算机存储能力和检索能力的增强,开始出现了超大规模的数据集公开平台,比如Datamob,该平台旨在使用简单的方式来利用公共数据源,其数据多由政府和公共机构发布。斯坦福大学的网络分析平台（SNAP）提供了来自 Slashdot、Epinions、Live Journal、维基百科、亚马逊、Twitter 和 Meme Tracker 的数据集[①]。中国专业的数据分享平台有数据堂和中国爬萌等,主要是以微博数据为主,为科研机构、研发企业以及高校提供研究可参考的数据。社交媒体监测主要是监测社交媒体平台某段时间相关主题内容的舆情发展动态,开放数据集的运用能够节约监测成本,且对计算机能力要求比较低,但不足之处在于数据的实用性不强。

#### 2. 基于官方的 API 开发系统

国外的 Twitter、国内的微博等社交媒体平台都开放了上百种 API 接口,开发者通过开放的 API 便能够以程序的方式访问网站的数据和平台。Twitter 目前支持以下四种数据访问格式: XML、JSON、RSS、Atom,用户可以在每次请求时使用不同的请求方法访问对应特定格式的数据。新浪微博 API 访问的数据格式为 JSON 和 XML[②]。基于官方 API 开发系统进行社交媒体监测是常用的一种方法,检测人员一

大数据时代,如何更高效地找对可靠数据?

① 刘晓娟,尤斌,张爱芸.基于微博数据的应用研究综述[J].情报杂志,2013(9).
② 刘晓娟,尤斌,张爱芸.基于微博数据的应用研究综述[J].情报杂志,2013(9).

般在官方的 open API 基础上，根据研究目标进行二次开发，使数据更加准确。

　　3. 基于网络爬虫

　　以微博为例，通过网络爬虫抓取微博数据一般是指通过 HTTP 协议，模拟浏览器向服务器发送请求，对访问的网页进行解析，从中抽取出相应的微博数据。利用网络爬虫获取数据不会受到社交媒体运营权限开放范围的限制。不足之处在于其稳定性较差，需要定时监测网络爬虫的运行情况，并根据需要即时更新爬虫程序。

　　网络爬虫在社交媒体监测中有着不可替代的作用。依据采集目标的类型，网络爬虫可以归纳为通用型网络爬虫和主题型网络爬虫两种。通用型网络爬虫侧重于采集更大的数据规模和更宽的数据范围，并不考虑网页采集的顺序和目标网页的主题匹配情况。在当前网络信息规模呈现指数增长的背景下，通用型网络爬虫的使用受到信息采集速度、信息价值密度、信息专业程度的限制。为缓解这种状况，主题型网络爬虫产生。不同于通用型网络爬虫，主题型网络爬虫更专注采集目标与网页信息的匹配程度，避免无关的冗余信息。这一筛选过程是动态的，贯穿于主题型网络爬虫技术的整个工作流程。

　　（三）社交媒体监测的应用

　　社交媒体已经融入了我们生活的方方面面，几乎囊括了政治、经济、文化、生态、社会生活各个方面。因此，社交媒体监测的应用范围也是包罗万象。

美通社中国网络与社交媒体监测（CMM）实际应用案例

社交媒体监测报告截图

　　以企业为例，对社交媒体进行监测不仅能够了解自身品牌在市场上的知名度和美誉度，还能了解在市场竞争激烈的环境中竞争对手的市场占有情况。随着社交媒体的普及，越来越多的企业开始运用社交媒体监测及分析来更加有效地追踪、评估和优化自身的营销策略。就企业和品牌来说，对社交媒体中的数据或是舆情进行分析的前提是需要对庞大的社交数据进行深度挖掘，并且有效地将其转化为商业价值。企业一般借助第三方机构来为自己定制监测报告，包括日报、周报、月报的形式。

　　近年来，舆情监测和危机公关在企业的管理成本中所占比例越来越高。尤其是商业角逐引发的负面舆情。即便名气再大的企业也会卷入舆论的风波，并且付出巨大代价。以三星手机为例，2016 年，三星 Galaxy Note 7 手机爆炸事件不断上演，致使三星 Galaxy Note 7 手机停产以及同品牌的其他产品失去了消费者的信任和品牌的美誉。这与三星在"爆炸门"事件之后的公关行为有关。而宜家 2016 年"夺命抽屉柜"事件暴露的中外"双重标准"也引起了中国消费者的不满。社交媒体时代,沃伦·巴菲特曾说的"树立良好的声誉需要二十年,而毁掉它,五分钟就够了"并非耸人听闻。

## 本 节 小 结

自 2008 年以来,社交媒体成了互联网风靡一时的话题之一,"社交＋电商""社交＋移动支付""社交＋金融""社交＋新闻"等在移动互联网大潮中纷纷涌现,"社交"开始与社会各个领域有所关联。社交媒体也占据着我们使用媒体的绝大部分时间,同时也俨然成了舆情的聚集地。而社交媒体的自由交互性容易消解舆论的社会整合功能,使网络舆论处于无序状态,导致传播规范的缺失和信息传播的失控。我们在享受社交媒体带来的便捷、自由的同时,也要警惕其在传播过程中的负面功能。社交媒体监测从技术角度上缓解了这种负面功能的危害,让我们能够对舆情有所预警,从而有针对性地采取应对措施。

## 第四节　大数据时代与人工智能

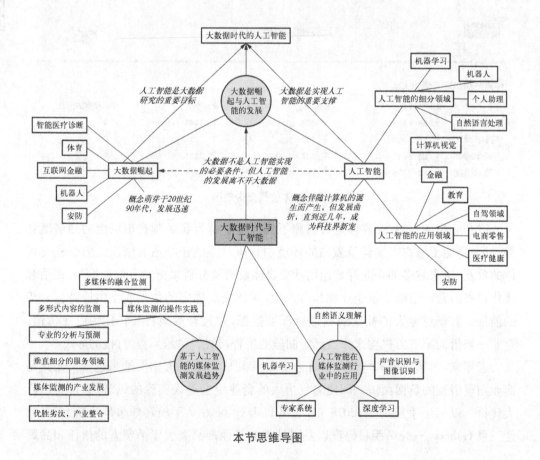

本节思维导图

　　大数据这个词我们已经不陌生。一开始对之迷惑又好奇，在"数据"前面加个"大"字有什么新的含义吗？后来我们渐渐理解"大"字所代表的体量与含义拓展远超我们想象。大数据从概念萌发到大规模应用，几年时间不到，吸引了全球精英的关注。大数据开始重构我们的生活。

　　人工智能的概念很早就出现在人类的大脑里，但是之前的发展还是概念化居多，直到近几年，计算机技术发展迅速，大数据广泛应用，人工智能有了一个更好的发展基础，全球科技人士也开始"骚动"，商人们嗅到了金钱的味道，人工智能也迎来了发展的春天。大数据与人工智能在发展道路上，互帮互助，携手共进，媒体监测也能借助这样一股东风在信息大潮中挖掘出新的价值。

## 一、大数据崛起与人工智能的发展

### （一）大数据崛起

　　进入 21 世纪后，互联网这个新生事物逐渐普及到普罗大众，网络终端不再是高校图书馆、网吧、计算机专业人士、社会精英的专属，上网也不必每次去拥挤的网吧等待一次次网络的缓冲。手机、电脑、网络电视让我们可以随时随地进入网络世界。网络信号虽然看不见，但是已经切切实实环绕在我们周围。有人视之为洪水猛兽，认为人已经不经意间抛弃了人的身体属性，被自己创造的网络世界束缚，也有人认为这是人类社会革命性的进步，应该积极投身于这股洪流。不论好与不好，一个现实就是个体已经完全脱离不了网络。这种形势下，无数个体每天创造生成的不可计数的信息数据无时无刻不在涌入互联网，这些数据零散庞大，也在不断"逼迫"着计算机各项硬件的升级。从 2008 年年中到 2009 年年末很短的时间内，IT 领域的四个不同部分遵循摩尔定律不断取得发展，大幅提高了现有的计算能力，计算机内存容量翻番，网络速度显著提升，而价格持续下降；在存储介质上，普通硬盘逐渐被固态硬盘和闪存取代，CPU 性能增强。这些方面的技术进步促成了计算处理能力的大幅提升。2012年，这种计算能力全面提升，再加上对社交网络数据、机器数据等分析需求的释放，一个有利于大数据产业兴起的外部环境应运而生[①]。可以说，大数据时代已经到来。

#### 1. 大数据的概念

　　在维克托·迈尔-舍恩伯格（Viktor Mayer-Schönberger）与肯尼思·库克耶（Kenneth Cukier）合著的《大数据时代》一书问世前，大数据的概念便已经在业界、学术界引发讨论。毫无疑问，《大数据时代》是将大数据阐释最为准确合理、最具说服力的著作，其观点掷地有声、观念高屋建瓴、例子丰富翔实，引发社会广泛讨论，并引起社会各个领域的重视。

　　虽然大数据说法盛行，但不少人心中还是缺少比较明晰的概念。人大经济论坛大数据专题页面给出这样的解释：大数据是一个体量特别大，数据类别特别多的数

---

① 信息社会 50 人论坛.边缘革命 2.0：中国信息社会发展报告[M].上海：上海远东出版社,2013.

据集,并且这样的数据集无法用传统数据库工具对其内容进行抓取、管理和处理。大数据首先是指数据体量(volumes)大,指代大型数据集,一般在 10TB 规模左右,但在实际应用中,很多企业用户把多个数据集放在一起,已经形成了 PB 级的数据量;其次是指数据类别(variety)多,数据来自多种数据源,数据种类和格式日渐丰富,已冲破了以前所限定的结构化数据范畴,囊括了半结构化和非结构化数据。接着是数据处理速度(velocity)快,在数据量非常庞大的情况下,也能够做到数据的实时处理。第四个特点是指数据真实性(veracity)高,随着社交数据、企业内容、交易与应用数据等新数据源的兴起,传统数据源的局限被打破,企业需要有效的信息以确保其真实性及安全性。[①]最后一个特点是指数据价值(value),企业要正确认知,并通过合理运用实现大数据的真正价值。

### 2. 大数据的发展

最早提出大数据一词的是麦肯锡研究院于 2011 年发布的研究报告《大数据》。之后,经美国高德纳公司和美国一些科学家的宣传推广,渐渐地,大数据概念开始流行起来。大数据发展的萌芽期是 20 世纪 90 年代至 21 世纪初,此时处于数据挖掘技术阶段。这一时期,随着数据挖掘理论和技术的一步步成熟,开始有一些与商业相关的智能工具被人们所应用,如专家系统、数据仓库和知识管理系统等。

大数据发展的突破期,是 2003—2006 年,此时处于自由探索非结构化数据阶段。这一时期,非结构化数据的迅猛发展带动了大数据技术的快速发展。可以以 2004 年 Facebook 的创立为标志,此时是大数据发展的突破期。大数据发展的成熟期,是 2006—2009 年,此时大数据技术形成并行运算与分布式系统。到了 2010 年,智能手机开始大量涌现,其应用日益广泛。此时,数据的碎片化、流媒体、分布式等特征更加凸显,移动数据开始急剧增长。近年来,大数据技术的发展十分迅猛,开始不断向社会各行各业步步渗透,从而导致大数据的技术领域和行业边界越来越不明显,也越来越模糊,大数据的应用创新已经超越了大数据技术本身,越来越受到各行各业的热捧和青睐。今天,可以毫不夸张地说,大数据技术能够改变一个领域,为每一个领域带来变革性和创新性。

### 3. 大数据的应用

对于大数据最重要的不是如何定义,而是如何使用,即如何对这样庞大的数据进行加工处理,实现信息增值。

未来大数据将在以下几个方面对目前的格局带来变化:理解、定位客户,以及为客户提供服务;理解和优化业务流程;智能穿戴设备等改善我们的生活;提高医疗和研发水平;提高体育成绩;优化机器和设备性能;改善安全和执法;改进和优化城市与国家;优化金融交易等。具体到行业发展,中国传媒大学新闻学院教授、腾云智库专家沈浩博士认为,大数据的商业应用影响广泛而深远,会带动一系列产业发展,加速

---

① 人大经济论坛.大数据概念[EB/OL].[2017-10-11].http://bbs.pinggu.org/bigdata.

## 2003—2015年海外网络媒体大数据政策及技术发展历程

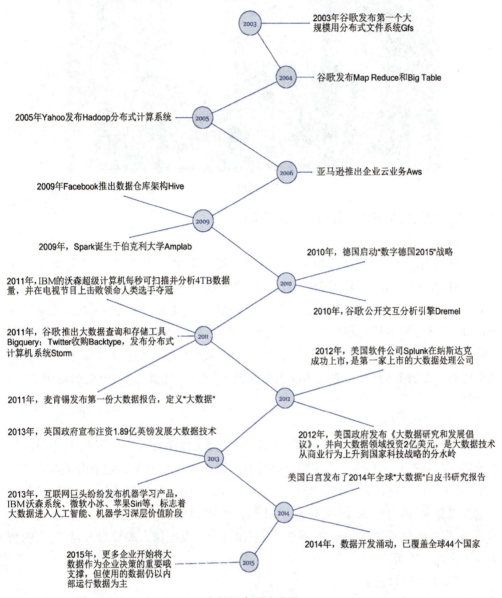

**2003** 2003年谷歌发布第一个大规模用分布式文件系统Gfs

**2004** 谷歌发布Map Reduce和Big Table

2005年Yahoo发布Hadoop分布式计算系统 **2005**

**2006** 亚马逊推出企业云业务Aws

2009年Facebook推出数据仓库架构Hive

**2009**

2009年，Spark诞生于伯克利大学Amplab

2010年，德国启动"数字德国2015"战略

2011年，IBM的沃森超级计算机每秒可扫描并分析4TB数据量，并在电视节目上击败领命人类选手夺冠 **2010**

2010年，谷歌公开交互分析引擎Dremel

2011年，谷歌推出大数据查询和存储工具Bigquery；Twitter收购Backtype，发布分布式计算机系统Storm **2011**

2012年，美国软件公司Splunk在纳斯达克成功上市，是第一家上市的大数据处理公司

2011年，麦肯锡发布第一份大数据报告，定义"大数据" **2012**

2013年，英国政府宣布注资1.89亿英镑发展大数据技术

2012年，美国政府发布《大数据研究和发展倡议》，并向大数据领域投资2亿美元，是大数据技术从商业行为上升到国家科技战略的分水岭 **2013**

美国白宫发布了2014年全球"大数据"白皮书研究报告

2013年，互联网巨头纷纷发布机器学习产品，IBM沃森系统、微软小冰、苹果Siri等，标志着大数据进入人工智能、机器学习深层价值阶段 **2014**

2014年，数据开发涌动，已覆盖全球44个国家

2015年，更多企业开始将大数据作为企业决策的重要哦支撑，但使用的数据仍以内部运行数据为主 **2015**

**大数据发展演进图**

技术创新，进一步推进智能人机交互、自动驾驶、智能医疗诊断、互联网金融、智能无人机、机器人技术等相关领域和产业的快速推广和普及。

在媒体监测领域，毫无疑问，大数据是目前监测的理念基础。媒体监测的各个流程几乎都需要大数据的参与。大数据分析是大数据加工处理的最重要的环节，其中可视化分析能够直观呈现大数据特点，且易被读者接受，数据挖掘算法是数据分析理论的核心，语义分析则广泛应用于网络数据挖掘与采集，预测分析则是大数据分析的最主要应用领域，指导未来决策。每一个方面必然需要相关的数据处理技术才能实

新型的沟通方式

现,而人工智能则是可以依托的一个重要方面。

(二) 人工智能

1946 年第一台电子计算机问世后不久,英国著名学者艾伦·麦席森·图灵(Alan Mathison Turing)就发表了一篇重要论文《计算机器与智能》,探讨了创造具有智能的机器的可能性,并提出了著名的"图灵测试",即如果一台机器人与人类进行对话,可以不被分辨出其机器的身份,那么就可以认为这台机器具有了智能。1956 年达特茅斯研讨会提出了"人工智能"的研究提案,从此科学家们便开始了孜孜不倦的曲折探索人工智能的历程,试图解放人类大脑,甚至可以说创造一个更加聪明的"人类物种"。

1. 人工智能的概念

人工智能是研究、开发用于模拟、延伸和扩展人的智能的理论、方法、技术及应用系统的一门新的技术科学。人工智能是计算机科学的一个分支。它企图了解智能的实质,并生产出一种能以人类智能相似的方式作出反应的新的智能机器,该领域的研究包括机器人、语言识别、图像识别、自然语言处理和专家系统等。人工智能是对人的意识、思维的信息过程的模拟,虽然不是人的智能,但能像人那样思考,超过人的智能也不是危言耸听。

2. 人工智能的发展

人工智能的发展经历了半个多世纪,它的发展历程十分曲折。20 世纪 40 年代中期到 50 年代中期为第一阶段,被称为人工智能启蒙探索时期。1950 年,图灵发表了《计算机器与智能》,提出了机器可以思维进而帮助人类的问题,直接推动了现代人工智能的发展。1956 年夏季,以麦卡赛、明斯基、罗切斯特和申农等为首的一批有远见卓识的年轻科学家在达特茅斯研讨会上引发一场历史性事件——宣布人工智能学科的诞生。达特茅斯会议结束后,人工智能进入了一个全新的时代。1967 年之后,人工智能在进行进一步的研究发展时遇到了很大的阻碍,进入一个低潮期。这一时期没有比上一时期更重要的理论诞生,人们被之前取得的成果冲昏了头脑,低估了人工

上网时间

试试梳理一下人工智能领域佼佼者谷歌大脑的发展历程。

人工智能发展历程

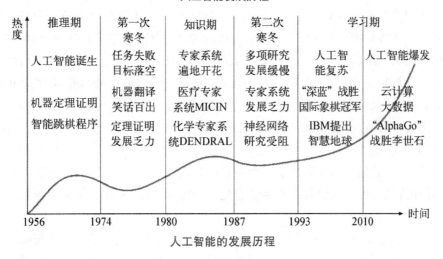

人工智能的发展历程

智能学科的发展难度。一时之间人工智能受到了各种责难,人工智能的发展进入瓶颈期。

20 世纪 80 年代中期到 90 年代初期,人工智能进入发展的黄金期。随着其他学科的发展,第五代计算机的研制成功,人工智能获得了进一步的发展。人工智能开始进入市场,人工智能在市场中的优秀表现使人们意识到人工智能的广阔前景。90 年代以后,人工智能平稳发展。国际互联网的迅速发展使得人工智能的开发研究由之前的个体人工智能转换为网络环境下的分布式人工智能,之前出现的问题在这一时期得到了解决。Hopfield 多层神经网络模型的提出,使人工神经网络研究与应用再度出现了欣欣向荣的景象。

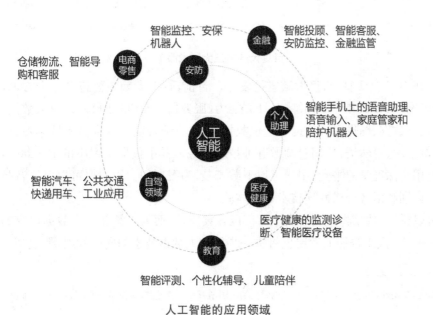

人工智能的应用领域

### 3. 人工智能的应用

人工智能的本质是对人的思维的信息过程的模拟,其拥有众多细分领域。但是学术界以及业界对细分领域并没有统一的命名规范,表述名称有所区别,每个细分领域也相互交叉、相互影响。总体上大致分为机器人、机器学习、计算机视觉、自然语言处理等。计算机视觉包括图像处理和模式识别,除此之外,它还包括空间形状的描述、几何建模以及认识过程。机器学习包括深度学习、强化学习等;自然语言处理包括自然语言理解、语义搜索、语义网络等。

### (三)大数据时代的人工智能

近年来,大数据和人工智能这两个领域的研究相互交叉促进,产生了很多新的方法、应用和价值。大数据时代是智能信息处理的黄金时代,大数据与人工智能又有什么关系呢?

人获得智能是一个不断学习的过程。从降临到世界的那一刻起,婴儿无时无刻不在通过眼睛、耳朵、鼻子、皮肤感知着这个世界,接收着外界已经存在的各种各样的信息,这些信息对一个一无所知的婴儿来讲毫无疑问全部是经验的,是需要学习和适应的,慢慢才能融入这个充满智能的世界,同时自己获得智能。而外界的信息就像是大数据似的存在。对机器的人工智能也是如此,如果机器想要被赋予智能,也需要以大数据作为学习的素材。大数据技术的进一步发展,为储存、分析大量的数据提供了一定的技术支持,使机器得到的数据量和拥有的数据处理能力,与形成人工智能所需要的数据量和数据处理能力相匹配。

| 机器学习 | 语音技术 | 图像技术 | 自然语言 | 用户画像 |

**百度大脑的五大技术服务**

2016 年 9 月 1 日,百度大脑震撼发布。目前,百度大脑主要包含三个方面,即算法(神经网络、参数和样本训练)和计算能力(服务器和 GPU 集群),以及大数据(网页资料、搜索数据、图像视频数据和定位数据)等。目前百度大脑提供机器学习、语音技术、图像技术、自然语言、用户画像五种技术服务。其中机器学习中的 Paddle 是一个开放易用的深度学习平台,用户可以下载安装,为我所用。用户也可以对语音技术中的语音识别和语音合成两项技术进行体验。

可以说,大数据将是实现人工智能的重要支撑,而人工智能是大数据研究的重要目标之一[①]。人工智能的发展也将进一步推动大数据技术的向前发展,形成相互推动

---

① 刘知远,崔安顼,等.大数据智能:互联网时代的机器学习和自然语言处理技术[M].北京:电子工业出版社,2016.

的格局。

但是在另一方面，我们还必须把人工智能同大数据引发的数据智能区分开来，这是完全不同的两种概念。例如 Facebook 公布的人脸识别算法 Deep Face，号称识别的精准度已经接近于人。但这种深度学习系统其实更本质上属于数据智能的范畴，通过建立海量数据的数据库进行大数据分析，从而作出一种智能化的判断。

大数据不是人工智能，但是大数据的确推动了人工智能的发展，在另一个方向上实现了与人工智能的互补。当下，社会大数据、计算能力和计算框架三方面的发展融合产生出了大数据智能。我们有理由相信更大规模数据、更强计算能力和更合理计算框架的推出，会不断推动人工智能向前发展。

## 二、人工智能在媒体监测行业中的应用

大数据时代的媒体监测更为复杂，需要机器与人工的互相帮助。虽然与之前相比，人工操作的工作面已经非常有限，但是人类欲望是无止境的，总是希望能够让机器更加聪明，替代人类智慧去处理信息。虽然目前技术还达不到这样的效果，但是毫无疑问，人工智能在未来将会是媒体监测行业的重要技术支持。

### （一）自然语义理解

在数据采集阶段，搜索引擎技术和网络爬虫技术是目前主要的技术支撑。在十多年前搜索引擎刚刚出现时，它还是一个基于统计学的技术。搜索引擎从分类目录时代、文本检索时代到链接分析时代再到用户中心时代是一个不断智能化的过程。第二代搜索引擎是基于关键词符号匹配信息，并不能处理关键词本身的语义，这就是基于关键词搜索存在一系列缺陷的原因。第三代搜索引擎的发展趋势是把搜索引擎技术和人工智能结合，让计算机返回的结果更有针对性，让计算机具有人的智能和逻辑分析能力，能够理解自然语言表达的语义，使搜索结果与用户需求实现更精准的匹配。第四代搜索引擎则更加智能化，主要是以用户为中心，具有信息服务的智能化、人性化特征，它具有一定的推理能力，能综合用户在一次次检索结果中的取舍，自我学习并进行推理，从而调整其检索策略，完善和提高检索效率。

从媒体监测目前的操作来看，在关键词搜索的数据采集阶段，为了获得最佳的检索结果，往往会增加关键词数量，这样的做法会导致遗漏很多有效信息。但是如果为了获得尽可能多的相关性信息，扩大检索的语义范围，又会导致很多与检索目标无关的杂音出现。因此后期需要人工来辅助清理，获得最终的高相关度文本。

在数据分析阶段，情感分析也属于语义分析的一种。现阶段的情感分析方法主要有基于词典、语料库的方法和基于机器学习的方法。基于词典的方法主要通过制定一系列的情感词典和规则，对文本进行段落拆借、句法分析，计算情感值，最后通过情感值来作为文本的情感倾向依据。基于机器学习的方法，大多将这个问题转化为一个分类问题来看待，对于情感极性的判断，将目标情感分为正、负两类。对训练文本进行人工标注，然后进行有监督的机器学习过程。例如想在较为常见的基于大规

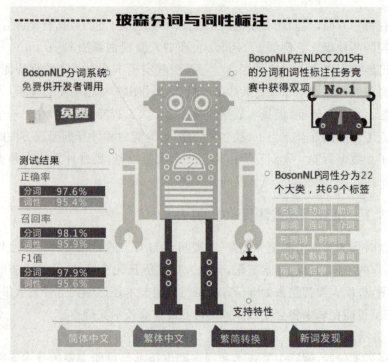

**玻森分词与词性标注原理**

模语料库的机器学习等。想让机器完全具有人的感官判断目前仍旧无法达到,现今媒体监测中的情感判定主要由人工操作,借助数据统计工具来得到监测目标正负面评价的结论。

### (二)声音识别与图像识别

智能声音识别技术和智能图像识别技术普遍适用于传统广播电视媒体和网络媒体的广告监测中。

智能声音识别技术主要是通过对监测样本的声音特征进行分析,得到该样本的声音特征文件。当需要监测某个声音文件是否含有与监测样本一致的声音时,只要将样本声音特征和被监测声音的声音特征进行对比,即可找出和样本声音特征一致的部分,从而得到监测结果。

**亚马逊智能音箱**

视频的智能图像识别处理通过对图像预处理、提取图像特征、图像判定等过程来得到最终的输出结果。

浙江省广播电视广告监测系统中选择了声音识别技术。一是因为图像识别技术的计算量非常大,系统效率将受到极大影响;二是考虑到广播和电视节目有一个共同的信息对象——声音,而且声音识别计算量要少很多,便于组建大容量监测系统。这套系统在主要功能方面完全满足了需求。经过统计,其广告识别准确率在98%以上。整个系统除样本截取外,所有的工作均由系统自动完成,不需要人工干预。特别是该系统具有的新增广告快速鉴别和自动定位功能,以及样本的跨频道共享功能,减少了人工的样本截取工作量,提高了工作效率[①]。

对于网络媒体的广告监测,目前仍然以关键词监测和声音识别监测为主。对于广告图片,就算是谷歌著名的网页爬虫,一遇上图片也还只能算是盲人摸象。也就是说,即使画面上出现了大大的汽水瓶图样,谷歌爬虫也不一定能够准确识别出来,并紧接着送上一个可乐广告,但是未来的广告图片监测事实上要解析图片并不是一件简单的事,不过近期有越来越多厂商开始投入这个领域。

TripleLift 的共同创始人利温举了一个例子说明这项技术的发展方向:"一旦你在 Facebook 上发表了一张内含阿斯顿马丁商标的汽车图片,而我点击了它,当下我就会被记录成对该汽车品牌感兴趣的对象,之后就会持续收到该品牌或其他品牌车商的广告。"24/7 Media 的战略平台发展资深副总裁若博更是认为,这个起名"全天候社交广告(24/7 SociAble)"的技术,通过分析图像点击行为进行后续定向营销,足以"杀死"Criteo 公司。[②]

图像识别技术在未来广告监测领域将会开辟出另外一番新天地,也将成为广告监测的一大趋势,媒体监测的文本也将不再局限于文字和声音。可以说人类对信息的掌控能力又迈出了一大步。相信在不远的将来,图像识别将不仅仅局限在广告监测领域,这项技术在舆情监测领域也能发挥其重要作用。

### (三) 深度学习

深度学习属于机器学习的范畴。深度学习和机器学习的区别是,深度学习是机器学习研究中的一个新的领域,其动机在于建立、模拟人脑进行分析学习的神经网络,它模仿人脑的机制来解释数据,例如图像、声音和文本等。

自 2011 年以来,深度学习在多个应用领域如语音识别、图像识别、用户画像、自然语言处理等方面取得了令人瞩目的成果。2012 年 11 月,微软在天津的一次活动上公开演示了一个全自动的同声传译系统,演讲者用英文叙述,后台计算机能够实时自动完成语音识别、英中机器翻译以及中文语音合

人机大战

① 郭利刚,方土富.浅析广播电视广告节目监测技术[J].中国传媒科技,2007(1).
② 中国文化报.图像识别将成精准广告必争之地[EB/OL].[2017 - 10 - 11].http://www.bh.gov.cn/html/whcy/GGHZ22824/2013 - 08 - 20/Detail_547602.htm.

成。其支撑关键技术就是深度学习。2013年百度研究院成立,深度学习研究所是该研究院旗下的第一个研究所。机器学习是人工智能的一个分支,就是通过算法,使得机器能从大量历史数据中学习规律,从而对新的样本做智能识别或对未来做预测。深度学习则是继浅层学习后的新的浪潮。

深度学习带来了机器学习的新浪潮,推动了大数据和深度模型的融合,也推动了人工智能和人机交互的大踏步前进。目前的媒体监测主要针对文字性文本,在深度学习的技术背景下,我们甚至可以大胆想象,网络上的语音信息、图片信息是不是也可以被收集并在新技术支持下获得同样的分析效果? 这既是挑战,也是动力。

### (四)专家系统

专家系统是一个智能计算机程序系统,其内部含有大量的某个领域专家水平的知识与经验,能够利用人类专家的知识和解决问题的方法来处理该领域问题。也就是说,专家系统是一个具有大量的专门知识与经验的程序系统,它应用人工智能技术和计算机技术,根据某领域一个或多个专家提供的知识和经验,进行推理和判断,模拟人类专家的决策过程,以便解决那些需要人类专家处理的复杂问题,简而言之,专家系统是一种模拟人类专家解决问题的计算机程序系统。

专家系统是人工智能中最重要的也是最活跃的一个应用领域,它实现了人工智能从理论研究走向实际应用、从一般策略推理探讨转向专门知识运用的重大突破。在媒体监测领域,由于监测的数据量并没有达到一定规模,在问题发掘以及解决预测方面还没有实际的应用价值。但是在未来,在媒体监测的后阶段,专家系统能争取到自己的一席之地。

### (五)机器学习

**思维拓展**

深度学习与机器学习都是训练学习的过程,那么两者之间的异同是什么呢?

2015年11月,新华社在84岁生日来临之际正式推出机器人写稿项目,新加入的机器人员工被称为"快笔小新"。"快笔小新"是一个应用人工智能、机器学习、数据挖掘等技术,生成类似于人类创作稿件的程序。

2016年里约奥运会期间,今日头条实验室的写稿机器人"张小明"通过直接对接奥组委的数据库信息,实时撰写新闻稿件,以电视直播的速度发布稿件,主要报道了乒乓球、网球、羽毛球和女足的比赛,在16天的时间内共发布456篇奥运简讯和资讯,平均每条新闻从生成到发布的时间不到2秒钟,为103万读者提供了第一时间的赛事报道,单篇最高阅读量超过11万人次。

写稿机器人实际上是一种数字技术和智能写稿编程系统。它用机器代替人完成实时监控信息源,利用文本解析和信息抽取技术实现信息自动抽取,采用机器学习算法并融合编辑记者团队的经验和智慧,以参照模板和规则知识库的方式,根据实时抽取的信息作出判断,输出新闻。既然机器人可以用来写稿,那么我们也可以大胆猜想在不远的将来,媒体监测报告也可以由掌握大量数据的机器人来代劳。

OFweek机器人网 > 新闻中心

**美国此次大动作或因中国人工智能技术的崛起**

根据外媒报道，美国白宫之所在会选在此时与中国摊牌，其中有一大关键就在于要阻止中国在人工智能、机器人、5G等新世代无线通讯技术、高阶计算机领域等发展。

其它 | 2018-03-23 14:24　　　　　　　　　　　　　　　　　　　评论

**中美贸易战打响 剑指AI竞赛谁更强？**

从美国官方的发声和目前公开的拟征税清单，不难看出，在这一场贸易战的一对一的正面交锋背后，实际是美国针对中国一系列高科技的阻击战，其中AI就是最核心的目标。

其它 | 2018-03-23 14:21　　　　　　　　　　　　　　　　　　　评论

**亚马逊获专利：无人机可理解手势和语音呼叫**

亚马逊本周获得的一项关于快递无人机的技术专利：当地面客户向空中无人机呼喊或者做出挥手动作时，它能够理解你的意图并做出回应。

机器发出的新闻稿

### 三、基于人工智能的媒体监测发展趋势

2010年9月19日至11月30日，中国国际公共关系协会公关公司工作委员会开展了"媒体监测与分析"调研活动，并发布了《中国媒体监测与分析调研报告》。虽然信息有些落后，但仍有参考价值。报告显示，在媒体监测方面，企业终端客户使用媒体监测公司和公关公司的比例大致相同。对于网络新闻监测，企业等终端客户更倾向于媒体监测公司，对于社会化媒体则更依赖公关公司。媒体分析方面，企业等终端客户更依靠内部资源，包括基本分析和详细分析。内容摘要方面则大多由媒体监测公司完成。相比之下，本土客户更多使用内部资源完成媒体监测和分析。对受访者的定性访谈结果显示，现阶段大多数客户更加看重媒体监测。媒体分析不是重点，即使有分析，也比较笼统、肤浅、缺乏深度分析。另外，媒体分析方法不尽相同，增加了客户判断和选择的难度。

由此可见，当时我国的大部分企业对于媒体监测机构的依赖还停留在市场信息收集与呈现阶段，而最重要的媒体分析仍旧由自身操作。导致这种现象的原因：一是在意识上，媒体监测机构发展时间不长，对媒体监测的认识停留在数据收集与整理层面，对分析部分重视不足，不能给用户提供监测质量上乘的一条龙服务，用户对监测机构的分析服务并不买账；二是在硬件上，媒体监测公司受限于技术能力以及技术成本，不足以满足企业用户的需求。

近几年新媒体发展迅速，媒体环境不断变化与更新使得媒介竞争日趋白热化，传播方式、传播形态、传播介质的结构性骤变，新媒体的裂变衍生，更使得媒体监测市场扑朔迷离。面对海量又冗余、零散又多元的文本信息，媒体监测机构只有改变传统意

识,培养数据思维,才能为用户提供更精准、有效的分析及趋势预测。

人工智能技术的发展是使媒体监测行业价值提升的关键利器,在大数据智能不断发展的大背景下,媒体监测将迎来行业发展的春天。

### (一) 媒体监测的操作实践

#### 1. 实现多媒体的融合监测

目前不少监测公司都在宣传能够做到平面媒体、网络媒体、广告、电视、广播的全媒体监测,但是因为跨媒体监测技术、投入、专业性等各方面的问题,任何一家媒体监测公司都难以在所有媒体领域提供同样优秀的媒体监测服务。当下,绝大多数专业性媒体监测公司都在自己有专长的领域提供服务,而极少有声称可提供电视、广播、报刊、互联网等跨媒体、全方位监测服务的公司。事实上,目前优秀的监测公司也都只专注于某一到两类媒体的监测服务。但是随着技术的发展,准入门槛的降低,不排除全媒体监测在不久的将来实现。

#### 2. 实现多形式内容的监测

现在人工智能技术能够实现对文字性文本的自然语言处理,进行基本的语义分析和情感判断,但是网络上大量存在的视频、音频、图片等文本处理依然需要人工耗时完成。在深度学习掀起的人工智能新浪潮下,图片识别、语音识别成绩斐然。虽然目前还处在发展阶段,但我们有理由相信未来会开辟媒体监测的新领域。

#### 3. 专业的分析与预测

媒介的不断变革带来信息产业的变化,媒体监测也必然要顺应媒介发展趋势,进行自身调整。庞大复杂的数据蕴藏着巨大价值,全面精确的信息提取与内容提炼必然需要深厚的技术功力。前者依靠愈加智能化的数据挖掘技术,后者则需要专业人士的思维能力。一份同样的数据在不同的人手中会被挖掘出不等的价值量,专业的分析报告、深入浅出的可视化解读、有理有据的走势预测则意味着更大的竞争力。

### (二) 媒体监测的产业发展

#### 1. 垂直细分的服务领域

目前的媒体监测行业质量参差不齐,当然这也为大大小小的企业用户提供了更多的选择。从长远来看,这并不利于整个行业的发展。前面提到不排除有全媒体、全方位的监测服务提供,但也只限于具有资金优势、资源优势的企业。在竞争日趋激烈的大环境下,精细化、专业化或许是一些媒体监测机构走得通的道路。

#### 2. 优胜劣汰,产业整合

市场竞争靠实力说话,不进则退,在这个依靠技术和信息资源的行业,一项创新性的科技进步或者优势的资源渠道就有可能在短时间内迅速集聚客户资源,占领市场。如果不能抓住大环境提供的发展机遇,缺乏创新与求变意识,只能沦为行业大潮中不足一提的沧海一粟。

## 本 节 小 结

媒体监测只是人工智能应用的一个很小的领域,但是先进高效的技术支持在这个以技术为支撑的领域显得尤为重要。就目前的媒体监测来看,应用的监测技术还处于比较初级的阶段。单就文字监测而言,自然语义理解的技术还不成熟,距离机器自动理解语义、作出情感判断还有很长的一段路要走。图像识别技术落地也需要时间,专家系统虽然在其他领域已经迈入实践阶段,但是在监测领域仍然只存在于我们的想象之中。不可否认的是,人工智能是未来的发展趋势,国内外的技术人才也正在做着这方面的努力。谷歌毫无疑问是现在人工智能的领跑者,推动着全球最先进的人工智能的发展,中国百度公司的百度大脑也让我们对中国的人工智能发展充满期待。全球资本开始向人工智能集中,接下来的几年将是人工智能蓬勃发展的阶段,相信媒体监测行业也能乘着这股东风实现自身优化,得到快速发展。

## 本章复习思考题

1. 请回顾一下,从传统社会到大数据时代,不同阶段的社会特征、舆情形态、监测要求、技术支撑、媒体监测应用分别是什么? 请填入下表。

|  | 社会特征 | 舆情形态 | 监测要求 | 技术支撑 | 媒体监测应用 |
|---|---|---|---|---|---|
| 传统媒体 |  |  |  |  |  |
| 网络媒体 |  |  |  |  |  |
| 社交媒体 |  |  |  |  |  |
| 大数据时代 |  |  |  |  |  |

2. 请构想一个将社交媒体的数据应用于教育领域的案例,并将大致操作流程设计出来。

3. 以近期发生的一件网络热点事件为例,自行设置整个舆情监测环节,并填入下表。

| 案　　例 |  |
|---|---|
| 舆情收集工具 |  |

（续表）

| | |
|---|---|
| 时间点设置 | |
| 关键词设置 | |
| 舆情重点搜索平台 | |
| 主要舆情 | |
| 负面舆情 | |
| 舆情分析报告 | |

4. 人工智能与大数据是未来的发展趋势，请打开你的脑洞，设想一下未来教学与人工智能相结合的场景与模式。

第二章　媒体监测产业格局与应用

　　媒体监测行业起源于情报行业,最初更多运用在政治和军事领域。后来,随着媒体产业的蓬勃发展,对媒体监测的需求越来越普遍,所以,媒体监测更多地运用在商业、文化、教育等方面,并逐渐从一种单一的服务形式,变成了一个产业。

　　媒体监测在近几年兴盛,发展壮大,一大批以媒体监测为主要业务的企业纷纷成立,在全球掀起了媒体监测热潮。监测的市场需求促进了媒体监测产业的发展,媒体监测的兴盛也刺激了商界的监测意识,这种良性循环创造了更多的就业机会,也催生了媒体监测产业。技术是媒体监测领域的核心,媒体监测企业依托先进技术来保持自己的优势,优胜劣汰,大鱼吃小鱼的规律同样适用于媒体监测领域,而且这个领域的进入壁垒反而更高。本章从国内和国外的媒体监测产业两个方面来呈现目前的发展现状,并且引入三个比较具有代表性的行业案例来让读者感受媒体监测中的现有格局。

# 本章思维导图

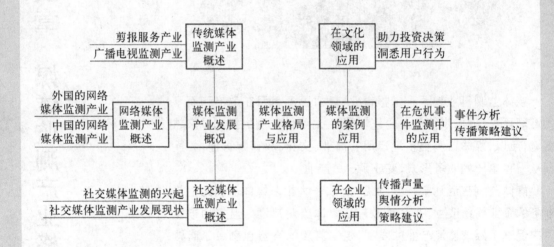

剪报服务产业
广播电视监测产业 — 传统媒体监测产业概述

在文化领域的应用 — 助力投资决策 / 洞悉用户行为

外国的网络媒体监测产业 / 中国的网络媒体监测产业 — 网络媒体监测产业概述 — 媒体监测产业发展概况 — 媒体监测产业格局与应用 — 媒体监测的案例应用 — 在危机事件监测中的应用 — 事件分析 / 传播策略建议

社交媒体监测的兴起 / 社交媒体监测产业发展现状 — 社交媒体监测产业概述

在企业领域的应用 — 传播声量 / 舆情分析 / 策略建议

# 第一节　媒体监测产业发展概况

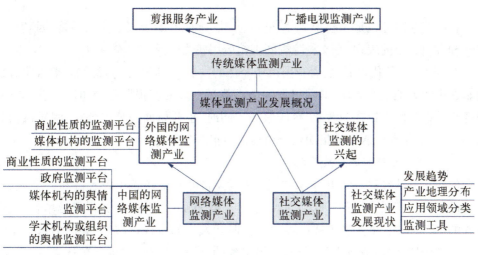

**本节思维导图**

　　媒体监测是一项专业的工作,涉及内容广,工作量大,变动性强,这也使得媒体监测服务诞生之后能够顺利地产业化,并且在市场细分和专业化的今天,越来越受欢迎,成为市场产值增长显著的行业。从监测的媒体对象来说,传统媒体监测包括了报刊监测、广播电视监测等,除此之外,有的服务还更加深入地涉及传播效果及公关服务。随着搜索引擎技术的发展,网络媒体监测也愈发勃兴。

## 一、传统媒体监测产业概述

### (一) 剪报服务产业

　　剪报服务产业源起于报纸信息和情报搜集。它不同于一般的集报,也不是简单的由人所好的个人剪辑张贴。它有明确的主题、服务宗旨、服务对象、服务手段、服务途径,以及限定的服务周期。剪报服务对助力政府机关及各企事业单位的决策,促进市场经济的发展起着十分重要的作用。

#### 1. 剪报服务产业的兴起

　　把报纸作为情报信息资源进行开发,在国外已有上百年的历史。1852 年,一个波兰人在英国伦敦开办了第一家商业性的剪报公司,为客户收集报纸上的报道。此后,世界各地开始相继出现以剪报服务为主的企业组织和机构,但是数量较少,分布零星。

　　在 20 世纪八九十年代,剪报服务进入一个快速发展的阶段,许多国家和地区开始出现规模化的剪报公司,并有产业化的趋势。

　　美国在 20 世纪 80 年代产生了这种新型的信息服务公司——简报公司。美国博瑞尔咨询服务公司作为其中较为成功的一家,以产业化的方式运营,且信息采集范围极广,涵盖各大公司的产销活动、产品市场动态,直到政治性的指导和评论。该公司成立初期只为美国政界要人提供剪报服务,侧重于收集针对这些人物的评论。后来应商界人士要求,开展了经济贸易的信息交流活动,并成为美国首家使用电脑的剪报公司。

我国剪报服务也是兴起于 20 世纪 80 年代,最先开始于高校的图书馆,因其在文献管理方面突出的表现,在文科院校图书馆应用较为广泛。

20 世纪 90 年代以后,随着我国市场经济的发展,商业竞争愈发激烈,剪报服务也开始在中国大地上产业化,涌现出大大小小数量众多的剪报服务公司。有着丰富剪报经验的部分图书馆在为教学、科研服务的同时,也开始面向公关公司、调研机构和预算较高、需定制化服务的集团化公司提供剪报服务。

2. 剪报服务产业的发展现状

剪报服务业经过三十几年来的发展壮大,取得了良好的经济效益和社会效益。随着计算机的广泛应用和互联网的普及,网上电子版期刊报纸的数量飞速增长,使得传统的剪刀加糨糊的服务方式已经跟不上时代发展的步伐,很多公共图书馆甚至将此项工作闲置下来,或者干脆下马,剪报服务的前途上出现了"黄灯""迷雾"。于是,"电子剪报"应运而生,成为传统剪报的升级形式,并迅速产业化。

很多提供传统剪报服务的公司开始使用电脑来模拟上述人工的操作。他们用电脑技术对各报社的电子版报章内容进行分类,然后存入数据库内,供客户任何时间通过互联网查阅自己所需的资料。这种电子剪报服务更为方便、准确、快捷。在公司内,看不到堆积如山的旧报章,看不到几十人拿着剪刀忙碌地剪、贴。

电子剪报的兴起是剪报产业的一次大发展,很多专业剪报公司,在近几年创造了较好的经济效益,下表给出几家比较成功的剪报服务公司的信息。

表 2-1　提供剪报服务的公司信息

| 公司名称 | 成立时间 | 营业额(年度) | 客户数量 | 办公地点 | 员工数 | 业　务　范　围 |
|---|---|---|---|---|---|---|
| 慧科 | 1998 年 | 2 000 多万 | 2 000+ | 香港、北京、南京、上海、深圳、澳门、台北等 9 个办事处 | 800+ | 信息收集、存储,大众化英文报纸数据库,舆情监测,定制化人工报告服务 |
| 苗建 | 2000 年 | 200 万 | 500+ | 北京、香港、上海、广州、杭州、重庆 | 250+ | 苗建竞争情报系统、媒体情报监测系统、报纸杂志检测分析、电视广播监测分析、网站监测分析、对手和行业监测分析、快速危机预警系统、媒体分析和评估、翻译影视工作室 |

（续表）

| 公司名称 | 成立时间 | 营业额（年度） | 客户数量 | 办公地点 | 员工数 | 业务范围 |
|---|---|---|---|---|---|---|
| 慕亚 | 1982年 | 2 000万 | 6 000＋ | 亚太地区有18个办公室，中国：北京、上海、重庆、香港和深圳 | 1 500＋ | 资讯收集、传播效果评估、危机管理 |

电子剪报兴起的同时，大多数公司没有取消手工剪报，只是剪报服务已经不再基于报纸内容，它的含义在慢慢变大。由于信息技术、媒介技术的发展，网络成为信息储存的一大新兴媒介，传统的报纸产业反而式微。但是，我们都知道，新型媒体将会有非常广阔的发展空间，但它永远也不可能完全取代纸媒。同样道理，剪报服务具有其不可替代的价值。虽然互联网拥有海量的数据，但有些资料依旧是纸媒才有的，特别是1994年以前的报纸、期刊，和一些地方小报、书籍、手册、资料、会议文献等，尚不能在网上查到，更不可能有现成的光盘，而对有些专题剪报来说，这些材料又是必不可少的。

3. 剪报服务的未来发展方向

尽管在相当长的一段时间内，剪报服务产业仍将发挥其必要而独特的作用，也不会轻易退出历史舞台，但随着知识经济时代的到来、电子技术的广泛应用和互联网的普及，剪报服务产业也需要与时俱进，探索更广阔的发展空间。

（1）根据市场需求调整专题是未来出路。

市场需求是剪报服务产业赖以生存的基础，因而剪报服务产业应以销定产，通过市场调研确定产品属性、现时用户和目标用户，抓住市场的规律和特点，预见即将形成的热点，进行适时的信息跟踪，调整并开发出具有一定预测性和针对性的综合或分类专题剪报。总之，剪报服务今后必须走向商品化和市场化，这是剪报服务工作方式上的发展出路。

（2）增强品牌意识，诚信服务是今后目标。

品牌是企业的产品质量加上服务信誉，品牌是一种无形资产，一种价值的象征，也是一种效能的体现。它告诉人们某品牌的产品质量是让人放心的，值得信赖的。诸如慧科、苗建、慕亚等剪报服务公司的经济效益之所以一路飙升，经久不衰，就是因为它们时刻以"诚信就是生命，质量就是品牌"为经营理念和管理目标，取得了可喜的成果。可见，剪报服务今后必须以诚信为基础，向品牌化的方向努力，这是剪报服务工作理念上的今后发展目标。

（3）主动服务，强化营销手段是将来方向。

从几个剪报服务工作开展得比较好的公司来看，它们一个共同特点就是，都比较重视营销工作。由于我国的市场经济还不够完善，成熟的信息市场还没有完全培育起来,所以还构不成所谓的买方市场和卖方市场。因此,强化营销措施,上门服务,主动游说,积极推销,扩大宣传,通过媒体、网络,向更多的客户介绍、推荐自己的信息产品,以适宜的投入,获取最大的卖点,向产业化营销看齐,这是剪报服务企业将来的发展方向。

### (二) 广播电视监测产业

广播电视监测是指通过客观测量和主观评价,如实反映广播电视节目播出质量和效果的过程。

广播电视这一大众传媒的根本任务是把广播电视节目优质地传送给广大听众和观众。一个高效率、高质量的广播电视监测网可以准确、及时反映广播电视节目的播出质量和传输效果,核查广播电视覆盖情况,了解各类播出系统是否按照标准的技术参数播出,监测空中电波秩序和网络频道秩序,提供不断改善播出质量和有效覆盖的依据,建立广播电视技术质量自我监督机制。

#### 1. 广播电视监测产业的兴起

19 世纪 30 年代以后,电报机的发明宣告了电子媒介的出现,随后广播、电视、电影等电子媒介迅速发展,并在大众传播时代获得一席之地,而电视、广播等媒体成为传播信息的重要渠道,广播电视监测也应运而生。广播、电视作为重要的信息情报源之一,其作用是其他任何情报源或手段所不可替代的。

在其发展初期,广播电视监测主要服务于政府部门。1939 年,英国政府为了收集战争情报,要求 BBC 组建监测服务机构(British Broadcasting Corporation Monitoring Service,BBCMS)开始监听外国——尤其是"轴心国"的广播。到今天,这个曾经的小部门已经成为拥有 370 名员工的大型舆情监测机构,分支机构几乎遍布全球。

中国的无线电广播最初投入使用是在 1923 年,1940 年延安新华广播电台正式播出,标志着我国人民广播的正式诞生,随后广播电视的监测技术也逐步发展起来。早在 20 世纪 50 年代,上海建成了我国的第一个广播监测站,是我国广播电视监测行业的开端。随着我国广播电视技术的不断成熟,加上经济发展给广播电视监测带来的技术支持,我国先后在北京、海南、重庆等多个地区建立了监测站点,并在西部部分省区新建了一批广播监测台和遥控站、点,形成了西部广播监测网。进入 21 世纪,人们的生活更加信息化,广播电视凸显出更大的作用,同时面对着新时期的新要求和新挑战。

#### 2. 广播电视监测服务产业的现状

目前,广播电视监测业务已从单一监测声音广播,发展到对无线、有线、卫星广播电视节目信号进行全面监测阶段。从频率来说已从单一监测中短波发展到涵盖米波、分米波、厘米波的广播电视频段。以前,广播电视监测技术手段采用的是离散的简单手工操作,目前,正在形成无线广播电视监测系统、有线电视广播监测系统和卫星广播电视监测系统。其监测设备也正在从模拟向数字化转换,监测工作将向自动化、网络化、智能化方向发展。

在我国,随着市场化的发展,企业、非政府组织也有了监测服务的需求。但是市场上大部分监测公司的监测手段仍然采用人工监测的方式。即通过人工收听、收看特定内容,采集电视台网站、视频网站的视频音频数据,后期人工编辑利用的是速记、语音软件转换等方式。在我国,目前尚未有成型技术利用系统对电视台进行监测,语音识别技术可以针对单个或少量的视频数据和音频数据进行处理,对大型数据尚无处理能力。

西方国家广播电视监测机构使用的设备自动化程度非常高,已全面进入数字化、网络化时代,设备本身往往具备完善的自动化遥控、遥测功能,并有成熟的媒体监测专业机构帮助政府及企业完成监测工作。在美国,电视内容的监测可以实现字幕信息的自动提取以及对关键词的自动检索匹配,并可以少量完成语音的自动识别。在生成文字内容之后,按照文本监测的原理进行分析和其他操作。

西方国家的广播电视服务产业较为发达。以 BBC 监测为例,从总体上看,BBC的外媒监测有三个长处。一是实现了全天候、全方位的监测。具体而言,就是 24 小时不间断地监测一百五十多个国家和地区一百多种语言的三千多家报刊、广播、电视、通讯社、网站和社交媒体。而且,监测的内容不仅是政治新闻,还包括几乎所有类别的新闻。二是已经产业化,不仅为英国政府服务,还向外国政府、各国使馆、安保机构、非政府组织、媒体、科研机构,以及为数众多的国际商业机构提供有偿定制服务和检索服务。三是建立了实时更新的外媒报道数据库,收集了自 2006 年以来的海量外媒报道,并按照主题和关键词进行了分类。

## 二、网络媒体监测产业概述

随着网络媒体监测的广度、密度、深度不断加大,网络媒体监测产业成为媒体监测非常重要的组成部分,很多媒体监测机构也将业务重心放在了网络媒体监测上。因为网络媒体的服务对象有着不同的使用主体,这也就产生了很多不同目标指向的监测平台。

(一) 外国的网络媒体监测产业

数字化转型已经成为当前全球网络媒体监测产业面临的共同背景。许多国家对网络舆情的管理都非常重视,网络媒体监测行业发展非常成熟,形成了一些较为成熟的模式和经验。下面介绍一些不同性质的监测平台。

1. 商业性质的监测平台

商业性质的监测平台以获取利益为目的,服务于有需求的各类客户。因为欧美市场化程度较高,商业性质的监测平台也最先从欧美兴起并发展开来。

目前在全球范围内市场占有率较高的商业媒体监测公司有 Cision、Buzzlogic、Nielsen、Reputation Defender、Visible Technologies、Meltwater、PRNewswire、Isentia等。下表展示了上述几家公司的业务范围。

表 2-2　主要商业媒体监测公司的业务范围

| 公　司 | 业　务　范　围 |
| --- | --- |
| Cision | 通过对博客、论坛、网站等进行大范围的网络舆情监测,为客户提供全面的媒体资讯服务,帮助企业扩大覆盖范围、了解行业趋势、树立品牌形象以及提高其整体的公关和媒体监察能力 |
| Buzzlogic | 其提供的"BuzzLogic Insights"服务通过对博客进行高时效的、全方位的、多角度的舆情动态分析,为营销人员提供产品反馈意见、品牌认知度情况;为公关人员提供与知名博客建立关系、发现新舆情并跟踪产品服务;帮助企业发现、吸引以及评估行业影响力,了解消费者需求,以改进服务 |
| Nielsen<br>(尼尔森) | 提供"Buzz Metrics"服务,帮助企业对在线言论及传播行为进行分析,进而提升品牌形象,促进业务增长 |
| Reputation<br>Defender | 通过专有技术,帮助客户监控网络,删除负面舆论(服务的层次取决于收费的高低),为企业塑造良好的网络形象。如今,它已经为全球超过 100 个国家和地区的客户服务过 |
| Visible<br>Technologies | 其提供的"TruCast"服务、"TruView"服务为企业提供及时、全面、高效的战略解决方案,保护和促进企业的网络声誉,谷歌、雅虎、博雅、恒美、WPP 集团等都与之有过合作 |
| Meltwater | 监测全球数十万信息源,定制成准确及时的报告,并提供统计分析、新闻通讯、新闻导入、海外媒体联络人等一站式服务 |
| PRNewswire | 其 CMM 媒体监测系统从网页新闻,到微博、微信,乃至知乎、贴吧等全方位覆盖,可以热门话题聚合监测,也可自订敏感识别,自由设置报告方案 |
| Isentia | 亚太地区领先的媒体情报公司,为超过五千五百多个客户提供信息、分析及咨询服务。处理超过 5 500 份平面媒体、广播电台、电视频道,处理每月超过 2.5 亿次的在线对话及海量网络资讯 |

　　2. 媒体机构的监测平台

　　媒体机构的监测平台主要依靠自身的信息和新闻资源优势开展舆情分析研判工作,从业人员新闻素养水平较高,对社会、行业认识深刻,对社会深层次矛盾有较强的洞察力,整体服务的新闻性、舆论导向性和时效性强,通常会参与舆情事件的应对处置和舆论引导的过程,但在自成体系的网络舆情基础理论研究以及舆情学科建设上不及高校类、科研院所类舆情研究机构。

　　下表给出了国内外热门的媒体监测平台信息,其中来自挪威的 Meltwater 虽然成立于互联网泡沫破裂的 2001 年,但是却拥有庞大的客户群和员工,在全球拥有 57 个办公室。

　　(二) 中国的网络媒体监测产业

　　中国的网络媒体监测产业形成较晚,在互联网技术快速发展的近几年内,中国的网络媒体监测才依靠技术东风逐渐发展壮大。下面介绍几种不同性质的监测平台。

表 2−3　热门媒体监测平台公司信息

| 公司名称 | 成立时间 | 办公地点 | 业务范围 |
|---|---|---|---|
| 捷报 | 2009 年 | 北京、襄阳 | 危机预警与监测、传播效果评估、产品口碑分析、行业情报、竞争研究、用户洞察、数据可视化 |
| 秒针 | 2006 年 | 北京、上海、广州、烟台，新加坡，美国 | 在线广告评估系统、第三方程序化广告投放平台、跨媒体预算分配工具、网站广告价值评估系统、全网舆情监测平台 |
| 红麦 | 2008 年 | 北京、上海、广州、成都 | 舆情监测系统、微博营销系统、微博监测系统 |
| 微舆情 | 2009 年 | 上海 | 互联网垂直搜索、舆情监测分析、大数据开发处理、行业大数据分析 |
| Meltwater | 2001 年 | 全球 57 个办公室，中国：香港、上海、北京 | Meltwater 监测平台、数据分析、新闻导入、新闻通讯 |
| Digimind | 1998 年 | 巴黎（总部）、格勒诺布尔、纽约、慕尼黑、拉巴特、新加坡 | 竞争情报、网站数据分析、社交媒体监测与分析 |

1. 商业性质的监测平台

（1）技术公司。

技术类网络舆情服务机构主要由软件公司和传统的市场调查公司组成，起源于企业竞争情报分析，以方正电子、拓而思、军犬等为代表，整体业务偏向于数据收集与获取。

互联网极大地丰富和拓展了此类企业情报来源。一些技术类公司借助技术抓取手段，有效抓取企业竞争情报。引入网络舆情概念和分析范式，为这些技术类公司提供了新的领域和契机。这些公司按照客户需求进行有针对性的舆情信息抓取服务，并逐步拓展舆情数据的研究与分析业务。很多公司因此转型，及时获取互联网信息，从中分析规律、脉络，形成新的情报价值。网络舆情服务为此类技术监测公司提供了新的服务领域。

（2）公关公司。

传统的公关公司，在网络环境下向舆情咨询服务转型，继而形成的一些舆情服务公司，像光线传媒、蓝色光标等，主要提供网络舆情事件的危机公关服务。

网络公关公司起源于传统的公关公司。它们协助企业、政府化解危机，进行危机应对，同时帮助企业、政府建立口碑管理机制和媒体公关渠道。借助网络舆情，公关公司有了新的发展空间，一些公关公司以帮助企业建立互联网声誉管理机制，加强互联网营销和公关，组织各类网络活动，提升企业互联网公关效果为目标，通过网络舆情分析，可以更好地找到企业、消费者，通过用户更感兴趣的内容和途径，投放企业的形象塑造信息或舆论引导信息，能更为直接有效地参与舆情事件的处理和引导过程，提升公关效果。这些年来,大部分公关公司的公关业务更加互联网化,公关特色也由线下公关逐步转为线上公关。

2. 政府监测平台

政府部门的舆情工作近年来开始兴起。一些政府部门,尤其是重要行业的监管部门,为了加强对行业发展动态的把握,提升监管水平和指导能力,设立了专职的舆情监测、分析与研判岗位。在这些岗位基础上,进一步演化发展成为相应的政府职能部门。这一类机构以及时发现并上报与当地政府部门相关的负面舆情为主要核心工作,同时兼具反映地方社情民意的职能,对国家法律法规与相关政策把握水平较高。其相关工作人员政治思想水平过硬,对地方社情民意的把握能力较强,舆情工作的针对性和专业性较强。

3. 媒体机构的舆情监测平台

媒体类舆情机构,是媒体新闻报道工作的延伸和拓展。在中国互联网进入 web 2.0 时代以后,传统的新闻报道和受众之间的隔离墙出现缝隙,受众可以通过互联网参与新闻报道的评价、交流、互动。随着互联网形态发生变化,论坛、博客、社区等新的互联网形态出现,网民不仅可以在网上发布意见观点,甚至一些一手信息具有新闻爆料的特点。互联网从 Web 1.0 时代的布告栏逐渐发展为 Web 2.0 时代的信息源和意见池,媒体类舆情机构应运而生。

2008 年,人民网舆情监测室成立,成为国内第一家媒体类舆情机构。媒体的属性和工作模式,加速媒体类舆情机构迅速从新闻制造向新闻文本分析转型,媒体舆情分析报告成为最初的舆情服务形态。其后,越来越多的媒体加入信息文本分析的行列中,纷纷成立舆情机构。

4. 学术机构或组织的舆情监测平台

此类舆情监测机构多指以高校或科研单位为依托的舆情研究所,如中国传媒大学口碑研究所、中国人民大学舆论研究所、中国社科院新闻研究所、天津社科院舆情研究所等学术研究机构。这些机构的研究者学科背景多元,有比较深厚的学术素养和较高的专业理论水平,善于将网络舆情的变化和特点归纳、梳理、总结出一般规律,研究报告的学术性较强,但时效性、实践性和指导性较弱。

理论类舆情机构,是传统科研机构嫁接新的社会现象、形态,从而丰富学科研究内涵的范例。传统的科研机构,更加注重严密的逻辑、理论推演,恪守严格的学术规范,从学术中来,到学术中去。蓬勃发展的网络舆情,让相关学科专家看到了其为本学科带来的变化,从而引入网络舆情研究概念,让相关学科的研究框架、范畴、范式发生了深刻变化。

(三) 网络舆情监测产业在中国的发展现状

目前,在中国,来自监测行业的机构可以被分成几个类别:剪报及电视广播监测服务、媒体监测平台、政府舆情工具、品牌口碑分析服务、社交媒体管理服务等。其服务特点、目标客户等各有不同。

表 2-4 不同对象的媒体监测服务对比

| 类别 | 服务特点 | 目标客户 | 亮点 | 不足 |
|---|---|---|---|---|
| 剪报及电视广播监测服务 | 机器识别扫描入库,专业电视广播录制设备,定制化程度高,专业翻译服务 | 公关公司调研机构预算较高,需定制化服务的集团化公司 | 高度定制化服务,对平媒扫描、电视节目监测有特殊需求的行业难以替代 | 成本高,容易被替换。数据及时性、服务灵活度、服务稳定性不足 |
| 媒体监测平台 | 以网络数据为主。自建搜索引擎和数据库。提供 web 端平台,提供分析图表等功能 | 公关、广告公司或其他渠道合作伙伴,企业市场部或公关部 | 成本低,网络监测范围广,危机预警及时 | 通常不包含线下媒体监测,数据精准度不足 |
| 政府舆情工具 | 与政府机构相关联,保密需求高,以在本地安装软件为主 | 政府部门、事业单位、大型国企、央企 | 大的政府资源和背书,配备智囊专家库、灭火团队等,提供解决方案类服务,能调动较多外部资源 | 无法做小业务 |
| 品牌口碑分析服务 | 以社交媒体大数据为基础的分析师服务,注重市场反馈提炼、美誉度等分析指标,短期项目服务为主 | 消费类企业市场部 | 分析深入,精准度高。对消费品的口碑分析维度更广 | 人力尤其是分析师成本较高,数据分析平台不适宜客户直接操作 |
| 社交媒体管理服务 | 主要帮助客户在社交媒体与受众互动,监测和分析为辅助实现功能 | 消费类公司市场部、客服部 | 社交媒体互动功能 | 业务范围窄,通常仅限于社交媒体互动,一有新的社交媒体渠道出现,又要投入较大技术力量去开发和适应 |

新华三 网络和社交媒体监测年度分析报告

整体来看,我国媒体监测服务市场发展处于初级阶段,最突出的特点是舆情服务的水平有待提高,能够为各级党政机关和企业提供高质量决策参谋的智库服务不足,监测服务机构往往局限于提供简单的初级产品,其舆情产品质量与服务效果常常难以满足客户的需求。同时,我国互联网舆情监测技术软件和报告水平较低,舆情监测的全面性、及时性和技术保障能力有待提高。

## 三、社交媒体监测产业概述

### (一)社交媒体的兴起

随着互联网的发展,以 Facebook、Twitter、微博、微信等为代表的社交媒体已然成为大众信息沟通交流的重要渠道。社交媒体集通信性、闲谈性、评论性、分享性内容为一体,越来越成为人们日常生活中不可缺少的一部分。社交营销公司 We Are Social 发布的报告显示,2016 年全球网民达 34.2 亿,其中社交媒体活跃用户达 23.1

亿,相当于全球人口的 31%,与 2015 年相比新增社交媒体活跃用户 2.19 亿,年增幅 10%。

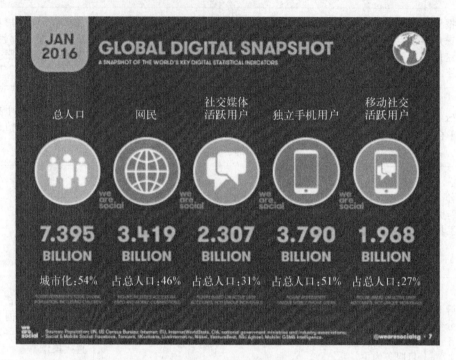

2016 年全球数字报告截图

相比于传统媒体,社交媒体的覆盖范围更广,媒体消息涵盖了日常生活的方方面面,形式也更加丰富,不仅有传统的文字、图片,更有链接、动画、地理坐标等信息内容。另一方面,社交媒体的消息更加简短,且由于移动客户端的普及,用户可以随时随地发布消息。这些新的特点使社交媒体具有更为丰富的分析价值,越来越多的网络监测公司也将业务重心转向社交媒体监测,由此催生出了一个新的产业——社交媒体监测产业的出现。

(二) 社交媒体监测的兴起

一定程度上,社交媒体监管产业是社交媒体发展的衍生产业,共分为五大部分:一是社交媒体监听,指对人们在社交媒体中对话的语义、情感、口吻等进行分析;二是社交媒体数据分析,专门针对社交媒体上的转发量、回复数等相关数据进行统计分析;三是社交媒体情报,指从数据的统计分析中转化出的语义信息;四是社交媒体管理,针对人们每天在自己社交媒体账户上留下的“痕迹”,如上传的图片、发表的言论等进行管理;五是社交媒体监测,对整个已经发生的社交媒体动态进行实时监测。这五大部分并不是完全独立的,它们相互交叉、承接。这里,我们仅对社交媒体监测这一方面进行详细介绍。

什么是社交媒体监测(SMM:social media monitoring)? 有人打趣地称为“人们

**社交媒体监管产业五大部分(数据来源:salesforce)**

家中的蚊子",以强调通过社交媒体监测了解人们的真实意见的特性。随着社交媒体的影响力日益扩大,越来越多的企业选择通过社交媒体监测技术和服务,来监测自身品牌、产品等在公众中的意见,以帮助塑造一个更好的企业形象。来自salesforce①的调查统计显示:86%的高级市场员认为,社交媒体监测能够帮助他们与消费者建立更好的黏性;83%的B2B公司和85%的B2C公司认为社交媒体监测十分重要。

企业可以委托监测运营商设置关于品牌、产品、服务、行业、竞争对手等标签,或关于产品近期营销活动、广告语等关键字,以搜集、获取消费者对它的评价与印象,帮助其制定更好的营销策略。同时,政府和一些组织机构也越来越看重社交媒体的作用,特别是针对紧急的重大危机事件,在短时间内政府部门很难通过电话或街头询问

---

① salesforce是创建于1993年3月的一家客户关系管理(CRM)软件服务提供商,总部设于美国旧金山,可提供随需应用的客户关系管理平台。

社交媒体监测对企业的重要程度(数据来源：salesforce)

来了解民众对事件的反应。社交媒体的监测为其提供了一个高效、样本数量庞大、真实的了解渠道,对危机事件的应对至关重要。2009 年,美通社 PRNewswire 推出的综合社交媒体监测工具(social media metrics)就已经能够对两千多万博客、500 万论坛帖子以及 3 万个网上新闻源、社交网络和微博等进行监测和分析。

(三) 社交媒体监测产业发展现状

2016 年,美国 Ideya 营销顾问公司发布了《2016 年社交媒体监测市场报告》,该报告就全球 200 个具有代表性的社交媒体监测公司进行了资料收集,力求呈现社交媒体监测行业的发展全貌。

1. 发展趋势

据报告数据显示,在过去的十几年里,社交媒体监测行业一直呈增长趋势,在 2009 年增速达到顶峰。截至 2015 年,全球社交媒体监测市场的市场总额已达到 16 亿美元,预计到 2020 年将达到 54 亿美元,年增长率为 27.6％。随着社交媒体时代的到来,社交媒体监测产业正处于蓬勃兴起的黄金阶段。在当前的行业领域中,大型科技公司凭借着先进的技术和垄断性的信息资源,占据了社交媒体监测行业的半壁江山。小型公司受资源、资金、准入门槛等多重条件的限制,难以为生,并且这个趋势还将在未来的行业中持续下去。一些公司会选择企业并购的方式来增强企业竞争力,

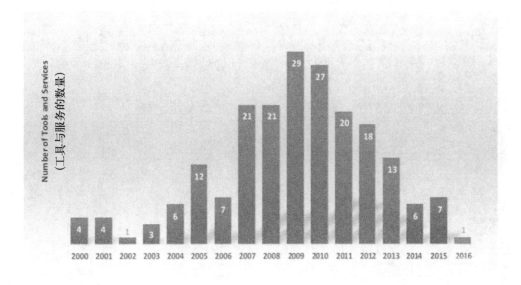

社交媒体监测市场的增长幅度(2000—2016 年)

但似乎这种方法并未达到强强联手的效果。报告显示,2016 年的并购活动进一步下滑,但同时越来越多的企业采用战略合作的方式来承接一些比较大型的项目,在资源共享的同时,达到能力互补的效果。服务费方面,供应商会在一定程度上针对基础性的监测分析提供免费的服务选项,而往往涉及核心服务的内容都需要通过付费来实现。

2. 产业地理分布

从产业分布来看,在 200 家供应商中,有 92 家(46%)总部设在美国,接近总数的一半。此外,有 24 家(12%)位于英国;14 家(7%)在加拿大;13 家(7%)位于德国;9家(5%)位于法国;只有 3 家公司的总部位于中国。公司总部的设立分布说明了社交媒体监测行业在全球各地区的发达层次。发达国家以技术、市场、资金方面的优势独占鳌头,尤其是美国,作为全球最为知名的社交媒体供应商的发源地(Facebook、Twitter、Instagram 等),借助社交媒体产业的资源优势,以绝对优势位居榜首。并且,这些总部设立在美国、英国等发达国家的供应商,早已打开了国际市场,在各个国家、地区"生根发芽",成立了分公司,给发展中国家的社交媒体监测企业留下微不足道的份额。

3. 应用领域分类

从社交媒体监测的应用来看,目前的社交媒体监测主要在市场营销、企业传播、公共关系、广告、市场研究、客户服务、人力资源等领域应用较多。这些领域都需要对受众的心理充分了解,而社交媒体监测提供了一个较为全面的人群意见样本,使他们的决策建立在更具科学性的基础之上。如市场营销中,社交媒体监测能够帮助企业在维系与原客户的关系的基础上,挖掘更多的潜在客户,提高客户服务质量,从而增加销售额及市场份额,增强企业知名度。

| 服务提供商所在地 | 数量 | 服务提供商所在地 | 数量 |
| --- | --- | --- | --- |
| 美国 | 92 | 阿拉伯联合酋长国 | 2 |
| 英国 | 24 | 西班牙 | 2 |
| 加拿大 | 14 | 意大利 | 2 |
| 德国 | 13 | 阿根廷 | 1 |
| 法国 | 9 | 奥地利 | 1 |
| 俄罗斯 | 4 | 巴西 | 1 |
| 荷兰 | 4 | 智利 | 1 |
| 中国 | 3 | 克罗地亚 | 1 |
| 澳大利亚 | 3 | 丹麦 | 1 |
| 卢森堡 | 3 | 芬兰 | 1 |
| 印度 | 2 | 以色列 | 1 |
| 波兰 | 2 | 日本 | 1 |
| 新加坡 | 2 | 挪威 | 1 |
| 瑞典 | 2 | 南非 | 1 |
| 土耳其 | 2 | 韩国 | 1 |
| 乌克兰 | 2 | 瑞士 | 1 |

社交媒体监测服务提供商的地理分布

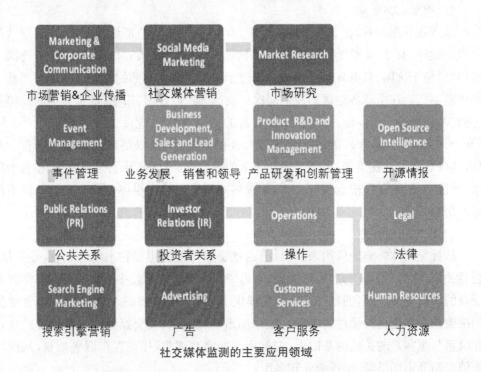

社交媒体监测的主要应用领域

#### 4. 监测工具

社交媒体监测对技术和设备有着很大的依赖,面对庞杂的社交信息,如果没有监测工具作为辅助,监测工作将很难进行。2014 年,帕姆代尔收集了包括"雅阁社会""BackTweets""社会奖"等 50 个热门的社交媒体监测、分析、管理工具①。这些小工具帮助监测运营商们对体量庞大的社交信息进行分析管理。如今,众多大型科技公司在不断进行技术开发,而未来监测工具将更具独特尖端的分析能力,且更加注重个性化服务。

## 本 节 小 结

随着我国媒体监测产业的不断发展,媒体监测系统的更新迭代,还有硬件性能的提升,我国的媒体监测产业可以说是越来越成熟。那么媒体监测行业未来的趋势以及方向在何方呢? 可以预见,未来资深的媒体监测从业者将会是一批更加优秀的互联网人。随着政策的明朗化和相关技术的发展,媒体监测产业将进入良性、规范的发展阶段。

## 第二节　媒体监测的案例应用

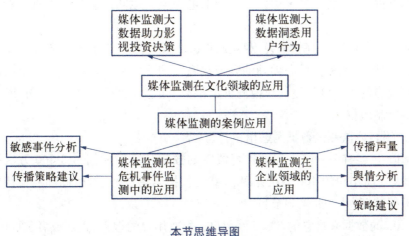

**本节思维导图**

媒体监测在全球有着广泛的应用,媒体监测企业或组织服务对象众多,一些政府和组织内的舆情监测机构也可以为市场服务,而政府和组织也可以借助私营媒体监测公司的技术优势实现既定目的。媒体监测不仅仅在经济领域大显身手,在

---

① 帕姆代尔.50 个热门社交媒体监测、分析和管理工具[J].中国传媒科技,2014(15).

政治、文化等方面也拥有属于自己的独特位置。本节选取了近几年媒体监测在文化、政治、经济等领域的经典案例来帮助读者更加全面地了解媒体监测及其独特的作用。

### 一、媒体监测在文化领域的应用——《纸牌屋》的"大数据"监测

美剧《纸牌屋》(*House of Cards*)的首播夜,在 Netflix 总部的会议室里,几十台装有 Netflix App 的平板电脑、智能手机等设备正齐刷刷地播放电视剧,四十余位工程师紧张地监控着实时流量,难掩兴奋。到第一季结束为止,Netflix 视频下载服务美国订户达 2 920 万。通过分析数据,原创的《纸牌屋》推动当年一季度新增超 300 万流媒体用户,其中 203 万是美国用户。

影视投资充满风险,收视率、票房与投资回报率的可预测性向来很差,但《纸牌屋》的成功让人们见识了 Netflix 利用媒体监测及大数据分析创造价值的能力。

(一)用媒体监测大数据助力影视投资决策

早在 2011 年,Netflix 就开始利用大数据分析进行节目的安排。Netflix 每晚都会进行一次分析,查看哪些节目在哪些地方最受欢迎。另外,Netflix 还是世界上最大的云计算用户之一,它按小时计算向 AWS 租借服务器、存储资源以及计算能力。Netflix 打造了成熟的工具以使自己的软件可以在亚马逊客户端上运转良好,并在节目筹备阶段调取大量用户在该网站的数据,如收藏、推荐、回放、搜索请求等。通过数据分析,Netflix 知道那些喜欢观看 BBC 老版《纸牌屋》的用户,同样也喜欢大卫·芬奇导演的电视剧,或者凯文·史派西主演的电视剧。也知道有多少人喜欢看政治惊悚片。

因此,对 Netflix 的高管来说,观众购买这部由大卫·芬奇导演,凯文·史派西主演,讲述一名政治家和他雄心勃勃的妻子在腐败的华盛顿运作权力的故事的电视剧就是理所应当的了。这最终促成他们决定花费 1 亿美元购买这个 1990 年 BBC 同名电视剧的重制版权。

(二)用媒体监测大数据洞悉用户行为

Netflix 每天有 700 名工程师进行缜密的数学计算。他们对 3 000 万次播放动作、Netflix 注册用户的 400 万次评级、300 万次搜索、视频观看时间和所使用的设备进行大数据挖掘,并以此策划节目。

Netflix 的数据来自它的 2 900 万用户。每次用户的搜索,正面或者负面的评分,这些数据会和第三方数据如尼尔森的收视数据综合起来,与用户地理位置数据、设备数据、社交媒体分享数据、用户添加书签数据、每次用户登录授权的数据,以及每部影片或者剧集的数据,一同进入 Netflix 庞大的数据分析系统里去。

通过 Netflix 的算法,Netflix 不仅知道你星期天晚上比星期一下午更可能看恐怖片,也可能知道你更加喜欢通过平板电脑来观看视频。Netflix 甚至能够记录哪些用户在节目结束演职员表开始滚动时就停了节目。

Netflix 的数据是可被挖掘的。为了提升用户的收看体验,Netflix 使用定制视频服务器。当用户点下播放按钮,Netflix 需要在 0.5 秒内找到距离该用户最近的包含这部影片资源的电脑,然后再经过筛选找出最符合该用户兴趣的影片播放。总部的数学家和设计师团队则在这一过程中分析用户观影的口味,并不断推送适合的内容以延长用户的在线时间。

Netflix 的公关总监乔纳森·费兰德(Jonathan Friedland)在接受《连线》杂志采访的时候曾说:"我们知道用户在 Netflix 上的观看习惯,所以,通过基于用户习惯的分析,我们对哪些剧集会受欢迎很有信心。随着时间的推移,我们能够针对不同用户推出他们更加喜欢的节目。"

Netflix 这次在《纸牌屋》上的尝试,可能预示了影视创作行业即将迎来一个重要拐点。过去几年来,新媒体公司已经在利用基于大数据分析的推荐引擎,向用户推荐他们喜欢的节目。而现在,大数据分析正深入到影视的创作环节,这对将来整个影视创作行业从剧本选择、导演演员的选择、拍摄和后期制作乃至营销,都会产生深刻的影响。

### 二、媒体监测在危机事件监测中的应用——"俺瞧瞧"视频直播敏感事件监测

2015 年 9 月 9 日下午,《现代快报》记者曝光在"俺瞧瞧"网站上,任何人都可以免费随时观看实时直播。直播内容包括热点景区、企业实景、城市实时风光、视频直播生活秀、精彩活动、风景直播等,视频来源遍布全国各地。该新闻由于涉及公民隐私等敏感问题,曝光后迅速发酵,在网络上引发了众多网友的激烈讨论。根据美通社中国媒体监测服务平台数据显示,从 9 月 10 日至 10 月 15 日,网络媒体报道转发共计 2 243 条,新闻网站 1 365 条,平媒 44 报道,微信 407 条,微博转发提及 229 条。其中论坛、博客、问答内容 168 条,视频 30 条。

(一)敏感事件分析

1. 传统媒体

2015 年 9 月 9 日下午,《现代快报》记者爆出"俺瞧瞧"网站免费收录全国各地视频监控直播信息,任何人都可以直接打开观看。新闻一经报道就被搜狐、凤凰、网易等各大门户网站转载,各地方报纸也开始探查本地被直播视频情况,河南、湖南、广州、四川、安徽等地报道较多,总的报道以及转载声量超过 700 条。

9 月 11 日东方卫视子午线节目首先报道了"俺瞧瞧"事件,并发问直播视频从何处来,得到了乐视、优酷、土豆、酷 6 等视频网站的转发,浙江经济生活频道、湖南经视、银川公共频道分别播出相关节目,央视网等视频网站也有转发。报道时间主要集中在 9 月 11 日至 16 日,相关视频共有 30 条。

2. 网络媒体

(1)网媒声量。

从网媒声量趋势发展来看,该事件主要分为三个阶段。9 月 10 日事件爆出,到 9

《现代快报》报道

东方卫视播出节目《是谁在"偷窥"？》

月 14 日达到了网媒声量的峰值 255 条，9 月 20 日趋于平稳，声量集中在这个阶段，主要内容为事件的平面媒体曝光、网络媒体转发、电视台报道、对事件的评论以及各视频直播供应商的回应。9 月 21 至 9 月 30 日声量较小，有少部分评论性文章。10 月 2 日声量再次增加，10 月 8 日达到峰值，主要是律师评论此事侵权的新闻以及涉事方针对此事件的主动发布新闻，10 月 10 日后基本无声量。

　　（2）网络媒体分析。

　　从媒体类型上看，报道该事件的主要为网络媒体，其次为论坛和平面媒体，视频、

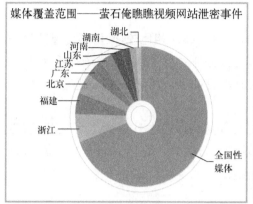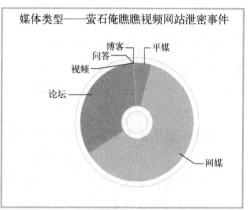
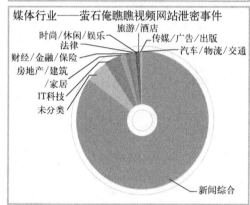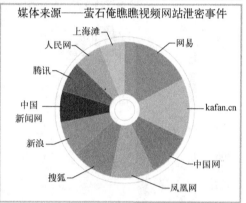

"俺瞧瞧"事件网络媒体分析图

博客、问答网站也有少量占比。在媒体覆盖范围方面,报道媒体以全国性媒体为主,地方性媒体集中在浙江、福建、北京等地。媒体来源方面以人民网、腾讯、新浪、凤凰等主流门户网站为主。媒体行业方面,新闻综合类网站最高,占比 84%,IT 科技类、房地产以及金融类网站对此事件也有较高的关注度。

（3）网络媒体传播内容。

① 主流媒体和各级媒体追踪评论:视频直播新闻曝光后,9 月 12 日浙江省政府新闻门户网站——浙江在线首先发声,对此事件中涉及的公民隐私问题进行评论。在后续的一个月内,包括人民日报、法制日报、央广网在内的多家媒体对此事件发表评论,相关声量达三百多条。

② 积极回应:9 月 11 日,主营视频摄像头的萤石公司立即发表公告对此事件进行回应,表示没有授权给"俺瞧瞧"获取直播内容,随后,"360"互联网安全公司在 9 月 17 日主动发布文章,表明其不会擅自公开用户视频,并且建议行业内直播视频应明示用户是否会被直播,转发声量超过 30 条。此类回应新闻声量近100 条。

3. 微博

(1) 微博声量。

微博声量在 9 月 11 日达到峰值(52 条),与网络媒体相比较,微博的传播速度更加迅速,但声量下降速度也较快。9 月 15 日经部分地方媒体微博账号转发后,该事件的相关声量又有所回升。随后,声量逐渐减少,9 月 20 日之后声量均未超过 10 条。

(2) 微博互动声量。

微博互动声量变化趋势与微博变化趋势相符,9 月 11 日达到最高互动量(近 1 500 条),其中@华西都市报发布的相关微博转发量达 230 条,互动量达 256 条,互动量较高的相关微博均为媒体公众号发布的信息。

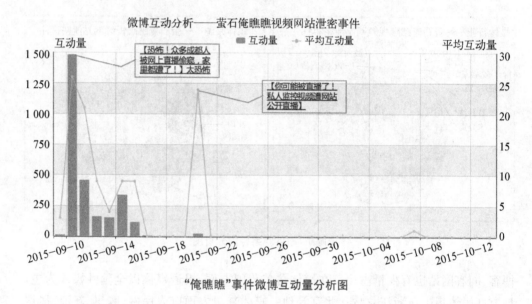

"俺瞧瞧"事件微博互动量分析图

(3) 微博用户。

微博用户分布地区情况:活跃用户主要分布在广东、福建、浙江、四川等地,这与地方性媒体报道情况相吻合。从用户质量方面看,因媒体和大 V 的转发较多,参与此事件讨论的微博用户中,粉丝量大于 10 万的用户、认证机构和博文数为 1 万～5 万的用户最多,而粉丝数小于 100 的普通用户占比次之。

4. 微信

(1) 微信声量。

微信声量在 9 月 13 日达到峰值(75 条),14 日后迅速下降,9 月 17 日回升达 31 条,内容与微博相似,多为各地被直播的情况。

(2) 微信账号。

微信转发账号中,媒体类账号近 100 个,其余账号主要为各地方生活资讯类以及法制类、安防类账号。在地域分布方面,浙江、山东、福建、云南等地公众号数量较多。

**KOL**

@腾讯大浙网
你的生活也许正在被全世界偷窥--逛西湖,购物全在网上直播

@浙江新闻频道
太恐怖!你吃饭、回家、开房都可能被网络直播! 看到这些马上报警!

@凤凰网广州站
你为什么会被公开偷窥?

@人民网福建频道
福建人,你吃饭逛街上班的样子都被直播了!完全惊呆!

@海南日报
【海头条】海南人你被"直播"了你知道吗?海南9处监控视频被网站直播

@黑龙江交通广播
哈尔滨42处商场餐厅等被"网络直播"了

@内蒙古晨报
视频网站制呼包鄂多地监控?当心你的隐私被网络直播!

@荆楚网
这个网站太恐怖!你上班、吃饭、逛街都可能被它直播!

@漯河日报
我们"被"直播了?!"俺瞧瞧"网站直播漯河4处监控

@番禺日报
惊!广州185个监控画面被网站直播!

主要微信账号的信息发布

## (二)传播策略建议

### 1. 媒体沟通方面

此次事件经由各大门户网站以及各级地方性媒体的转发,再由电视媒体发布,已经形成广泛且深刻的影响,产生一定程度负面的影响。对此,需加强与 IT 科技类网站的沟通,对视频直播内容的安全性进行技术性分析,增加民众对科技产品的信心。

### 2. 传播内容方面

在此次事件中,一些直播涉及的视频监控公司率先发布了公告,表明视频直播服务公众生活的宗旨,展现视频直播对公众生活的帮助,在一定程度上缓解了公众对视频直播的质疑。对此,需要继续宣传视频直播的益处,并在宣传中侧重体现视频直播注意个人隐私保护的部分。

## 三、媒体监测在企业领域的应用——"新华三"在领航者峰会中的网络媒体监测

2017 年 4 月 8 日至 9 日,由新华三集团(以下简称新华三)主办的首届"新 IT 新经济——H3C Navigate 2017"领航者峰会在杭州国际博览中心举行。会议前后,美通社对"新华三""领航者峰会""于英涛"(新华三集团总裁)进行了全面监测,这三个关键词并称为新华三任务组合。此外,监测媒体范围共覆盖到了包括新浪微博、腾讯微信在内的近 4 万家新闻网站、视频、博客、论坛、问答等网络媒体,并采用声量统计分析、内容分析、媒体分析、用户分析等多种分析方法对监测数据进行进一步整理和分析,旨在分析品牌传播效果,调整传播策略,提升传播投入产出比。以下为具体的监测数据分析。

### (一)新华三任务组合传播声量综述

自 2016 年 8 月至 2017 年 4 月期间,美通社中国媒体监测服务平台(CMM)统计数据显示,新华三在各媒体平台的相关提及声量及转发共计 6 170 条,其中平媒提及

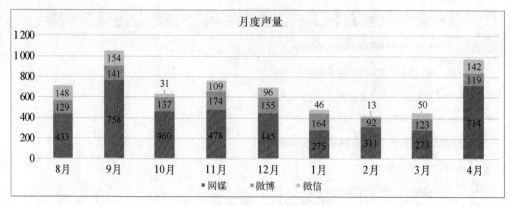

新华三任务组合的月度声量

52 条,网媒提及 2 432 条,论坛提及 1 618 条,微信提及 789 条,微博提及 1 234 条。

　　如上图所示每月舆情变化趋势,2016 年 9 月密集报道了新华三与浙江省政府合作、参加金融峰会、可信云会议等内容,G20 峰会相关报道对新华三也有所提及。网媒报道量最高,2017 年 4 月网媒数量也超过 700 条,主要因新华三举办了领航者峰会带入较多声量。其他月份中,有 4 个月网媒声量超过 400 条。微博数据声量比较稳定,微博、微信数据在 2 月因春节假期的原因声量较小,其他月份比较稳定。

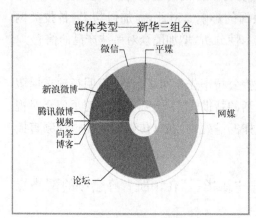

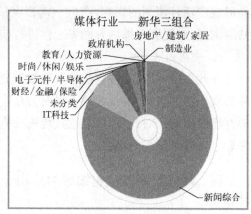

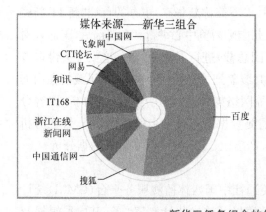

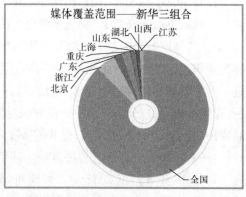

新华三任务组合的传播声量媒体分析

新华三任务组合的传播声量主要来自网络媒体(占比 44%),论坛占比 19%,微博占比 15%,微信占比 9.8%。媒体覆盖范围方面,全国性媒体占比最高,地区性媒体以北京、上海、广州等媒体发达城市以及公司所在地浙江省为主。媒体来源方面,百度占比最高,主要为贴吧内容,其次为搜狐和中国通信网。关于媒体行业方面,新闻综合类网站占据大部分,其次为 IT 科技类网站。

1. 网络媒体声量

2016 年 8 月到 2017 年 4 月期间,新华三在网媒多次出现明显的声量峰值,最高峰值出现在 2017 年 4 月,主要是领航者峰会、红点奖、中国数字经济指数白皮书发布等信息带入。2016 年 11 月也出现了一个较高的峰值,主要是新华三主动发布的新闻,以及世界互联网大会召开相关新闻的附带提及声量。

2. 微博声量

自 2016 年 8 月至 2017 年 4 月,新华三在微博上的声量较为平稳,在 11 月 29 日有一个较为明显的峰值,主要内容为推广活动(带话题♯共创共赢共精彩♯转发本微博,送出"华三魔术家"无线路由器 4 台)转发量 47 条。同时,"惠普华三下嫁清华紫光因'棱镜门'难获合同"这一微博内容则在 2016 年 9 月引起了小高峰,并在后续的多个月均有传播,累计声量 153 条,值得新华三对舆论及后续进行监测并反馈。

3. 微信声量

2016 年 8 月至 2017 年 4 月期间,新华三在微信上出现多个高峰,领航者峰会相关内容创造了最高峰值,其他内容多与新产品发布、世界互联网大会等内容相关。《新 IT 驱动数字经济前行 新华三 Navigate 2017 领航者峰会召开》《新华三本土力量再添新丁 超酷炫 H3C R4900 G2 服务器谍照曝光》等信息成功吸引了大家的关注。

(二) 领航者峰会品牌舆情分析

1. 领航者峰会概述

H3C Navigate 2017 领航者峰会是一场面向新经济发展、技术创新和行业转型的论坛及创新战略发布会,近 8 000 名各界精英和 IT 专业人士围绕着"新 IT　新经济"主题,就如何通过技术创新和行业转型实现数字化变革,推动经济发展等诸多议题,展开了全面而深刻的研讨。该峰会共分三个阶段:3 月 8 日至 4 月 7 日(预热期),新华三为领航者峰会发声,发布《新华三领航者峰会支招物联网建设》等新闻稿;4 月 8 日至 4 月 9 日(活动期),领航者峰会正式召开,发布《数字经济怎么玩 新华三领航者峰会召开》等信息;4 月 10 日至 4 月中下旬(活动后),对峰会内容进行回顾,发布《亚信安全受邀出席新华三 2017 领航者峰会 携手共拓安全圈 推动人工智能安全行业应用》等文章。

这次领航者峰会活动在 3 月上旬推出,截至 4 月 21 日,该活动得到各平媒、网站和其他媒体的报告。通过美通社 CMM 监测平台,共监测到网络媒体报道转发共 238 条,网媒提及 172 条,微信提及 55 条,微博提及 9 条,平媒报道 2 条。

2. 领航者峰会传播节奏

(1) 预热期。

3月8日，由驱动中国发布《新华三领航者峰会支招物联网建设》文章，之后由C114中国通信网、比特网转发。3月22日，由企业网发布文章《H3C Navigate 2017｜拉近世界的距离 新华三的泛联接版图》，随后飞象网、C114中国通信网、畅享网、科技讯等媒体纷纷转发。

(2) 活动期。

4月8日，由四川在线发布《新华三 Navigate2017 领航者峰会开幕｜该集团准备在成都投2 000亿建产业园》，并由北京时间等媒体转发。同时，《数字经济怎么玩 新华三领航者峰会召开》等相关文章由新民网、电脑之家、和讯网等媒体转发。4月8日至9日，《新华三首届领航者峰会杭州召开 力推新IT新经济》由金融界、中国新闻网、新浪财经等媒体发布。

(3) 活动后。

4月10日，《新IT驱动数字经济前行新华三 Navigate2017 领航者峰会召开》等相关信息被媒体大量转发，如中华网、凤凰科技、新华网、金融网等。

(三) 策略建议

1. 品牌美誉度

自2016年8月至2017年4月，新华三的品牌美誉度保持了较高水平。通过召开"新华三 Navigate 2017 领航者峰会"，在网上引起关注，成功打造了多个声量高峰，展现了新华三"领航者"的品牌形象以及企业的行业地位。同时，新华三收获"2016年度责任企业"荣誉这一事件也在网络上引起关注，成功提升了企业的美誉度。然而，在网媒、微博中仍有少量对新华三更换东家的敏感信息曝光，也有少量关于员工离职、代理商抱怨的内容。还有个别用户对华为和新华三产品、品牌等方面进行对比。因此企业应注意对新华三品牌的维护，及时安抚员工、代理商情绪，减少负面曝光，塑造行业领跑者的形象。

2. 媒体选择

从提及新华三品牌相关的媒体类别来看，网媒和论坛是其媒体平台中的主要声量来源。在媒体行业方面，新闻综合类网站的占比达到93%，在垂直类网站上的曝光略显低调。若新华三考虑提升其行业属性，提高传播有效性，则可增加在垂直类网站中的曝光。自2016年8月至2017年4月期间，新华三总体形象呈现良好的发展趋势。未来，新华三可考虑增加线下活动以及发稿的频率，组合使用网络媒体和社交媒体进行传播，以便提高品牌认知度和偏好度。

3. 传播内容

(1) 网媒方面。

综合来看，新华三发稿频率较为稳定，但总体曝光量还有上升空间，相较华为等对标企业，在品牌知名度和曝光量上还有提升空间，建议适当增加主动发稿的频率，每周发稿频率保持在 2～3 次，以便保持品牌传播热度。在传播内容选择方面，除了新产品、领导人、合作信息外，可以结合各类科技热点、当地经济发展热点话题，对新华三品牌进行宣传以获取更好的传播声量。

（2）微博方面。

关于用户占比方面，普通用户占比偏高，建议增加与机构认证用户的合作。同时，新华三可大力发展与微博达人、实名认证的大 V 的合作关系，发布相关产品测评信息，在微博中增强影响力。

（3）微信方面。

新华三在微信中的声量仅占总声量的 10％左右，声量相对偏弱。分析师建议，新华三增加在微信中的曝光，与网媒、微博宣传组合使用；也可结合微信的媒体特性，定期发布企业信息，对行业热点发声，以扩大影响力，树立行业龙头企业的形象。

## 本 节 小 结

媒体监测是项专业的工作，涉及内容广，工作量大，变动性强，虽然本节给出的三个案例可能不足以代表整个媒体监测行业，但是，我们依然能够看到媒体监测在海量媒体内容上的强大力量。

在新媒体不断发展的今天，媒体监测帮助企业或政府收集大量用户信息，进行合理有效的利用，帮助企业和政府更加深入了解用户的心理和行为习惯，充分掌握用户所思所想，做出更加有针对性的战略决策。虽然媒体监测产业在我国刚刚起步，但是相信在未来，媒体监测定会发挥更大的作用。但是，作为政府和企业，又不得不反思，这种迎合用户的行为，在一定程度上也是以牺牲作品的艺术品质为前提的。因此，探索和完善媒体监测制度应是我国媒体监测产业未来发展的必由之路。

媒体监测正在影响着现代社会的方方面面，说不定你今天在网络上发布的一条信息已经在改变某一个企业的决策。

## 本章复习思考题

1. 请简述广播电视监测产业的发展现状。

2. 请结合现在媒体产业的新技术，展望平面媒体监测未来可能的技术发展路径。

3. 以"2017 年高考"为主题，以 2017 年 6 月 7 日至 6 月 8 日为监测时间段，对微博、微信以及网媒进行监测并写出舆情分析报告。

| 监测平台 | 监测关键词设置 | 主要舆情 | 负面舆情 |
|---|---|---|---|
| 微　博 | | | |
| 微　信 | | | |
| 网　媒 | | | |
| 舆情分析报告： | | | |

4. 尝试自己动手，以距离最近的一次国家职业考试为监测对象，对其进行考试前后 5 天内的微博、微信、论坛的舆情监测，写一份完整的舆情监测报告。

# 中篇　媒体监测机制与技术解析

- ■　媒体监测技术流程
- ■　媒体监测生成机制
- ■　政府媒体监测与社会舆论引导
- ■　媒体监测与公关市场决策

第三章 媒体监测技术流程

　　媒体监测之所以能在信息时代发展壮大,离不开互联网技术的发展,离不开计算机技术一步步的突破。以往的监测都是建立在比较低的技术基础上的,现在随着信息数据量的爆发性增长,媒体监测的每一个环节都需要技术辅助才能完成,技术便成为媒体监测的核心骨架。本章主要探讨媒体监测流程,对信息数据采集、分析到研判的过程作出较为详细的梳理。同时从流程出发,讲述每一个过程的技术支撑,探究这种技术在监测中起到的作用。

# 本章思维导图

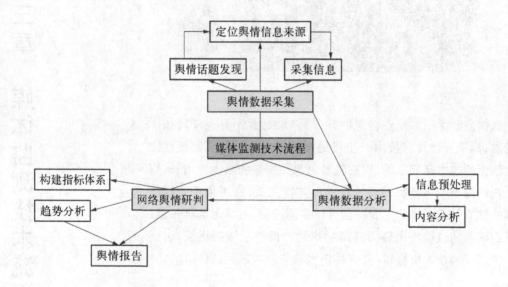

```
                    ┌──────────────────┐
              ┌────→│  定位舆情信息来源  │←────┐
              │     └──────────────────┘     │
        ┌──────────┐              ┌──────────┐
        │ 舆情话题发现 │            │ 采集信息  │
        └──────────┘              └──────────┘
              │      ┌──────────┐      │
              └─────→│ 舆情数据采集 │←────┘
                     └──────────┘
                          │
                  ┌──────────────┐
                  │ 媒体监测技术流程 │
                  └──────────────┘
      ┌──────────┐                    ┌──────────┐
      │ 构建指标体系 │←──┐          ┌──→│ 信息预处理 │
      └──────────┘    ┌──────────┐  └──────────┘
      ┌──────────┐    │ 网络舆情研判 │←──┐ ┌──────────┐
      │  趋势分析  │←──└──────────┘   │ │ 舆情数据分析 │
      └──────────┘         │          └──────────┘
          │         ┌──────────┐            │
          └────────→│  舆情报告  │        ┌──────────┐
                    └──────────┘         │  内容分析  │
                                         └──────────┘
```

# 第一节　舆情数据采集

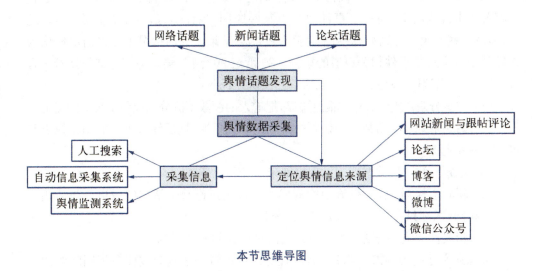

目前,形成网络舆情的相关信息内容主要通过两种形式呈现出来:一是具有新闻媒体性质的网络新闻中所反映出来的舆论倾向,称之为"网络新闻舆论";二是以BBS论坛、博客、各种社交网站和网上社区等为平台而呈现出来的网民对各种社会事务的看法,称之为"网民意见舆论"。无论是哪一种形式,后台服务器都会及时记录在案。如同一片白皑皑的雪地,只要在其中踩上一脚,都会留下足迹。网络信息的可追溯性对企业、政府及其他组织团体开展有效的网络舆情研判工作具有十分重要的意义。一方面,找到舆情的发源地为及时判断舆情的性质、背景、走向提供了真实可靠的第一手资料;另一方面,对原始信息的记录也为今后的取证工作乃至样本库的建立提供了可能。

## 一、网络舆情话题发现

舆情信息工作要抓住两个重要问题:一是一定时期内干部群众普遍关心的、与切身利益相关或者涉及国内外形势的问题、事件等,如"中日钓鱼岛问题"等。二是当前一段时期内,网民所关注的党和政府重要决策部署、宣传思想战线等各项重点工作,如"十八大""奥运会"等。除了政治、民生问题,还应该注意经济领域的舆情问题,具体可以指企业、机构话题引发的舆情事件。

——《舆情信息工作概论》

1996 年,美国国防部高级研究计划局(DARPA)根据自己的需求,提出要开发一种新技术,能够在没有人工干预的情况下自动识别新闻数据流的话题。由此产生了话题检测与追踪(topic detection and track，TDT)的概念。此概念中的"话题"不是指很大的领域(如美国的对华政策)或者某一类事件(如恐怖活动)，而是一个很具体的"事件"，或者具体的"故事"，如恐怖活动中的某一件事——"9·11"事件等。

TDT 评测会议对"话题"进行了定义：话题就是一个核心事件或活动以及与之直接相关的事件或活动；而一个事件通常由某些原因、条件引起，发生在特定时间、地点，涉及某些对象(人或物)，并可能伴随某些必然结果。一般情况下可以简单地认为话题就是若干对某事件相关报道的集合。20 世纪 90 年代，美国国家标准与技术研究院(NIST)为 TDT 的研究设立了五项基础性研究任务：

(1) 故事分割：找出所有的报道边界，把输入的源数据流分割成各个独立的报道。

(2) 话题追踪：给出某一个话题的一则或多则报道，把后输入进来的相关报道和该话题联系起来。

(3) 话题检测：从数据流中发现以前未知的新话题。

(4) 新故事检测：在数据流中检测或发现首次讨论某个话题的报道。与话题检测本质相同，区别只在于结果的输出形式不同。

(5) 相关性检测：判断两则报道讨论的是否为同一个问题。

考虑到实际应用的需要，TDT 各项任务还可以进一步划分成面向不同问题的子课题，相对完整的 TDT 研究体系如下图所示。话题检测与跟踪研究体系报道切分总体而言可以划分成两种研究子任务，一种是基于语音识别系统的报道切分，一种是基于内容的报道边界识别。

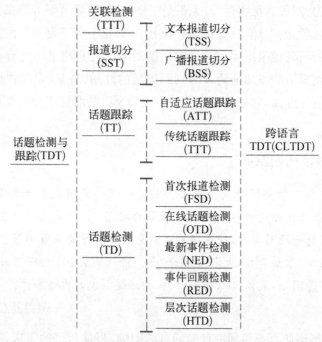

社交网络话题检测与发现示意图

2004 年,TDT 评测与以往的评测相比有较大的变化:故事分割任务不再进行评测;保留话题追踪、话题检测和关联检测任务;增加了有监督的自适应话题追踪任务和层次话题检测任务。如今,话题检测与追踪领域的大部分研究都是借用信息检索的某些方法,比如 Web 信息采集、Web 信息抽取、模式识别、人工智能、机器学习、自然语言处理、数据挖掘等很多领域的相关技术,通过调整某些参数来使这些方法更适合于处理话题。

社交网络的快速发展激发了人们对新兴主题的关注。在这种情况下,传统的基于频率的方法可能不合适,因为在社交网络中交换的信息不仅包括文本,还包括图像、URL 和视频。我们关注的是网络暗示的社会话题的出现。具体来说,我们关注的是用户生成的内容,通过回复、提及和转发而动态生成的(有意或无意地)用户间的连接或联系。

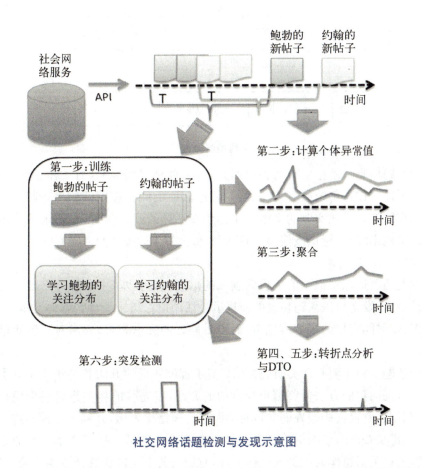

社交网络话题检测与发现示意图

综上可以看出,网络舆情话题发现主要包括两个任务:一是利用话题检测技术从大量网络舆情数据中自动发现话题。二是根据用户给定某公共事务的先验数据,通过话题追踪技术从大量网络舆情数据中自动发现与其相关的数据。有效的网络舆情话题发现方法在网络舆情监测和预警领域发挥着重要作用。

（一）新闻话题检测与追踪

1. 新闻类话题检测

新闻类话题发现与追踪研究是对大规模的新闻流数据进行分析，以期发现、追踪、组织其中包含的多个话题。话题被定义为"一个具体事件（或活动）以及与之直接相关的事件（或活动）集合"。自 1996 年确立研究方向以来，一直是自然语言处理领域的热点。到目前为止，话题发现与追踪相关技术已经被广泛应用，尤其是舆情监控和新知识发现这两个方面①。

新闻类话题检测由训练和识别两个阶段完成。对某话题的一组报道进行特征提取，采用某种训练算法得到话题模型并存储的过程为训练阶段。对待识别的报道进行特征提取，与建立的话题模型进行相似度匹配，依据分类判决规则对报道是否属于该话题进行判断的过程为识别阶段。

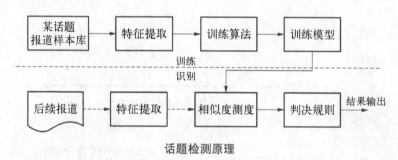

话题检测原理

新闻话题检测技术主要有两种应用方式，一种是回溯检测，另一种是在线检测。回溯检测可以看作是传统的文本聚类，是将已获取的网页按照话题进行归类。在线检测是以在线的方式从实时的文本流中标识新话题的开始位置，它要求系统在表达新话题的文档出现时，标识该报道是新话题，将已发生的报道归入已有的话题。

2. 新闻类话题追踪

新闻类话题追踪类似于信息检索领域的信息过滤技术，主要任务是跟踪已知话题的后续报道，发现与该话题相关的新报道。话题追踪属于一种特殊的文本分类，它面向动态、随时间变化的报道信息流，而不是静态的文本集合；要求对报道流进行实时追踪。

目前话题追踪主要有两类研究方法：基于查询向量的方法和基于文本分类的方法。基于查询向量的方法借鉴信息检索中的方法，将先验的相关报道视为用户定义的需求，利用先验报道构建查询向量对话题进行模型化表示，并利用此模型进行话题追踪，其关键是查询向量的构建和相关性判断策略的选择。基于文本分类的方法则是将先验的相关报道作为正例训练样本，同时加入若干反例训练样本构建分类器，将话题追踪的过程视为文本分类的过程，凡是可以与正例样本划为一类的报道均认为是与该话题相关的报道。

---

① 张晓艳.新闻话题表示模型和关联追踪技术研究[D].长沙：国防科学技术大学,2010.

（二）面向社交媒体的文本话题检测与追踪

1. 社交媒体的文本话题检测

以微博、论坛等为代表的社交媒体已逐渐发展成为网络用户表达和交流观点、获取和传播信息的重要平台。

网络社交媒体中的大多数内容都是由用户自发创造的，包括文字、图片、音视频以及表情等多种表现形式。本书所讨论的各种话题检测与追踪方法，主要针对用户创造的文本内容。这些文本内容拥有的多方面特征，在帮助社交媒体变得广泛流行的同时，也为媒体监测工作带来了如下的困扰。

（1）当下流行的绝大多数社交媒体（比如微博）文本篇幅短小，内容碎片化严重，同时数据量巨大。因此面临高稀疏性及其导致的高维度问题，且存在很多非话题文档，包含大量冗余内容的问题。

（2）由于用户在创造内容时几乎不受约束，语言组织形式多样化，用语随意，不够规范，给识别和理解带来了很大的困难。

（3）庞大的用户群体在各个社交媒体平台上频繁发布广告信息，造成信息质量良莠不齐，内容噪声大大增加。

（4）与一般纯文本不同，社交媒体内容还包含地理位置、标签等特殊信息，需要加以关注和分析。

基于此，在线话题检测（online topic detection，OTD）技术应运而生。在线话题检测特点在于系统必须在对所有话题毫不了解的情况下构造话题检测模型，并根据该模型检测陆续到达的数据流，从中识别出最新话题，同时收集已识别话题的相关后续报道[1]。其检索的应用场景大体分为一般话题检测、突发话题检测和实时话题检测。其检索方式为以下三种。

（1）基于热点话题特征的方法。通过发现热点话题特征，利用某种策略发现热点话题，比如通过挖掘主题词来发现热点话题，通过挖掘热点词串发现热点信息，通过提取突发特征发现突发话题，通过关键词聚类发现话题，通过挖掘频繁词项发现热点话题，通过构建突发事件热点信息关键词表检索网络热点信息等。

（2）基于传统 TDT 的方法。通过聚类发现话题（类似于 TDT 中的话题检测任务），对话题进行热度排序得到热点话题。

（3）基于结构特性的方法。利用话题载体的结构特性发现热点话题。比如BBS具有复杂网络的特性，可以通过构造基于兴趣的论坛用户网络来自动发现热点主题。

2. 面向社交媒体的文本话题演化追踪

对社交媒体文本内容进行话题演化追踪有助于追踪用户的喜好和话题的发展趋势，因此对用户个性化推荐的生成、观点的总结，以及突发事件应急监测等实际应用

① 程葳，龙志祎.面向互联网新闻的在线话题检测算法[J].计算机工程，2009(18).

微博热门话题
演化过程

都有着重要的指导作用。针对前文中提及的社交媒体文本内容所具有的特点和带来的问题,各种有效的解决方案和数据模型也不断地被提出,但是由于缺少公测语料库的支持且受数据不规范等因素的影响,目前直接面向社交媒体的话题追踪系统研究较少[1]。

## 二、定位舆情信息来源

网络舆情信息由网民发表产生。网民发表意见、声音的渠道多种多样,如网络论坛、新闻网站、新闻评论区、博客、微博、微信公众号评论区、网络社群、新闻客户端的评论跟帖等。这些都是重要的舆情信息产生地,也是数据采集的主要目标对象。但是不同时代,每个信息源的重要性也会不同。

《网络舆情监测理论与实践》一书对各种信息源进行了分类:网站分为新闻网站、机构网站和主题网站三类;微博和博客分为境内和境外两类;论坛分为境内和境外两类,或分为综合论坛、新闻论坛、组织论坛和主题论坛四类。但是随着移动互联网的发展,微信、微博、QQ 群、新闻 App 以及优酷、爱奇艺等视频网站这些新的信息源的重要性不断上升。本书将在下一章中对不同的信息载体进行详细阐述,因此在本节中只对主要的信息源做大体介绍。

(一) 网站新闻与跟帖评论

根据网络舆情分析工作的实际情况和特点,可以将网站分为新闻网站、机构网站和主题网站。新闻网站指以传播新闻为主要功能的网站,主要分为两大类,一类是由通讯社、报纸、电台、电视台等传统新闻媒体主办的新闻网站,如新华网、人民网、央视网、路透社、《卫报》等,一类是商业门户类网站,如新浪、搜狐、网易、腾讯等,这类网站往往大量转载、整理其他媒体的新闻。机构网站指一些团体、组织、个人主办的网站,如"中国红十字会""绿色和平""自然之友"等。主题网站指某一个或一类主题、领域为主要内容的网站,这类网站主要刊登与网站主题相关的新闻、评论、论文等文章,并多设论坛。如"爱思想""四月青年""中华复兴网""铁血网"等。网站新闻一方面新闻内容本身可以作为监测对象,另一方面新闻评论区的网友评论也是监测重点。但是网页新闻评论一直不能够引起网友的意见表达欲望,评论数和点赞数不高,在重大网络舆情事件或突发事件中,网络新闻后面的评论、跟帖会比较火爆。随着移动互联网、智能手机的快速发展,新闻 App 开始成为用户获取消息、发表意见的主阵地。比如网易新闻、搜狐新闻、腾讯新闻、澎湃新闻、新浪新闻等,由于其移动性、匿名性还有跟帖鼓励机制,新闻 App 的跟帖评论效果要比网页新闻好很多。其中网易新闻的跟帖评论做得很好,用户可以自己发表评论,也可以对网友的评论进行评论,还有点赞计数功能;并且实行等级制,评论次数越多,等级越高,享有的权利越多。

---

① 李弼程,邬江兴,戴锋,等.网络舆情分析:理论、技术与应对策略[M].北京:国防工业出版社,2015.

## （二）论坛

论坛又可以称之为电子公告板（bulletin board system），是一种电子信息服务系统。它提供一块公共电子白板供用户发布信息或提出看法。大致可以分为综合论坛、新闻论坛、机构论坛、主题论坛等。校园论坛如清华大学的水木清华、北京大学的北大未名等，论坛活跃度较高。以中央媒体为依托的网络论坛，有强国社区、CCTV社区等。新闻论坛指新闻网站附设的论坛，如凤凰论坛、新浪论坛、网易论坛、人民网强国论坛等。综合论坛是指论坛版块覆盖社会很多方面，如百度贴吧、天涯社区、猫扑社区、凯迪社区、中华论坛网等。机构论坛指团体、群体、组织网站上开设的论坛，如网络左派的"左旋论坛""红色论坛"；艾滋病群体的"北京爱知行"；保钓群体的"世界华人保钓联盟"等。主题论坛是指以某一个或一类主题、领域为主要内容的论坛，如"铁血社区""搜房社区"等。[①]

## （三）博客

博客又称网络日志，是一种发布个人新闻、评论的网络空间。网民可以充分表达和展示自己。博客言论成为重要的舆情信息来源，是收集民意和民意表达的重要渠道，其发帖标题、内容、发帖人信息、跟帖内容、数量等都是重要的舆情数据。

## （四）微博

微博是微型博客的简称，经历了由热到冷的发展阶段，现在的微博渐趋平稳，大浪淘沙后，仅剩新浪微博一家独大。其碎片式的文字表达、多样化的发布渠道、即时的信息发布等特点保持着较高的用户活跃度，是众多重大事件、突发事件和热点事件的最早信息源头和主要传播途径，是媒体监测工作的重要信息源。

## （五）微信公众号

微信近年来迅速发展成为新的社交主阵地。微信公众号依托于熟人社交，成为又一个内容传播的新平台。微信的熟人社交网络加速了公众号内容的转发传播，虽然更多地表现出人际私密交往的特征，但是其对于公共新闻事件的反应更为强烈，社会动员功能更强。微信公众号文章的评论与转发数也成为舆情监测的重要数据。

## 三、舆情信息采集

目前，网络舆情的监测与搜集主要通过技术手段搜索和人工搜索两种方法实现。

### （一）人工搜索方法

#### 1. 百度高级搜索

在关键词搜索上，可以选择"新闻全文"或"新闻标题"两种搜索方式，新闻条目会

知识窗

水木社区

水木社区，前身是水木清华，是基于清华大学的高知社群。在互联网兴起之初，诸如水木清华、日月光华、北大未名、西祠胡同、天涯社区等 BBS 论坛曾提供给年轻人网络一隅的精神家园。

---

① 郝晓伟.网络舆情监测：理论与实践[M].北京：国家行政学院出版社，2015.

显示该新闻在网络上的转载量。另外,"百度新闻搜索"中的"高级搜索"性能稳定,功能强大,是一个多条件的组合搜索。

2. 搜狗搜索引擎

搜狗搜索引擎是搜狐公司于 2004 年 8 月 3 日推出的全球首个第三代互动式中文搜索引擎。与百度相比,其最突出的特点是覆盖了微信公众号平台和知乎这类网络问答社区。

3. 谷歌搜索

谷歌是国际上最流行的、功能强大的搜索引擎,在舆情监测中,谷歌比较擅长阅读定制和外媒消息搜索。它经常使用的包括"网页搜索""新闻搜索""博客搜索""财经搜索""论坛搜索"。谷歌目前的主要问题是系统不稳定。

4. 360 搜索

360 综合搜索属于元搜索引擎,是搜索引擎的一种,通过一个统一的用户界面帮助用户在多个搜索引擎中选择和利用合适的(甚至是同时利用若干个)搜索引擎来实现检索操作,是对分布于网络的多种检索工具的全局控制机制。

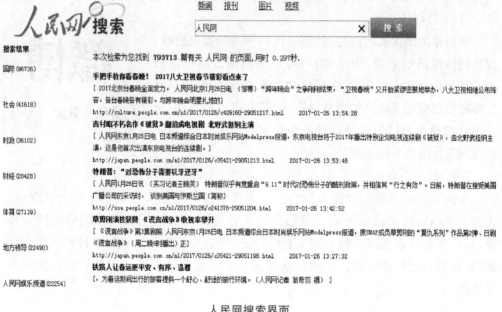

人民网搜索界面

5. 网站站内搜索

站内搜索就是站在一个网站或电子商城的"大门口",用户通过一个入口搜索站内信息,一般也是采用关键词搜索。大多数网站同时设有一般搜索和高级搜索,比如新浪、凤凰、新浪微博等。当对新浪微博用户信息进行监测时,采用其高级搜索方式可以按类型、包含、时间、地区进行搜索。人民网的搜索功能更加全面,可以在下拉列表中选择人民日报报系的其他分支、旗下网站和不同版块,范围更加精确。

虽然目前的舆情搜集软件还存在很多问题,70％的舆情监测与搜集工作都是靠人工搜索来完成的。但是随着近几年数字技术的成熟、数据挖掘工具的不断完善,大数据与人工智能研究热潮的兴起,舆情搜集软件通过关键词、自然语言处理等技术自动获取信息,将会大大提高舆情搜集工作的效率,获取的信息也将更加准确。

(二) 自动信息采集系统

自动信息采集系统一般是网络舆情监测系统中的一个子系统,是舆情监测系统的核心与基础,因此评价一个舆情监测系统是否优秀的重要指标就是自动采集子系统能否将目标信息及时全面地采集到系统中。信息采集子系统的职责是对全部网站进行自动采集。系统一般内置的重点网站如表3－1所示。

表3－1 信息采集重点网站

| 类 别 | 网 站 |
|---|---|
| 新闻类门户网站 | 新浪网、网易、人民网等 |
| 政府机构门户网站 | 首都之窗、中国政府网、各地政府网等 |
| 信息资讯网站 | 各地信息港、行业咨询网等 |
| 交互性质网站 | 新浪论坛、搜狐社区、BBS、贴吧等 |
| 传统媒体网站 | 人民日报、参考消息、中国日报、解放军报、各省市地区报纸、各地新闻网等媒体网络版 |
| 博客 | 新浪博客、腾讯博客、网易博客、博客中国、博客网等 |
| 微博 | 新浪微博 |
| 视频网站 | YouTube、优酷土豆网、爱奇艺等 |
| 搜索引擎 | 谷歌、百度、Bing、有道等 |
| 社交网站 | Facebook、豆瓣、QQ群、QQ空间等 |

信息采集子系统可以抽取所有新闻文章、主题帖或最新主题帖内容,还可以抽取某个主题帖的所有回复帖或最新回复帖的内容,既可指定某个目标网站进行监测,也可以不指定目标网站对全球范围内网站进行监测,或者进行两者混合监测。既可以监测国内网站,也可以监测国外网站如 BBC、CNN 等。有的信息采集子系统还可以对基于应用程序的聊天室程序监测,如 QQ 群聊天室等。

(三) 网络舆情监测系统

说到自动信息采集系统,就不得不说网络舆情监测系统。网络舆情监测系统是针对在一定的社会空间内,围绕中介性社会事件的发生、发展和变化,民众对社会管理者产生和持有的社会政治态度于网络上表达出来意愿集合而进行的计算机监测的系统统称。一般包括舆情分析引擎系统、互联网信息采集系统、采集信息分析系统、搜索引擎数据管理系统。可以实现识别热点、倾向性分析与统计、主题跟踪、信息自动摘要、趋势分析、突发事件分析、统计报告、预警等功能。以下为国内做得比较好的网络舆情监测系统。

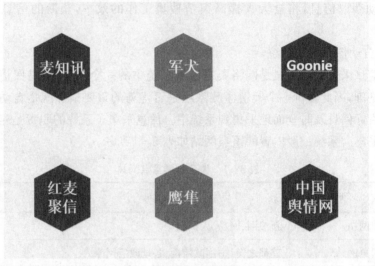

**六大舆情监测系统**

### 1. 红麦软件舆情监测系统

红麦聚信(北京)软件技术有限公司是国内权威的互联网数据挖掘、数据处理及互联网技术研发机构。公司依托互联网信息智能抓取技术和搜索引擎相关技术,自主研发拥有独立知识产权的网络舆情信息监测产品,是国内权威的舆论情报信息监控平台,为传统企业、互联网企业和政府部门提供专业的舆情数据监测、数据分析及咨询服务,协助企业准确掌握产品和市场情况,监控竞争对手和行业动态,了解网民口碑,为企业市场、行销决策提供支持服务,帮助政府部门快速发现突发事件、重大事件,快速应对,提高政府和企业的形象。

红麦软件舆情监测系统是将搜索引擎和中文信息处理技术应用在企业舆论情报服务的一种创新。系统利用独有的爬虫技术,能根据用户预定的监控关键词在 15 分钟以内发现 15 万个重点媒体、论坛、博客等网站里的舆情信息,并对危机信息及时报警。系统利用中文分词技术、自然语言处理技术、中文信息处理技术,对信息进行垃圾过滤、去重、相似性聚类、情感分析、提取摘要、自动聚类、自动发现热点等处理,配合专业分析师生成详细的舆情分析报告。

### 2. 中国舆情网 PALAS(帕拉斯)网络舆情监测系统

中国舆情网是由复旦大学舆情研究实验室主办的国内最大的专业化舆情研究与舆情监测数据平台,它涵盖日常舆情监测、舆情专题、地方舆情、舆情研究频道、舆情报告免费下载、舆情搜索等多个栏目。其首推的中国地方舆情排行榜,是国内唯一按照地方来进行的专业舆情排行榜,在业内形成了广泛的影响力。

同时它还提供覆盖全网的舆情监测分析服务,包括:① 实时舆情监控系统 PALAS(帕拉斯)。它主要面向政府机构和企业,包括政府宣传部门、政府信息中心、网络舆情监督部门、公安机关、网络安全部门以及上市公司、集团企业、信息咨询公司等,并为它们提供量身定制的网络舆情监控、重点事件追踪以及舆情数据分析。② 舆情分析报告。它涵盖预警简报、随日报发送、事件专报、随周报发送及专题研究报告五种。中国舆情网运用 PALAS 舆情监控系统对平面媒体、广播电视和网络媒体包括新闻网站、博客、论坛进行全面监测。按照新闻价值高低和政治敏感度两大标准进行人工筛选,特别是关注突发热点事件、影响社会稳定的风险议题、网民热议的民生话题等,最后选出"关注舆情"(包括"重点舆情")等篇目,再按照媒体分类和新闻议题类别进行人工聚焦检索、分类分析、概括分析,形成报告。

### 3. 麦知讯第三方网络舆情监测系统

麦知讯是一家致力于向国内外行业用户提供互联网信息监测整体解决方案、业务发展信息咨询的高科技公司。它在资本运作和整合国内多家互联网信息专业公司、行业研究咨询公司的过程中不断成长,并通过合理选择和应用成熟的互联网信息技术,使公司在原有业务的优势得到巩固的同时,也在新的业务领域取得了优异的成绩。

它的舆情监测内容包括口碑信息监测和企业、产品、品牌正负面口碑监测、竞品间的口碑对比监测、网络营销监测等。针对营销主题,提供点击数、回复数、回复时间、回复人、回复内容、回复语气、回复人感情倾向、正反向关注度、主题删帖率等监测服务,以及网络营销效果监测、搜索引擎呈现率、产品品牌知名度、用户关注度、好评率变化统计分析、网络营销等咨询服务,为企业或公关公司提供网络营销方案或决策意见及建议等。

### 4. Goonie 网络舆情监测系统

它依托自主研发的搜索引擎技术和文本挖掘技术,通过网页内容的自动采集处理、敏感词过滤、智能聚类分类、主题检测、专题聚焦、统计分析,实现各单位对自己相关网络舆情监督管理的需要,最终形成舆情简报、舆情专报、分析报告、移动快报,为决策层全面掌握舆情动态作出正确舆论引导并提供分析依据。

它支持多种网页格式、多种字符集编码、整个互联网采集以及内容抽取识别技术,具有热点话题和敏感话题检测、舆情主题追踪、自动摘要、舆情趋势分析、突发事件分析、舆情报警系统、舆情统计报告等多种功能。同时用户可以设定采集的栏目、URL、更新时间、扫描间隔等。系统的扫描间隔最小可以设置成 1 分钟,即每隔 1 分钟系统将自动扫描目标信息源,以便及时发现目标信息源的最新变化并以最快的速度采集到本地。

### 5. 鹰隼网络舆情监测系统

本果公司在透析互联网特点、网民习惯和偏好基础上,充分运用自身搜索引擎技术、全文检索技术、相似性排重技术、自然语言智能处理技术、内容管理、互联网技术以及电子政务和电子商务软件开发优势,成功研发了鹰隼网络舆情监测系统。

它对舆情的处理按照信息采集、舆情过滤、自动分类、相似性排重、舆情分析、舆情展示的流程推进,整个系统由三部分组成,分别是信息采集子系统、舆情处理分析子系统和舆情管理子系统。它能够有效地搜索互联网上各层次各角落各形式的信息,深层次地挖掘网络舆情价值,全天候并及时地提供最新网络舆情资讯、丰富翔实的信息、形象直观的图表、自动化的舆情预警,并递送网络舆情、舆情分析、统计数据、舆情报告。

### 6. 军犬网络舆情监测系统

军犬网络舆情监测系统是中科点击公司开发的一个体系结构先进、功能强大的面向政府、企业提供网络舆情监测和决策参考的应用系统,广泛地应用于舆情监控监测、竞争情报,以及风险预警等领域。

它是一套综合运用搜索引擎技术、文本处理技术、知识管理方法、自然语言处理、手机短信平台,通过对互联网海量信息自动获取、提取、分类、聚类、主题监测、专题聚焦,以满足用户对网络舆情监测和热点事件专题追踪等需求的舆情监控平台。

它由舆情采集工具(军犬网络信息采集系统)、舆情加工和分析引擎、舆情服务平台以及舆情检索引擎(军犬智能检索系统)四部分组成。采用 B/S 与 C/S 结构相结合的先进系统架构,形成了优势互补。

## 本 节 小 结

网络话题发现可以帮助我们发现潜在的有可能成为焦点的话题,给监测者一定的应对时间,让其防患于未然。但是目前,主要的话题监测机制还是根据政府、企业、机构等监测一方给出既定主题来监测某一个方面的舆情内容。而话题出现并没有一个准确的时间节点,更何况现在的网络如此发达,某个有内容、有料的话题一旦被爆出,立刻会引爆网络,不给监测方喘息的机会,因此面对此类舆情问题,监测方只能后知后觉地被动应对。

当对数据信息进行采集时,人工方式与自动搜集相辅相成,虽然目前人工采集为主要方式,但是随着计算机信息处理技术的升级、大数据技术和人工智能技术的支持,自动采集系统将会愈加完善,我们有理由相信未来将会实现一个完整的自动化监测流程。

# 第二节　舆情数据分析

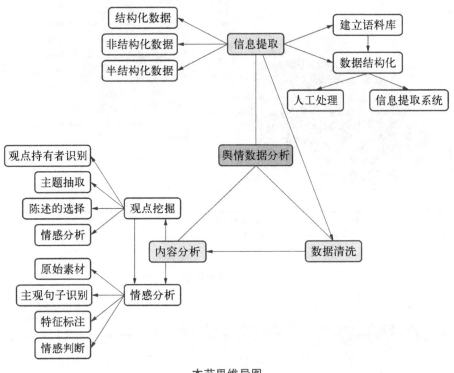

**本节思维导图**

对于一个苹果园的果农来讲,他的苹果最终是要进入超市售卖的,对苹果的质量要求很高。苹果成熟后,需要先将苹果一个个从树上摘下,统一堆在一起。然而,在一股脑儿摘下的苹果当中肯定有坏掉的、成色不好的、质量不达标的,因此就需要我们把这些坏掉的苹果扔掉,把成色不好的进行分类,标示不同价格分场合售卖。然后划定标准,把最好的苹果筛选出来,进行擦拭、包装,最终送入超市。

舆情信息处理也是如此,是一个筛选与加工的过程。当把数据采集后,就需要对数据进行预处理,预处理完成就要对其进行关键的内容分析,这个阶段非常重要,关系到后面的舆情研判。

## 一、信息预处理

网络舆情信息预处理,主要是对收集的舆情信息进行真伪、正误的辨别和分析,同时去除与搜索主题无关的垃圾信息,来支持后面的研判工作。由于网络具有匿名性,网络上的大量信息是不真实的,比如"水军"群体就会在利益的驱动下散播虚假信息。由于目前以关键词为主的搜索引擎、网络爬虫技术还不够智能,但凡与关键词有关的信息都会被爬虫收集起来,里面往往掺杂着与主题无关的噪声信息,这类信息被收集起来后，如果不能加以甄别、排除，就会影响到后续的研判工作，对现状以及舆情态势的发展作出错误判断。

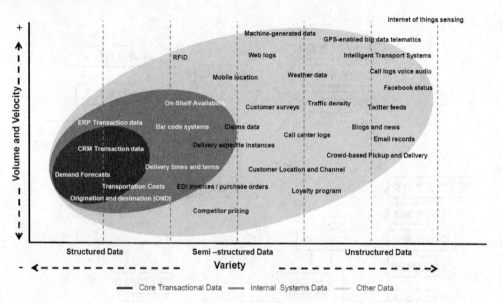

结构化和非结构化数据

| Product | 2001 | 2002 | 2003 | 2004 | 2005 |
|---|---|---|---|---|---|
| Product 1 | $ 124,327 | $ 182,903 | $ 106,338 | $ 247,150 | $ 141,299 |
| Product 2 | $ 115,074 | $ 223,633 | $ 205,673 | $ 130,530 | $ 237,002 |
| Product 3 | $ 197,921 | $ 247,555 | $ 247,960 | $ 212,641 | $ 232,348 |
| Product 4 | $ 210,545 | $ 196,472 | $ 217,976 | $ 178,713 | $ 153,092 |
| Product 5 | $ 131,172 | $ 127,377 | $ 235,995 | $ 103,254 | $ 183,708 |
| Product 6 | $ 151,052 | $ 158,760 | $ 211,511 | $ 208,739 | $ 135,812 |
| Product 7 | $ 208,243 | $ 216,644 | $ 138,393 | $ 249,069 | $ 205,913 |
| Product 8 | $ 118,299 | $ 113,907 | $ 156,476 | $ 131,662 | $ 199,296 |
| Product 9 | $ 135,940 | $ 157,010 | $ 102,704 | $ 106,117 | $ 100,763 |
| Product 10 | $ 134,149 | $ 115,499 | $ 169,175 | $ 130,315 | $ 165,236 |
| Product 11 | $ 182,366 | $ 153,051 | $ 205,473 | $ 222,675 | $ 166,811 |
| Product 12 | $ 165,258 | $ 125,308 | $ 161,454 | $ 169,880 | $ 159,884 |

典型的结构化数据

（一）结构化数据、非结构化数据与半结构化数据

1. 结构化数据

结构化数据以固定字段驻留在一个记录或文件内。它事先被人为组织过，也依赖于一种确保数据如何存储处理和访问的模型。结构化查询语言 SQL 通常用于管理数据库的结构化数据表。

2. 非结构化数据

非结构化数据是结构化数据的反面，是指没有一个预定义的数据模型或不是以一种预先已经定义好的方式进行组织的数据。数据不必以某种方式组织，直接按照学科方式分组分类，主要是文本，但也可以是图像、音频和视频等。非结构化数据包括以下几个类型。

（1）文本。在掌握了元数据结构后，机器如传感器等就一定能够对文本进行解译。当然，流数据中有一些字段需要应用更加高级的分析和发掘功能。

（2）交互数据。这里指的是社交网络中的数据，大量的业务价值隐藏其中。人们表达对人、产品的看法和观点，并以文本字段的方式存储。为了自动分析这部分数据，我们需要借助实体识别以及语义分析等技术，将文本数据以实体集合的形式展现，并体现其中的关系。

（3）图像。图像识别算法已经逐渐成为主流。此外，这些技术也会产生实体，尽管获取关系以及舆情分析更加具有挑战性。

（4）音频。目前有许多研究是针对如何解译音频流数据的内容并判断说话者的情绪。

（5）视频。毫无疑问，视频是最具挑战性的数据类型。图像识别技术可以对每一帧图像进行抽取，当然，要真正做到对视频内容进行分析还需要技术的进一步发展。而视频中又包括音频，可以用上述的音频分析技术进行解译。[①]

3. 半结构化数据

所谓半结构化数据，就是介于完全结构化数据（如关系型数据库、面向对象数据库中的数据）和完全无结构化的数据（如声音、图像文件等）之间的数据，HTML 文档就属于半结构化数据。它一般是自描述的，数据的结构和内容混在一起，没有明显的区分。它是结构化数据但不适合正式的关系数据库模型或其他序列来源。很多 XML 文件也可能属于这一类，虽然也有结构化和非结构化的 XML 文档。

Facebook、Twitter、LinkedIn、Pinterest、微博等社交媒体中都含有非结构化和半结构化数据。有价值的数据，非常有利于满足企业的需要。然而，在这些数据有用之前需要结构化。

---

① 中国云计算.非结构化数据背后的真相[EB/OL].［2017－10－11］. http://www.chinacloud.cn/show.aspx?id＝14987&cid＝18.

大数据时代的
数据挑战

（二）信息提取

文本信息提取（information extraction）是指从一段文本中抽取指定的一类信息（例如事件、事实）并将其（形成结构化的数据）填入一个数据库中供用户查询使用的过程。这些信息可以是会议信息，或者从一篇关于自然灾害的新闻报道中摘录出的灾害类型、时间、地点、人员伤亡、经济损失、救援情况等，或从产品发布的新闻语料中提取某产品的各种指标，例如计算机网络交换器的协议类型、交换速率、端口数、软件管理方式等。由此我们可以明确信息提取的技术目标，以及这种技术目标与相关信息处理技术（例如信息检索、自动文摘、文本理解等）的实质差异。信息提取涉及两个方面的因素：① 用户指定感兴趣的信息和待分析的文本集；② 系统过滤文本集，并以一定的格式输出匹配的信息。[①]

因此，信息提取可以看作是非结构化数据转化为结构化数据的过程。按照目前普遍流行的技术处理方式，结构化数据是进行数据分析的基础，而数据结构化往往需要以下步骤。

1. 建立语料库

收集所有与被研究文本相关的文件。收集的文件类型包括文本文档、XML 文件、邮件、网页和简短的注释。除了这些现成的文本数据，语音录音也可以通过语音识别算法转化成文字脚本，加入到文本集合当中。

数据收集完成后，所有文本将被转化，重新组织以便统一形式交由电脑处理。文档组织的形式多样。[②]

2. 数据结构化

数据结构化可以采用人工和系统自动的方式进行。

（1）人工处理。

这里我们以一般的网页内容为例来进行介绍。一般来说，网页内容也是有一定结构的，<title>是标题，meta 里可能包括 key words，body 里是正文内容，拿到 body 的文本，去掉所有的 html 标记（比如用 HTMLparser）就拿到 body 里的文本数据了。这样一个简单的结构化数据就有了（title，keywords，body）。

然后对上面的内容进行分类，比如财经信息、体育信息、医疗信息，这需要使用聚类、分类的技术，以及相关的样本。比如哪些关键字属于财经类的，然后从财经的数据的 meta 或 body 里去分析数据，最后得到这篇文章跟财经类数据的相关性，从而把它正确分类。结构化数据包含了主题、关键词、主体、类别。有时候我们还需要拿到摘要信息。通过对文档进行分析，基于关键词提炼摘要信息。

上面说的是基于文本的通用结构化方法。针对某个网站的具体栏目，其网页的模板结构一般是固定的，都是基于一个固定的 CMS 模版来生成的。所以，我们可以

①　孙斌.信息提取技术概述：上[J].术语标准化与信息技术,2002(3).
②　杜尔森·德伦.大数据掘金：挖掘商业世界中的数据价值[M].丁晓松,宋冰玉,译.北京：中国人民大学出版社,2016.

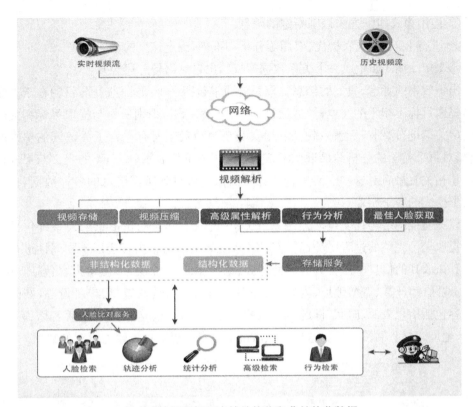

**公安系统视频解析中的结构化和非结构化数据**

定义一些转换的 XML 模版,标记从目标的 HTML 的哪些 tag 上获取数据,然后填到我们的转换结果的相对应位置上去,从而完成很完美的结构化处理。虽然这个过程中的模板,一般需要人工生成,并且在目标网站的 CMS 更新时也需要人工处理。但是人工处理的方式效率很低,处理文本往往建立在大量阅读的基础之上,最终的结果也有出现差错的可能,因此系统自动进行信息提取的方式更为有效。

（2）信息提取系统。

典型信息提取系统的内部工作过程主要包括了以下几个步骤。

**信息提取系统工作流程**

用一组信息模式(info patterns)描述感兴趣的信息。信息模式通常可表示为简单的一个句式,例如<公司名>"推出"<产品名>。系统可以针对某一领域的信息特征预定义好一系列的信息模式,存放在模式库中供用户选用。

① 对文本进行"适度的"(浅层、非完整的)词法、句法及语义分析,并做各种文本标引。这个过程包括识别特定的名词短语(人名、机构名、事件、地点等)和动词短语(事件描述、事实陈述)。这需要合适的词典、构词规则库等知识库的支持。

② 使用模式匹配方法识别指定的信息。

③ 进行上下文关联、指代、引用等分析和推理，确定信息的最终形式。

④ 输出结果（如生成一个关系数据库或给出自然语句陈述等）。

出于效率的考虑，典型的信息提取系统通常包括一个预处理过程，目的在于过滤掉与提取目标不相干的文本；然后通过词法分析和标引，识别所有与提取目标相关的词汇（"关键词"识别与标引）；句法和语义分析只应用于所有包含了关键词的句子的集合，对每个句子的分析结果近似于该句子的语义框架表示（此框架的定义与提取目标密切相关）；最后对这些框架进行合并、综合，便可得到所需信息的各种数据项（关系数据模式的各个字段）。

以美通社网络与社交媒体监测系统 CMM 为例，其自动化信息采集系统包括了信息提取较为完整的过程。美通社 CMM 系统导出的信息内容会以不同属性进行标记。其抓取到的信息一般会分为微博、网站论坛、微信三个类别，微博内容包括昵称、性别、地区、粉丝数、微博地址、内容、发布时间、评论数、转发数、用户身份等，网站论坛内容包括信息来源、时间、标题、地址、报道数等，微信公众平台则包括名称、标题、摘要、地址、时间、阅读数等。这样就从散乱的信息中提取到了较为直观的数据。

**实践操作**

试用 CMM 系统，尝试设置关键词，体验数据收集的效果。

美通社中国媒体监测服务

## （三）数据清洗

虽然在信息提取的过程中，部分不相关信息已经被清理，但是由于系统并非完美，总有遗漏之处，因此需要在系统获取的信息基础上进行二次数据清洗，以最大程度甄别虚假信息、剔除无效信息。由于关键词抓取技术的不成熟，在信息抓取过程中往往会将一些相关性很低或无相关性信息也收集起来，这对后期的数据分析会产生干扰。目前人工清理是一个比较可靠的办法。通过对信息条目的阅读，判断哪些信息与研究主题无关，从而进行剔除，最终获得高相关性数据文本。

在这个过程中应当设定具体的标准，即什么样的信息需要删除，什么样的信息需要保留。由于人的主观性，每个人的判断标准不同，这就有可能在数据清洗过程中产生不同的结果，最终会对数据分析产生影响。

## 二、舆情信息的内容分析

### (一) 观点挖掘

目前国内的舆情监测系统都将重点放在舆情的准确发现和分类归类方面，而对某个舆情事件中人们所持的观点和看法并没有做深入的研究。这些监测系统对于舆情的发现可能会有很好的效果，因此适合给有关机构提供分析和咨询，但是由于其侧重发现和分类，不能及时准确地了解网民的观点，如何及时准确地收集网民对热点事件的观点成为一个亟待解决的问题。

观点挖掘是人们针对某个实体及其特征发表的意见、态度、情感的挖掘和分析。观点挖掘的自动化成为一个重要的研究领域，与自然语言处理、信息检索、机器学习、知识组织和知识服务等有一定的相关性。

按照观点挖掘的颗粒度可以将其分为篇章级别、句子级别和要素级别的观点挖掘。篇章级别的观点挖掘认为一篇文档(如一条微博或一条商品评论)是一个基本信息单位，假定一个篇章表达了一个总体的意见。句子级别的观点挖掘把一个句子作为一个基本信息单位，假定一个句子表达一条意见。尽管篇章级别和句子级别的文本挖掘在很多领域得到了广泛应用，但是对文本观察可以看出一个总体上表达肯定态度的文章并不意味着对事物的每一个方面都是肯定的。为了获得更精确的观点挖掘结果，需要更细颗粒度的观点挖掘，即要素级别的观点挖掘。实现要素级别的观点挖掘，需要解决观点句识别、要素抽取和情感分析等若干关键问题。[1]

观点由持有者、主题、陈述、情感组成。这四个元素之间存在着内在的联系，即观点的持有者针对某主题发表了具有情感的意见陈述，有时主题也被称为焦点或对象，用以区别可能产生的歧义。

观点挖掘主要包括以下几个方面。

(1) 观点持有者识别：确定意见表述的作者和谈话者。目前流行的观点挖掘技术从句子出发，对观点持有者进行识别。直观上看，识别观点持有者的研究可以采用命名实体的方法，即考虑把人名或机构名作为可能的观点持有者。

(2) 主题抽取：识别主题术语和指派领域相关的本体概念。例如，"这款手机品质不错，价格也很合理"这句话，前半句评价的是手机的品质，而后半句评价的则是手机的价格，如何识别出品质和价格是手机的属性也是一个比较难的问题。

(3) 陈述的选择：确定意见表述的范围和过滤客观性表述。针对不同颗粒度意见挖掘的需要，陈述颗粒度也有不同的大小。一般来说，流行的意见挖掘方法中，陈述颗粒度可分为粗颗粒度、细颗粒度和特定颗粒度，即假定一个文档或一条语句是一个关于给定或被识别主题的陈述。如果选择的颗粒度过小，则很可能不能把握作者的真正意图，但如果选择颗粒度太大，如整个文档，则陈述范围过大，无用的句子过多，影响到

① 陈锋.细颗粒度观点挖掘中的观点句识别与要素抽取研究综述[J].数字图书馆论坛，2015(10).

观点识别的准确性。如何确定陈述句的范围关系到能否正确识别作者的意图。

（4）情感分析：决定意见陈述的语义倾向（semantic orientation），即极性（polarity）。①

（二）情感分析

让计算机拥有情感处理能力是由人工智能创始人之一的马义·明斯基教授提出的。他在 1985 年的著作 *The Society of Mind* 中指出，问题不在于智能机器能否拥有任何情感，而在于机器实现智能时怎么能够没有情感②。基于文本的情感分析是一个交叉方向的研究，它涉及自然语言处理、数据库、信息检索、数据挖掘、人工智能等多个领域③。

情感分析流

情感分析要回答"人们对某一问题感受如何"的问题，为此要用各种自动工具挖掘庞大的意见库，整合了商界、计算机科学、计算机语言学、数据挖掘、文本挖掘、心理学，甚至社会学的研究人员和从业者。情感分析旨在将传统基于事实的文本分析扩大到新的领域，实现意见导向的信息系统。在商业情境之下，尤其是在市场营销、消费者关系管理中，情感分析可以利用大量文本数据资源（例如网站发表的消费者反馈）检测具体产品或具体服务的赞成或反对意见。

文本中的情感有两种形式：显性情感指的是文本直接表达某种意见（比如，"真是美好的一天"）；隐性情感不明说，而是间接地表达（比如，"把手一下就坏了"）。情感分析的早期工作重点在显性情感上，因为它相对来说比较容易分析。当前的趋势是分析显性、隐性两种情感。情感极性作为情感分析的基本关注点，是一种文本的特殊特征，它通常被二分为"正""负"两种极性，但是极性有时也可能代表了一个范围。带有多种意见的陈述文本整体上体现出混合极性，而不是没有极性（也就是"客观"）。

1. 情感词

舆情情感分析主要是对网民围绕舆情事件发表观点的情感进行倾向度分析，即通常所说的褒义、贬义或者中性，它通常分为文本级、句子级和词语级的分析。我们把带有情感倾向的词语称为情感词，情感词的收集是挖掘情感倾向的基础。有学者在文章中这样定义词的情感倾向："词的情感倾向就是指词的一种特征评估，一个肯定的情感倾向表达了一种愿望、需求，或者表达赞美、肯定的感情，如诚实、无畏、喜欢、热爱等。而否定的情感倾向则表达了一种不愉快或不受欢迎的感情，如讨厌、多余、麻烦等。"④许多学者对如何收集情感词都做了深入的研究，过去的研究主要集中

---

①　尚明生，佘莉，陈端兵，等.舆情信息分析与处理技术[M].北京：科学出版社，2015.

②　杨国亮，王志良.情感建模研究进展[J].自动化技术与应用，2004（11）.

③　周立柱，贺宇凯，王建勇.情感分析研究综述[J].计算机应用，2008（11）.

④　Turney P. Thumbs up or thumbs down?: Semantic orientation applied to unsupervised classification of reviews [C]. Proceedings of the 40th Annual Meeting of the Association for Computational Linguistics，2002.

在形容词身上，因为形容词通常都带有典型的情感倾向，极性词分为褒义和贬义，如漂亮、完美等词语就是褒义词，而简陋、糟糕就是贬义词。

褒义词和贬义词含有固定的、客观的、明显的感情色彩，是语言感情色彩最原始的体现，也是最基本的情感倾向评价依据。因此，我们将主观句的情感计算转化为对主观句所表达的情感倾向进行褒贬识别。具有情感倾向的词语以名词、动词、形容词和副词为主，包括人名、机构名、产品名、事件名等命名实体。此外，词语的情感倾向还包括倾向性的强烈程度。例如，"谴责"的强度就远远超过"批评"和"指责"。在实际的自然语言表达中，句子的情感倾向不仅与句子中出现的情感词语有关，还与词语之间的搭配方式相关。在特定的语言环境中，贬义词甚至可能具有褒扬的意味，中性词的褒贬性就更依赖于特定的搭配关系了。

### 2. 情感分析方法

一般来说，广义的情感分析包括分析文本中包含的说话人的心理态度，而狭义的情感分析则主要是指针对说话人关于某物或某事的观点进行"赞同"或是"反对"的分类。目前国内外文本情感计算的主要方法有以下几种。

（1）基于情感词语的情感分析方法。

心理学研究发现，词汇和人类情感之间的关系是可度量的，独立的词汇或短语的语义倾向对于传达人类情感是重要的。情感词是挖掘情感倾向的基础，我们把带有情感倾向的词语称为情感词。不同的情感词产生的情感倾向是不同的，我们用情感倾向度来表示这种强度。目前有很多计算词语情感倾向度的方法。如知网在 2007 年推出了一套情感分析用语词集合，其中正面情感词语 836 个，正面评价词语 3 730 个，负面情感词语 1 254 个，负面评价词语 3 116 个，每个词都标注了其情感倾向。可以首先选取适当的基准词，计算其与集合中词语的相似性，得到两个情感词之间的相似度，由此得到该词的情感倾向度。

（2）基于向量空间模型的情感分析方法。

向量空间模型由索尔顿等在 20 世纪 60 年代末提出，是自然语言处理中常用的模型之一。在向量空间模型中，文本被看成是由特征项组成的串，每一特征项都依据规则被赋予一个权重。该权重表示了它们在文本中的重要程度，可以直接将文本分类中的向量空间模型应用到文本的情感分析中。该方法的主要目标是将文本向量化，然后选择合适的算法进行处理。特征选取以及分类算法都有相对成熟的理论支持，如可以使用贝叶斯、支持向量机、k-最近邻等实现文本情感倾向分类。这种方法和文本分类不同的地方就是特征提取时要将那些真正含有情感色彩词语作为特征词。此外，该方法可以有效地发现文本中的隐藏模式，但是对文本进行的向量化处理忽略了词语间的相互关联性，将各个词语独立起来，容易导致整体信息的丢失。

（3）跨领域情感分析方法。

跨领域情感分析是情感分析中的一个新兴领域，目前在这方面的研究不是很多，主要是因为目前的研究还没有很好地解决如何寻找两个领域之间的一种映射关系，或者说如何寻找两个领域之间特征权值的平衡关系,但是这样的映射关系很难寻找,或者需要相当强的数学证明。所以很多研究借用半监督学习的方法,通过逐次迭代,逐渐减少训练集和测试集之间的差异。

## 本 节 小 结

相比结构化数据,非结构化数据分析方面仍处在初始阶段。但自 2015 年以来,随着美国在非结构化语义分析以及人机互动的图像可视化等技术领域取得关键性的突破,尤其是伴随着全美五大图像可视化中心之一的北卡罗来纳大学夏洛特图像可视化中心的科学家们从学术界走到工业界,推出了实时动态、结果易读的综合智能数据分析平台 The Taste Signals Platform,对美国的企业级用户而言,不论是非结构化数据,还是实时数据分析——以往常见的数据分析难点都被一一攻克了。这改变了以往的结构化思维,通过技术手段在更大的信息池中挖掘出更加有价值、有内涵的信息,无疑是数据使用的一大进步。

## 第三节　网络舆情研判

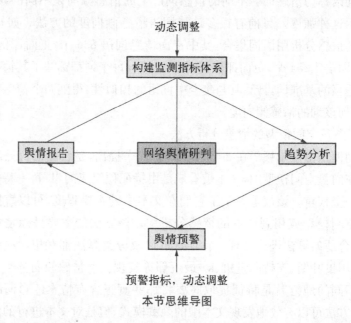

本节思维导图

网络舆情分析与研判,是网络舆情工作的重要环节,它一头连接着舆情的监测与收集,另一头连接着舆情的应对与引导,起着承上启下的重要作用。监测和收集到的大量舆情信息只有通过分析与研判才能实现其价值,及时有效的应对与引导同样离不开科学正确的分析与研判。网络舆情分析与研判的结果是政府、社会组织、企业等决策与应对的基础与依据。因此,必须尽量保证分析与研判结果的全面、准确、及时。否则,舆情的应对与引导就如"盲人骑瞎马,夜半临深池",错误的信息比没有信息效果更糟[①]。只有保证研判与预测工作的准确性,网络舆情工作才能充分发挥其作用。

## 一、网络舆情研判的概念

目前一些研究认为"舆情研判"是整个舆情监测工作的总称,包含了信息收集、甄别、汇总分析、趋势预测、应对建议、报告生成、信息上报等过程。比如程亮就将网络舆情研判流程分为来源分析、真伪分析、归类分析、指向分析、矫正分析。

**表3-2　网络舆情研判流程[②]**

| 流　　程 | 说　　　　　明 |
|---|---|
| 来源分析 | 监控和搜集各大网站的相关舆情信息,对一些新闻或帖文进行分析与判断,确定其在舆情事件中的潜在价值 |
| 真伪分析 | 剔除虚假舆情,排除其对真实舆情的干扰,防止在新闻转载或跟帖中出现"添油加醋" |
| 归类分析 | 将所爆发的网络舆情归并到舆情事件的相应类别,找寻类似舆情处置经验 |
| 指向分析 | 进行定性或定量的分析与统计,得出网络舆情的基本研判结果,供政府相关部门参考 |
| 矫正分析 | 随着网络舆情的发展和实践、真相的逐步深入调查,对错误的研判进行纠正 |

舆情研判对于事件处置的意义,类似于"望闻问切"之于中医治疗的意义。一车药物易得,一纸处方难求。

鉴于本章所写内容为媒体监测技术流程,因此"舆情研判"的概念随之缩小,不再包含全部流程,主要是指对收集下来的数据信息进行分析总结、预判舆情走向、生成报告。下面对这个过程展开陈述。

分析总结,是指在网络舆情分析的基础上,概括出主要问题、主要内容、观点、策略等。

预判舆情走向,则是根据网络舆情汇总分析结果,对舆情的走向作出判断,比如舆情是否会导致争论激化、影响扩大、难以控制、人身攻击、矛盾升级、网络暴力、群体事件、引起外媒关注等。这种判断主要是定性的评判。因为情况紧急或其他各种原因,较少进行定量的分析判断。

生成报告,是指将分析结果和走向预判按照一定的框架标准书写成文,附加标示性图片或可视化数据图辅助理解,以帮助决策者进行决策。按照报告生成周期一般分为日报、月报、季度报、年报等。

## 二、构建舆情研判指标体系

网络舆情指标体系是指通过一系列相互联系、相互补充的指标,来反映网络舆情

---

① 梁雪云.网络舆情的分析与研判机制研究[J].今传媒,2016(5).
② 程亮.网络舆情研判机制的内容与流程[J].中国记者,2010(2).

的整体状况。完整的指标体系可以指导网络舆情监测工作,并可根据指标来明确网络舆情信息采集的来源、范围和方向、指标体系的设立,使得网络舆情信息判断更加客观。李雯静、许鑫、陈正权认为构建网络舆情指标体系需要遵循目标性、科学性、系统性、实用性的原则①。

有学者认为建立网络舆情指标体系应当遵循下面的思路:先从新闻、论坛、博客、微博、社交类网站、搜索引擎日志和元搜索这些数据源中提取网络舆情要素,然后建立网络舆情指标体系,最后设计网络舆情指数的计算方法。其架构如下:

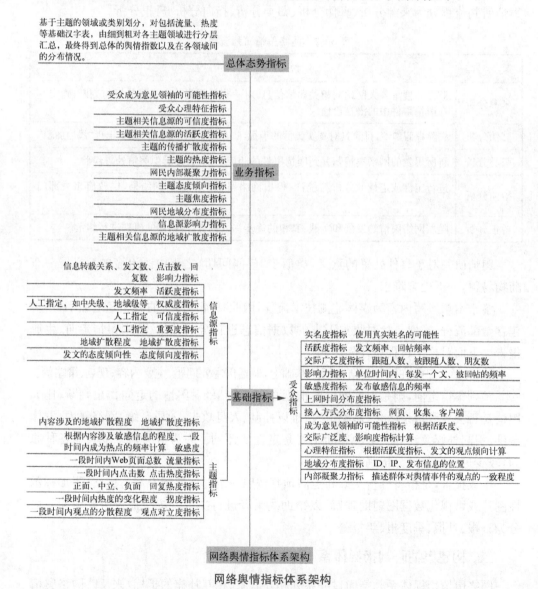

网络舆情指标体系架构

① 李雯静,许鑫,陈正权.网络舆情指标体系设计与分析[J].情报科学,2009(7).

也有学者提出了五大网络舆情监测评价二级指标：舆情发布者指标、舆情要素指标、舆情受众指标、舆情传播指标以及区域和谐度指标①。如下表：

表 3 - 3　舆情监测评价指标

| 二级指标 | 三级指标 | 具体指标 |
| --- | --- | --- |
| 舆情发布者指标 | 舆情发布者影响力 | 浏览次数、发帖数、回复数、转载率 |
| | 活跃度 | 发帖数、回帖数 |
| | 价值观 | 舆情发布语义信息 |
| | 信息主题类别 | 生存危机、公共安全、分配差距、腐败现象、时政、法治 |
| | 关注度 | 页面浏览次数 |
| | 信息主题危害度 | 舆情主题语义信息 |
| 舆情受众指标 | 负面指数 | 回帖总数、负面回帖总数、中性回帖总数 |
| | 受众影响力 | 舆情回复语义信息 |
| | 参与频度 | 点击、评论、回复某一舆情的总次数 |
| | 网络分布度 | 点击者 IP |
| 舆情传播指标 | 媒体影响力 | 总流量、日流量、点击率 |
| | 传播方式 | 门户网站、网络论坛/BBS、博客/个人空间、短信、邮件 |
| | 舆情扩散度 | 报道次数 |
| 区域和谐度指标 | 贫富差距 | 基尼系数、农村城镇居民收入比、财富集中度 |
| | 信息沟通 | 电视覆盖率、网络覆盖率、广播综合人口覆盖率 |
| | 社会保障 | 社会治安、医疗保险覆盖率、养老保险覆盖率、工伤保险覆盖率 |
| | 宗教信仰 | 邪教、宗教冲突与民族矛盾 |

舆情发布者指标：主要用来度量发布者引起网络舆情分析者关注的程度，是监测具有号召力与舆论影响力网民的特征性指标，如评定和度量网络中的"论坛领袖"。

舆情要素指标：主要强调观测舆情发展的深化过程与整个主题的全生命周期，主要包括三种：舆情热度、舆情的主题分类和舆情的危害程度，其中舆情热度指标是衡量舆情的最关键指标。

舆情受众指标：主要针对所有被舆情影响到的网络用户。它主要包含以下三个子指标：舆情负面指数、参与度和受众影响力。

舆情传播指标：主要目的在于确定舆情在网络中的传播渠道和传播影响的环

---

① 谈国新，方一.突发公共事件网络舆情监测指标体系研究[J].华中师范大学学报：人文社会科学版，2010(3).

节,并着重分析网络舆情所处的传播和扩散阶段。

区域和谐度指标:区域和谐度指标是从区域差异的视角来考察潜在的社会矛盾,该地区社会矛盾越突出,越容易刺激网民的情绪,它包括贫富差距、信息沟通、社会保障和宗教信仰。信息沟通指的是社会信息传播交流系统,是人与人、人与社会了解彼此观点、态度、决策的重要渠道。

指标体系并没有固定的划分标准,有一些指标在研判过程中具有很重要的作用,而有一些指标则产生较小的影响。政府、企业和其他社会组织有着不同的监测重点,需要构建的指标体系也会有所不同。因此在进行实际的指标构建及舆情研判时,应当灵活运用,根据实际情况合理选择。

### 三、趋势分析

趋势分析是网络舆情分析与研判的核心,是应对与引导的依据。根据汇总到的舆情信息,通过系统分析,作出关于舆情发展趋势与走向的基本判断。这一判断主要是在定量基础上得出的定性判断,例如矛盾是否会升级、影响是否可控、大规模群体事件是否会爆发、外媒是否会跟进等。

(一)趋势分析的概念

趋势分析是指通过趋势图,展示一定时间内事件的发展趋势、危险度和关注度,主要针对事件进行信息跟踪,并对其进行倾向性与趋势分析。分析的具体内容包括:舆情扩张性、扩张来源、扩张观点、负面情绪集结或小结情况等相关信息。下一步的趋势分析建立在上一步倾向性与趋势分析的基础上。特别是对负面舆情,统计相关的网络媒体和论坛、微博转发情况,了解舆情走势,能够进行爆发趋势分析[①]。

(二)趋势分析的思维要点

1. 把握舆情热点和社会热点

综观近些年的网络舆情热点事件,主要围绕以下社会热点问题展开:社会风险、贫富差距、腐败、劳资矛盾、住房、房屋拆迁、流动人口、失地农民、医患关系、社会保障、网络安全、环境污染等。

2. 把握舆情发展的阶段性特征

具体的网络舆情事件的发生发展分为潜伏期、蔓延期、爆发期、平息期等不同阶段。每个阶段有其发展特点,要正确地判断舆情事件的趋势与走向,必须对其所处的发展阶段有明确的界定。在此基础上,才能正确判断其走向。

网络的互动性和即时性使得网络舆情信息的变动十分迅速,每个时间段有每个时间段的舆情,每个阶段的网络舆情会有不同的极端特征,呈现出不同的发展趋势。因此,在判断网络舆情的趋势与走向时,应对其所处的阶段进行深入分析,注重分析

---

① 薛大龙.网络舆情分析师教程[M].北京:电子工业出版社,2014.

研究每一特定时间段网民比较突出的情绪、意见和诉求。抓住不同阶段网络舆情的特点和规律，就容易抓住其中的趋势和走向。

### 3. 注重反映思想及情绪内容

网络舆情归根结底是网民关于社会存在和发展的情感认识和思想反映，因此，在对网络舆情进行分析与研判时，不仅要分析舆情信息的文本，更要着重分析背后网民的思想意识，这样才能准确了解舆情特点，把握发展趋势。

由于网络的匿名性使得其相对于现实社会的言论环境更为自由，网民在网上的言论很多与其现实身份是不相符的，如"网络暴民""网络愤青"中有相当一部分是现实生活中较为有教养、含蓄的白领及学生群体。从网络舆情预警的角度看，网络舆情中隐藏着的、未公开表达的情绪、态度、立场和意见，更应该得到足够重视。否则，很容易从网上发酵，最终走向现实社会，由虚拟的网络舆情发展为现实的矛盾危机。例如，多地爆发的 PX 事件。

### 4. 对网络舆情的走向作出判断

根据分析研判的结果及当时网络舆情的特点作出关于事态走向的预判，是将继续扩大，从情绪层面走向意见层面，从意见层面走向行动层面，还是网民关注点已经发生转移，事件会慢慢平息。具体的网络舆情事件的发生发展是有其生命周期的，但是各个要素围绕某些"阈值"时刻处于涨落起伏的动态变化中，形成耗散结构，如果在此过程中不断有新的要素加入，使得各要素偏离平衡位置的距离扩大，就会形成巨涨落，这往往是质变的关键节点。网络舆情的分析研判工作必须时刻注意新的要素的加入，从而找到事态发展的关键节点，准确预判事态的走向。

### （三）趋势分析的方法

### 1. 趋势外推法

即根据已有的舆情的变化趋势来推测未来趋向。应用这一方法的基本前提是预测对象的变化规律从过去至现在直到未来是基本不变的，发展过程是渐进的，没有突变。这一方法简单易行，多用于短期和即时预测，长期预测的可靠性不高。

### 2. 因果分析法

这类方法强调找出舆情变化的原因与结果之间的联系方式，以此预测未来。这类方法前提是预测变量与其解释变量之间的关系是不变的，或各变量间的结构是不变的。以过去的情况为依据作趋势分析，是这类方法的基本特征。

### 3. 直观预测法

这类方法主要靠预测者的经验学识和综合分析能力来进行趋势预测。

## 四、生成舆情报告

### （一）舆情报告的概念

舆情分析报告是指通过统计分析网民观点、网络媒体观点，利用流程图、分布图等工具技术对周期内（一般周、月、季为单位）产生的舆情进行汇总、分类，提供网民及网络媒体的观点倾向，并根据分析和点评，把握网络舆论发展趋势的报告①。

网络舆情的研判是对网络媒体上所呈现的舆情通过定性与定量分析给出一种价值和趋向判断的过程。在完成网络舆情的搜集和分析之后，就要形成相应的舆情报告，为政府、企业等的相关决策提供依据。网络舆情是社会舆情在互联网空间的映射，已成为各阶层利益表达、情感宣泄、思想碰撞的舆论渠道，网络舆情的报告时效和报告质量直接影响到政府、企业和其他社会组织的相关决策行为，网络舆情报告所发挥的作用越来越突出。

网络舆情报告是一个综合的逻辑思维过程，是对通过搜集和分析获得的网络舆情材料的再加工和再创造。由于网上的信息量十分巨大，除了利用现代科技手段对网络舆情采集、筛选、分析、归类外，还要通过富有经验的工作团队对网络舆情进行科学的提炼、归并、整理、汇总，并得出结论、发出预警、提出决策建议，从而为政府、企业和其他机构的相关决策提供及时、准确的舆情报告。网络舆情报告内容一般应包括相关分析和态势研判两大部分，前者主要是客观、真实、准确地反映网络舆情的现象、本质、特点、阶段；后者则是根据网络舆论传播和舆情发展规律，对其作出趋势性、利害性、预警性等判断。

网络舆情报告可以帮助监测方及时了解、把握和应对网络舆情，科学、准确地开展相关事件的处理和舆论引导，在网络传播上立于主动。一方面，当网络舆情事件发生时，能及时判断舆情走向，采取必要的措施解决网络舆情事件；另一方面，在网络舆情事件解决后，能对前一阶段应对的过程进行总结、反思与建议，对下一阶段的网络舆情走向进行研判，从而对监测方应对未来的网络舆情事件起到指导作用。

（二）舆情报告的内容

一般舆情分析报告根据网络舆情类别，以主流门户网站的媒体报道、主要论坛和微博的网民言论为主要内容，提供相关网络舆情分析。报告对指定互联网事件进行全面、准确的分析，形成各种分析图表，客观地呈现网络舆情发展趋势、传播路径、媒体分布等情况，为开展下一步工作提供决策支持。

舆情分析报告主要包括事件概述、网络媒体观点抽样、网民观点抽样、舆情主题回应、舆情具体分析、综述等。其中，网络媒体观点抽样、网民观点抽样采用分布图、流程图、趋势图等工具方法进行数据化分析。舆情具体分析、综述的步骤需要结合舆情涉及领域的专业知识或有关政府监督部门的业务政策、当前局势、类似事件等进行深度分析。

（三）撰写舆情报告

撰写舆情监测分析报告有一些基本要领，掌握并遵循这些基本要领，对写出高质量的舆情监测分析报告有很大的帮助。总体上来说，好的舆情分析报告要有鲜明的

美通社网络与
社交媒体监测
月度分析报告

① 薛大龙.网络舆情分析师教程[M].北京：电子工业出版社，2014.

主题、新颖的观点、严密的逻辑、精巧的结构和准确的文字。此外,在撰写舆情分析报告的具体实践中,还应注意以下几点。

1. 论述全面与观点鲜明有机结合

舆情分析报告一般以分析舆情信息工作概论透彻、论述深入为优,这就要求运用大量丰富的素材,进行多角度、多层次的描述、解读和剖析,使舆情信息的全部内容及其引发的思考得到充分的表现。与此同时,舆情信息工作者还必须考虑到客户决策层工作繁忙,时间宝贵,关注舆情信息仅是整个工作的一部分。因此,要主动适应这一情况,在撰写舆情监测分析报告时,既做到论述深刻、详尽充分,又做到观点鲜明、表述精当。鲜明,就是在内容上要求突出主题,直指要害,一针见血;在形式上要求层次分明,条分缕析,序号、字体等十分清楚;在语言表达上要求惜墨如金,要言不烦。即使在文中的主体部分也是如此,应努力使对舆情的分析和论述简明、精练、到位。在叙述事实时不要作过多的描述;在阐述观点时不要作烦琐的论证;在选择使用材料和举例时,必须选用那些最能准确和深刻反映内容的典型材料和典型事例。

2. 理性概括与素材鲜活有机结合

一篇好的舆情监测报告既要摆事实,又要讲道理,边叙述,边论理;既要实现观点的准确凝练、清晰明了,又要实现事实的真实可信、具体生动。写分析报告不是写正式文件,不能到处是理性的抽象和概括,那样不仅会失去生动性和吸引力,而且会失去真实的力量和说服力。要在分析报告中将提炼出来的观点、论点与原汁原味的民众话语等舆情素材有机结合起来,在论述中多引用那些来自生活、来自群众的朴实生动的语言,尽力做到原汁原味,使人"如闻其声,如见其形"。这样做的好处是,这些语言常常是群众情绪、思想、诉求和建议等社会政治态度的最直接表现形式,可以最真实地呈现在决策者面前,也最有参考意义和价值。

3. 总体态势分析与突出问题分析有机结合

一般来说,舆情监测分析报告的一个重要任务,是对一个主题、一个方面的舆情进行整体分析,揭示和概括出舆情的总体态势,这样可以帮助决策者从整体上掌握某一方面的舆情状况。但是,这还不是一篇好的舆情分析报告的全部,一篇好的舆情分析报告应反映出舆情监测分析的全部成果。换一句话说,就是既要反映舆情的总体态势,还要将舆情中存在的突出问题、主要矛盾、重点难点等表达出来。唯有如此,方可做到既从总体上把握舆情态势,又有突出具体问题的分析;既有整体状况的反映,也有重点问题的解剖,通过将好与坏、喜与忧、正面与反面、积极因素与消极因素等不同情况反映出来,帮助决策者在整体把握的基础上准确掌握突出问题。

4. 数据信息内容与可视化呈现有机结合

由于大数据技术的应用,对数据可视化的要求也越来越高。舆情监测的过程中信息量巨大而又复杂,因此在这些繁杂的信息中提取有效信息并将其总结报告是非常有难度的。由于舆情报告最终是要拿给决策者看,简单、易懂而又直观、有理有据就变得非常重要。这就要求报告撰写者需要具备一定的信息可视化能力,在保证信息准确的前提下,把报告内容更为直观地呈现给决策者。

# 本 节 小 结

舆情研判工作是舆情监测非常重要的一个过程,是一个如何有效利用舆情信息的过程,是输出结果的过程,其质量的好坏直接影响着决策者对舆情事件未来的看法,决定决策者应对策略的使用。

从舆情研判指标体系的构建,我们可以看出其内容的复杂性,而现在技术支持有限,大部分环节仍然借助人力完成,尤其在趋势分析、舆情预警、报告生成等环节更是需要工作者非同一般的观察能力、概括能力、表达能力。这便对舆情监测从业者提出了非常高的要求。不妨把其看作从浩瀚的信息海洋中,抓取我们需要的那一颗珍珠,这样整个舆情监测工作就生动有趣起来。

# 本章复习思考题

1. 尝试用百度、谷歌等搜索引擎以近期发生的热点事件进行舆情数据采集,在关键词相同的情况下比较数据引擎间搜索结果的不同。

2. 生活中你遇到的信息都属于什么样的数据?

3. 请试着从数据结构的角度,去思考和分析一下能够看到的结构性、非结构性数据。并尝试构架一个转化的机制。

4. 尝试对监测评价指标进行批判性思考,指出其是否完善、归类正确。其具体指标在时代变化下,是否也需要动态调整?

第四章　媒体监测生成机制

　　媒体监测是传统剪报业务的衍生产品,是利用新兴网络、数据库和数据挖掘技术发展起来的一项文献增值服务。与一般剪报只注重收集客户公司或行业有关的新闻报道不同,媒体测评以定量和定性相结合的方法进一步挖掘媒体内容的新闻属性,并形成媒体分析报告,帮助客户判断舆论对事件、人物、机构发展的影响。媒体监测是一项专业的工作,涉及内容广,工作量大,变动性强,一般情况下,企业和政府很难凭借自身的力量完成对大量媒体内容的监测工作,而必须依赖专业性的公司来完成。现阶段媒体监测主要分为传统媒体监测、网络媒体监测以及社交媒体监测。对媒体监测生成机制的研究有利于了解媒体监测行业的运行环境及运作流程。

**本章思维导图**

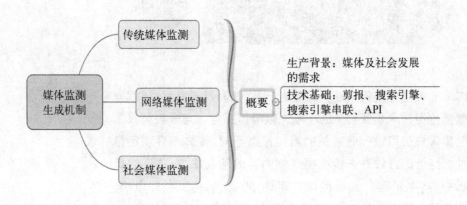

## 第一节　传统媒体监测的生成机制

**本节思维导图**

　　传统媒体在理论与实践等层面都经历了较长的历史发展，积累下了经过时间的积淀与检验的独特优势。在信息匮乏的传统媒体时代，报纸、杂志以及后来的广播电视成了人类获取信息的重要渠道，即便随着各类新兴媒体的到来，传统媒体在内容生产上依旧占有核心的竞争力。因此，各类对信息需求较大的企业或者机构便开始了对报纸、杂志以及广播电视信息的搜集、整理环节，传统媒体监测行业也就应运而生了。本节主要介绍传统媒体监测生成机制，包括监测内容分类、监测技术支持、监测报告样式等。

### 一、传统媒体监测的生成背景

　　美国学者李普曼（Walter Lippmann）曾经说，报刊就像探照灯一样，不停地照来照去，把一件又一件事从黑暗处带到人民的视线内[1]。报刊作为社会的"探照灯"和"监测器"，能够随时洞察社会的变迁，反过来，报刊也需要"探照灯"的照射和社会的监测。对报刊进行监测成了相关利益机构的首要选择。随着报刊、广播、电视等传统媒体行业的蓬勃发展，一方面，媒体机构或组织不再满足于对外传播，开始关注自身的内部发展、传播效果以及竞争对手的相关情况。另一方面，传统媒体传播内容所蕴含的社会舆情也是企业、政府等组织机构争相了解的阵地。传统媒体监测便在这种环境中孕育出来。传统媒体监测大体上分为两类，一类是纸质媒体监测，包括报纸、杂志，另一类是广播电视监测。

### 二、纸媒监测的生成机制

#### （一）纸媒监测技术

　　媒体监测最早开始于报纸领域，那时候被称为剪报服务，还未形成真正意义上的

---

① 李传芝.报刊监测：审读机制创新是关键[J].东南传播，2008(4).

媒体监测。剪报是依靠报纸、杂志具有信源丰富、内容新颖等特点作为材料来源的信息产品。剪报改变了纸媒中信息、知识分散等特点,经过人工的采集、整理,去粗取精并归纳成册,提升了纸媒的情报价值。因此,剪报自诞生以来便受到图书馆以及情报机构的重视,并作为情报服务的主要手段进行开发和利用。

人工剪报的制作流程比较简单。剪报,顾名思义,就是将报纸、杂志上的文字、图片等资料,按照类目进行整理并集纳成册。人工剪报经过几十年的发展依旧有其重要优势和存在价值。首先,人工剪报操作容易,不受设备器材以及技术的约束,对硬软件的要求比较低,且对操作人员的能力要求也较低。其次,取材资源广泛,由于时间的原因,很多重要的且具有参考价值的纸质资料无法在互联网上查找,纸质资料虽然没有互联网搜索便捷高效,却是不可或缺的信息来源。最后,手工剪报成本较低,避免了数据库建设费、电脑配置等耗材费,对于地方级的小型图书馆或者情报机构来说,人工剪报更加适合。除了自身的优势之外,人工剪报还可创造可观的社会效益和经济效益。如上海图书馆剪报服务部,从 1993 年 10 月开始营业,直到 2002 年才试行电子剪报和手工剪报相结合。此前该部门仅凭 5 名工作人员和 2.5 万元借款,1994年就创造了 10 万元的营业额,2001 年创收高达 80 万元。再如,大连图书馆仅利用剪报《房地产信息》,就曾一年创收 16 万元。1996 年广东省中山图书馆仅凭剪报服务创收接近 50 万。[①]

(二) 纸媒监测产业发展历程

1920 年德国基尔世界经济研究所资料室率先开展剪报服务,1953 年法国巴黎国际剪报服务联社(FIBEP)成立,新加坡剪报服务业始于 20 世纪 90 年代。中国人民大学的《复印报刊资料》于 1958 年开创我国的专题剪报服务,至今已有一百多个专题,具有极高的学术价值。我国图书馆剪报服务自 20 世纪 90 年代开展以来,各地方根据馆藏资源和用户需求,积极探索剪报服务的发展路径。剪报最大的应用领域是图书馆,广东省中山图书馆、深圳图书馆、上海图书馆的图书剪报服务取得了良好的社会效益和经济效益,剪报工作就这样逐渐成为图书馆的传统信息服务项目。

(三) 纸媒监测的内容

纸媒监测按照不同的目的有不同的内涵和外延,主要分为三个方面。第一,以服务报纸、杂志的经营管理为目的的监测调查。第二,以舆论监测和意识形态导向为目的的新闻审查。第三,以探索报纸杂志的社会传播效果为目的的传播学研究。按照不同的服务对象,纸媒监测的内容可以分为以下几个方面。

1. 新闻监测

新闻监测催生于媒体竞争激烈的大背景,并服务于媒体自身对新闻生产能力、生产质量的自我评估与监测。随着新闻资源的竞争以及严酷的市场竞争,新闻监测同新闻策划、采访、写作一样,成为新闻生产流程中不可缺少的一环。新闻监测的内容

---

① 佟维群,蔡丽萍.古今.剪报服务的低谷及未来发展方向[J].当代图书馆,2006(1).

包括新闻标题监测、新闻线索监测、版面语言监测。

（1）新闻标题监测。新闻标题通常是以最精练的文字将新闻内容中最核心最新鲜的地方展示给读者，新闻标题的选取角度往往会影响整个新闻报道的受关注度。同一新闻事件，不同媒体的报道效果通常不一样，标题一般化就难以引起读者的关注。标题选取的角度新颖则会引起读者的阅读兴趣。因此，对新闻标题进行监测显得非常重要。标题的监测需要新闻工作人员熟悉标题制作的规律，有扎实的新闻写作功底、较强的新闻标题拟定能力以及新闻标题优劣的判别能力。在考察各媒体报道之后，作出评判，收集竞争对手的优秀的新闻标题，弥补自身的不足。

（2）新闻线索监测。美国新闻学家麦尔文·曼切尔（Melvin Mencher）曾说过："消息来源是记者生命的血液。"[①] 媒体之间的竞争很大一部分就是新闻线索的竞争，谁先取得线索谁就掌握了独家新闻报道的机会。新闻线索的监测也能弥补一些媒体的报道"时差"，通常媒体通过新闻线索监测发现自己缺失某新闻热点之后，便会对此新闻事件进行深度调查和加工，在内容和形式等方面甚至会胜人一筹。新闻线索的监测需要新闻工作人员有强烈的敏感度，能够对新闻线索作出迅速的反应，不仅要发现其他报纸报道过而本报未报道的"漏报"线索，还要发现其他媒体独家报道但因挖掘不够未受到重视的新闻。

（3）版面语言监测。版面语言的监测包括对新闻用语以及报纸版面设置的监测。新闻的用语监测主要是媒体机构或组织对自身新闻报道用语的监测以便改进，包括字、词语、句子以及标点符号的使用和语言结构。版面设置的监测主要是汲取其他媒体一些优秀的版面长处，补自己之短。版面设置监测能够提高报纸的整体质量，优秀的版面往往能达到事半功倍的效果。不管是报纸还是杂志，内容固然是第一位的，但是版面设计也是能够制胜市场的关键因素。以视觉冲击力为代表的《北京青年报》就是版面处理较好的例证，一般纸质媒体的形象设计都是在媒体固定的基础上进行的，即使是创新也不应该脱离定位，否则就会失去媒体纵向整体的和谐。

版面语言的监测本身并不是目的，它是为更好地传播媒介信息的手段。版面可以很好地体现内容的主题思想，用以增强读者的注意力与理解力。文字、图形、色彩等通过点、线、面的组合与排列，并采用夸张、比喻、象征的手法来体现视觉效果，既可以美化版面，又提高了传达信息的功能。不同类型的版面信息，具有不同方式的装饰形式，它不仅起着排除其他、突出版面信息的作用，而且又能使读者从中获得美的享受。

2. 舆情监测

基于文献研究的舆情收集方法是舆情监测的基本途径之一。报纸则是舆情文献收集最重要的资料。在传统媒体蓬勃发展时期，报纸是舆论的一个聚集地，具有信息量大、来源广泛、反映问题集中等特点，与民众的生活十分贴近，它所承载的信息是相

① 孙世.记者怎样掌握新闻信息？［J］.新闻与写作，1985（1）.

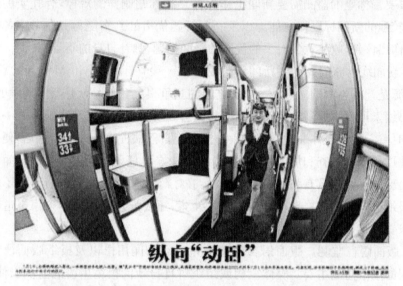

《北京青年报》头版

关部门把握舆情最为重要有效的手段。报纸舆情的汇编形式类似于文摘与复印资料的索引,通常是选取具有代表性的舆情文章汇编在一起成一本专辑。报纸的舆情内容包括报纸所反映的相关思想、主张、印象、判断、情绪、态度、观点、对策建议,以及特定的重大决策部署、社会热点、突发性群体事件、社会思潮变化等[1]。

舆情产品的内容不限于报纸所包含的舆论情况,对于已经搜集到的舆情,剪报服务机构如图书馆、情报机构可以做进一步的细致分析和总结。第一,信息源的探寻,找到信息尤其是负面信息的源头,并协助相关部门厘清舆情传播的渠道。第二,传播面的监测,评估舆情的扩散范围和速度。比如监测专业媒体、综合性媒体、行业媒体中舆情信息的传播情况。从而把握舆情扩散的大致方向,以便做好应对策略。第三,舆情导向的评估。分析针对舆情的正负面态度以及正负面的评论程度,以便有针对性地进行研判和应对。

3. 广告监测

广告监测的内容包括针对广告主投放内容的监测、各个产品类目的监测以及特

---

[1]  中共中央宣传部舆情信息局.舆情信息工作概论[M].北京:学习出版社,2006.

定媒体的监测。首先,针对特定广告主的监测,包括特定的广告主在不同媒体投放广告数据的比较分析,以及在特定时间内投放不同媒体比例的分析,这类监测数据能够帮助企业了解竞争对手的市场营销策略,也能帮助媒体了解行业内其他媒体刊登广告的基本情况。其次,针对特定产品类目的监测。包括特定产品类目不同广告主的投放数据比较,以及在各个媒体上针对该产品的广告投放数据的时间上的纵向比较,这类数据能够为广告公司监测各类产品的市场动态,帮助客户制订广告竞争策略。最后,针对特定媒体的监测。具体包括特定媒体上广告主的广告投放情况比较、各类产品广告投放情况分布以及过去时间段各月份广告收入比较。这类数据产品能够让报刊媒体经营者了解报刊广告市场发展态势和竞争媒体的广告经营状况,同时为其销售团队提供潜在广告客户清单[①]。

4. 传播效果监测

传播效果监测更多的是站在读者的角度,使报纸的宣传效果得以提升,更加有效地发挥其舆论导向作用。读者是信息传播的目标,是报纸实现传播价值的载体,是实现报纸注意力资源的根本,因此对传播效果的监测尤为重要。随着现代传播理念的深入,专业人员的受众观念也逐渐加强,他们越来越多地站在读者角度来进行评估与监测。

传播效果监测包括发行量监测和读者反馈数据的监测。

(1) 发行量监测。纸媒发行量监测主要是以发行终端为数据采集对象。在我国,这类监测的调查公司,主要采取报刊零售终端监测的方法,也就是在对一定调查范围内所有零售终端(包括报摊、邮报亭和便利店等)进行普查的基础上,根据分层抽样原则定期抽取一定样本量的零售终端,以统一问卷派调查员走访方式收集数据。监测调查指标包括本期平均进量、本期平均销量、本期实销率、本期地理覆盖率等一级数据指标,由此引申出零售渠道销售能力、铺货力度、促销力度、进销频数、滞销率、摊主销售信心指数等二级分析指标,并形成按行业、按地区零售发行量排名、覆盖率排名等数据产品[②]。

(2) 读者反馈数据的监测。以读者为数据采集中心的传播效果监测需要从量、质以及反馈三个维度进行测评。量,包括读者阅读报纸的种类、频率、来源、传阅人数、各版面的阅读比例、阅读程度等。质,指读者的基本信息,包括性别、年龄、地域分布、受教育程度、经济收入等。反馈,指读者对报纸产品本身的评价,包括印刷质量、风格、排版、内容、订阅意向等。这三个维度的考查能够从多方面了解报纸的市场占有率、市场美誉度以及读者对报纸的黏性等要素。

(四) 纸媒监测提供的舆情服务

1. 个性化的舆情剪报服务

个性化的舆情剪报服务与一般的剪报服务不同,它是指剪报机构与客户之间建

---

① 黄升民,谷虹.报刊监测调查的现状与问题[J].中国记者,2009(4).
② 黄升民,谷虹.报刊监测调查的现状与问题[J].中国记者,2009(4).

立起的深度合作关系,并根据客户的要求定期给客户制定剪报,用户的具体诉求会在剪报中得以体现,产品的针对性非常强,且能够满足客户层次化需求。如上海图书馆定期收集海内外报纸有关我国反腐工作的新闻报道,为政法部门定制《反腐倡廉每周剪报》。

2. 及时更新舆情数据库

随着信息传播环境的变革,信息的生产、传播速度远远超过其在传统的媒介环境下的状况,建构了新的舆情信息的传播环境。人们对舆情信息的需求也有所转变,不再满足于当下舆情内容的精确性和全面性,进一步关注如何才能快速地得到自己所需要的舆情信息。舆情数据库建设就是对信息进行收集、加工、归纳成辑,帮助用户从纷繁复杂的信息环境中捕获实际需要的信息。

3. 突发事件的舆情内参报告

在传统媒体时代,报纸的功能与属性决定了其在突发事件中往往扮演着重要的信息传播平台的角色。管理和决策部门对突发事件相关报道的关注有利于提高危机意识以及危机处理能力。因此,对突发事件舆情的收集与整理成为剪报舆情工作的重点。剪报的舆情内参报告需要体现客观性、严谨性,针对突发事件的传播形态、传播量以及不同地区的报道特点做出全面的报道。

(五) 纸媒监测的报告

纸媒监测的最终作品主要以剪报的形式呈现,每篇报道所包含的题名、刊载媒体、是否转载、刊载日期、发行地区、版位、版名、作者、正文、发行量、广告估价都被视为可以量化的数据,其监测数量和范围主要是客户指定的平面媒体内容中与客户紧密相关的关键词的内容。一般来说,纸媒监测的报告包括报告大标题、内容分类标题和具体所涉内容几个部分,具体的大标题和内容分类原则可按照客户不同的要求来确定。比如,有的客户需要及时了解自身、竞品、行业的热点动态;有的客户则特别关注重点敏感信息和负面预警等。一般而言,对杂志等平面媒体依赖较大的,如时尚行业客户,对剪报要求较高,信息收录全面、基于事件活动、基于一定时间跨度(比如月报、季报)汇总的要求较为细致,对剪报截图清晰度也有较高要求。

跟网络媒体监测相比,剪报会更加注重内容截图、版面信息这些维度,并且更多地使用类似"广告价值"或者"发行量"等维度来评估内容的重要程度和传播效果。如图所示,时尚杂志中会大量使用剪报服务,将某个季度不同品牌的时尚单品剪贴在一起,呈现一场时尚盛宴。

——案例来源:美通社

以美通社纸媒监测为例,其报告内容主要包括标题(国内首个平衡车企业标准发布)、内容梗概(summary)、广告价值(￥18 984)、版面信息(size)以及内容截图等。方便客户及时了解自身、竞品及行业的热点动态。

——案例来源:美通社

时尚杂志剪报

## 三、广播电视媒体监测

广播电视以其特有的实时性的音视频传播方式,自诞生之日起便改变了人们的生活方式,影响了人们生活的方方面面。广播技术经历了 AM(amplitude modulation,振幅调制)、FM(frequency modulation,调频调制)以及 DAB(数字音频)和 DBM(数字多媒体广播)的历程。电视技术则从黑白、彩色到数字电视。技术的发展不仅改变了广播电视的表现形式,也拓展了其新的内涵和外延。在网络时代,广播电视作为强势主流媒体依然扮演着重要的角色。

广播电视监测的主要作用就是能够及时发现故障和隐患,如信号不佳、迟播等问题,为相关部门排除故障赢得时间,避免问题进一步扩大而造成严重损失。另一方面,对广播电视的播出内容进行监测也是重要的监测任务。

（一）广播电视监测技术

广播监测和电视监测在技术上较为类似,主要分为自动监测和人工监测。其中自动监测系统技术分为两个方面。

首先,广播电视监测系统能对广播音频数据进行编码、压缩、传输,压缩后的广播信号数据能在广播监测系统中当地存储一个月,监控中心前端能直接在前端采集点进行数据查询,并能进行回播、录音等操作。这种对音频进行的监测一般用于新闻监测,新闻节目的普通话较为标准,利用音频识别软件将音频转为文字。当广播节目存在播出异常状况时,可将数据上传至监测中心,并能保存1年,便于监测人员及时查阅分析。

其次,电视监测技术主要基于电视字幕的关键词匹配,这种技术目前在国内还没有,主要是国外一些监测机构在使用。信号监测采取一对一的方式,监测人员能在监测中心对电视节目进行远程观看,并可根据实际需求实时调看需要监测的节目频道,或进行实时点播。此外,监测人员还能根据需求对录像资料进行回看。电视监测系统中可将节目保存7天,当出现黑场、彩条、无载波等相关异态时将会自动启动报警功能,将异态节目上传至监测中心,并保存1年供监测人员调看分析。

基于字幕的电视监测报告案例（来源：PRNewswire）

在中国,中央直属监测台对中央和地方的卫星电视节目进行实时监测始于 1996 年,主要方式包括人工在电视屏幕墙上对画面进行监测,运用慢速录像机对电视节目进行实时录像,运用停播自动记录仪监测节目图像、声音和画面的异常播出状况,同时发出警报,并将监测结果整理统计存入数据库[①]。2002 年,卫星电视监测有了全新的改造,主要工作是运用集中显示和数字监测、应用网络、数字压缩、磁盘阵列存储、数据库等技术将其改造为一个具有监测、存储、交换能力,全数字化环境的智能化、自动化、数据化的监测网络系统。

人工监测从字面意义上理解较为简单,就是指人工一边观看或收听节目,一边记录。但由于广播电视节目内容丰富,目前全国已经有万余套卫星或者是有线电视节目,若选择人工方式进行监测,必然会增加从业人员及其工作量,甚至无法负荷。

（二）广播电视监测的发展历程

1955 年,上海建立了第一座中短波广播电视监测台。我国的地面电视和调频广播测试始于 1987 年,卫星电视监测始于 1995 年,有线电视监测始于 2002 年。随着我国广播电视技术的不断成熟,加上经济发展给广播电视监测带来的技术支持,随后又陆续建成了北京 573 监测台,海南、新疆等地的监测站。

1988 年以前,我国广播电视监测业务还只停留在监测本地的中短波、调频、开路电视和部分卫星电视广播的播出质量和效果,大多采用人工监测、主观评价的方法。随着信息技术的发展,音视频数字化、远程遥测等技术的不断成熟,给广播电视的自动化监测、网络化发展提供了可靠的技术支撑。广播电视监测业务已经扩展到通过各种通信网络,对有线、无线、卫星广播电视全方位的监测系统,监测地域从国内向国外拓展。

进入 21 世纪,人们的生活更加信息化,广播电视凸显出更大的作用,面对新时期下的新要求和新挑战,加快广播电视监测技术的完善和创新,是监测技术人员面临的重要挑战。

（三）广播电视监测的内容

1. 安全监测

广播电视的安全监测主要是针对广播电视节目的有线电视网射频传输以及地面高频发射等环节存在的不安全因素监测,从而实现对有线、无线网中播出的信号及未经播出的频道和有害干扰进行实时监测,并准确定位事故发生位置,分析事故发生的原因,从而达到及时处理相关情况的目的。在实际应用中,广播电视节目安全监测系统采用的是远程数字调协,一对一 24 小时实时监测有线电视网的信号以及无线电视频道。

2. 播出质量监测

电视播出质量监测主要是实时监测播出过程中出现的特定图像、彩条、音频、

① 李湛.广播电视安全播出监测技术分析[J].电子制作,2013(16).

黑场等相关故障并及时发出报警。广播播出质量监测通过安置在有线分配网前端射频输出口的自动监测和数据采集传输设备,对前端播出运行状况进行监测,在线测量技术指标,及时发现重大停播事故和重大异态,并做汇总、处理、分析和记录。

无载波情况报警时间:≤1 s;

有载波无视频情况报警时间:≤1 s;

无电视伴音情况报警时间:≤34 s(可设定);

伴音失真情况报警时间:≤5 s;

彩条、测试卡、固定图像信号事故报警时间:≤1 s;

同步丢失情况报警时间:≤10 s;

特定图像判别情况报警时间:≤1 s;

彩底事故情况报警时间:≤10 s(可设定)。

上述监测到的数据系统将自动记录,从而实现数据查询和统计功能,可实现记录图像信号电平、伴音信号电平、V/A 测量、C/N 测量、调制度测量,所测参数门限与延时时间可以调节,对监测数据根据需要随时进行调用、传输、汇总、分析。

3. 内容监测

通过安置在有线分配网前端射频输出口的自动监测设备,对前端播出的各套电视节目内容进行巡回或锁定频道监测,根据需要,通过监测数据交换和传输平台,将播出内容实时传输到上级监测中心。电视节目内容监测是先将电视音视频信号采集、压缩后存入硬盘中,然后通过管理与查询软件对其进行调用从而实现对故障现象的监测,一般采集存储过程是通过 MPEC‐4 采集卡实现的,MPEC‐4 硬件压缩技术是一种成熟的视频压缩技术,它大大降低了视频的存贮空间,减少了计算机资源的占用,目前一台计算机可以同时对四路 MPEC‐4 信号进行压缩处理。通常将广播电视节目的内容监测、质量监测与安全监测有机结合在一起,并采用远程数字调协、调解方式对电视信号进行一对一的 24 小时不间断实时监测,并将多套节目的播出情况通过大屏显示技术同屏进行显示[①]。

(四) 国内外广播电视监测技术的应用差异

国内外广播电视的运营制度以及设备的使用等方面存在巨大的差异,因此广播电视监测的实际应用也有较大差异。

国外广播电视机构使用的设备自动化程度非常高,已全面进入数字化、网络化时代,设备本身往往具备完善的自动化遥控、遥测功能,并有成熟的媒体监测专业机构帮助政府及企业完成监测工作。在美国,电视内容的监测可以实现字幕信息的自动提取以及对于关键词的自动检索匹配,并可以少量时间完成语音的自动识别。在生成文字内容之后,按照文本监测的原理进行分析和其他操作。

---

① 仇宝谷,陈光,林笔,等.广播电视监测综合管理系统[J].中国有线电视,2010(2).

国内广播电视行业的发展各地方差异明显,大的机构设备构成较为先进,地级单位则较差,同一单位的设备配置也五花八门,没有形成统一的标准。此外,国内广播电视行业实行事业发展体制,播出情况的监督需要由行业主管部门(即国家广播电视总局/地方新闻出版广电局)设立专门的监测机构加以制约,设备播出与监测是脱节的两个过程,因此在设备的采购选择时无法考虑到监测环节。

(五) 广播电视监测的最新技术运用

1. 虚拟化技术与广播电视监测

虚拟化技术的引入,可有效降低系统建设和维护成本,在同质的服务器上可虚拟出不同的软硬件环境,有效降低硬件数量。例如在 x86 的硬件架构下虚拟出 Windows、Linux、Netware 等不同的操作系统环境,为不同的业务需求提供个性化的服务。对于采用主备方式进行保障的单点业务,在采用服务器虚拟化技术后,虚拟机所在的实体设备出现故障时,可及时地在另一台实体设备上启动该虚拟机,避免了备用服务器的资源浪费。设备数量的减少相应也降低了维护管理成本。其次,在虚拟机环境下,虚拟机的快照功能可以规避不恰当的程序升级导致的系统崩溃,测试用虚拟机和在线运行的业务系统之间可以方便地进行切换,极大地提高了软件开发测试的工作效率。最后,针对功能需求的不断变化和监测技术的研究。采用了虚拟化技术后能够提供一个丰富的虚拟资源池来满足开发和研究工作,这也在一定程度上节约了研发成本[①]。

2. 对外广播电视监测技术

美国在世界各地设置了 63 个国际广播效果监测点,以及 6 个人工监测站。在我国的北京、上海、沈阳、成都和香港均安装了遥控站,可随时了解其对华广播效果情况和这些地区的短波频谱占用情况。RMS(遥控监测系统)是英文 remote monitoring system 的缩写。该系统是由带计算机接口的接收机和带有调制解调器、RealAudio 声音编码器的计算机组成。其基本原理是通过任务列表文件,控制远程由计算机控制的接收机自动采集声音取样文件和频谱占用信息,对所有的数据进行处理,然后通过网络将它们集中在一起。

数据采集分为以下 4 类:

(1) 频谱扫描(scans):一旦收听不好,就进行频谱扫描即频段扫描,选新的清净频道。

(2) 声音取样(sounds):取样时间为 10~30 s。

(3) 日志记录(logs):这是个文本文件,自动记录遥控站运行情况,以及任务完成情况,有助于查找故障。

(4) 列表文件(script):任务列表文件,给远程遥控站发任务指令,完成频段扫描、声音取样和发送电子邮件。数据文件回传后汇总到数据库。数据库的处理包括

---

① 王晨晖.虚拟化技术在广播电视监测中的应用[J].科技资讯,2012(24).

数据集中和数据归类；频谱扫描数据处理包括图表显示和表格形式；声音文件处理包括解码、播放、主观评价、数据入库。[1]

## 本 节 小 结

作为国家传播与发布信息的重要渠道，报刊、广播、电视等传统媒体担负着重要的舆论引导使命，而保障报刊、广播、电视的安全刊发与播出对于维护社会的稳定和国家的安全有着重要的战略意义，它是发展和建设国家信息化战略的要求和保障。

以广播电视监测为例，作为广播电视事业建设基础性的工作，广播电视监测是衡量广播电视事业发展水平的重要标志，是提高广播电视工作效率、工作质量、工作水平不可或缺的手段和途径。建立与实现广播电视播出安全监测系统从而及时应对广播电视节目的调整等措施对于保障广播电视信息系统安全播出有着至关重要的作用。广播数字电视系统安全播出工作的威胁主要包括人为故意破坏、技术以及系统的故障和事故、突发情况导致的电视节目调整、不可抗力造成的节目停播等方面。作为一个团队性质的群体性行业，广播电视节目从最初的创作到后期制作与播出的每个环节都包含了所有工作人员的心血，而且电视节目的制作成本高昂，是否能将电视节目以最优质的信号、最完美的方式呈现给观众，在节目的播出环节显得尤为重要。广播电视节目转瞬即逝的特点决定其一旦出了差错就无法弥补。因此在节目播出以前就必须认真要求、严格准备，从而尽可能把人为失误与差错降到最低限度。因此建立健全广播电视安全播出的监测系统具有较大的现实意义与经济价值。

## 第二节 网络媒体监测的生成机制

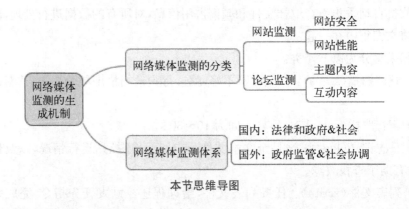

**本节思维导图**

---

[1] 肖武.美国海外广播监测系统[J].广播与电视艺术,2007(5).

当今社会,随着数字技术的大力发展和广泛运用,互联网的日益普及不仅为人类提供了认识世界和改变世界的技术空间,也为人类生存提供了新的生活空间和生活方式。网络社会营造的虚拟性成为人们表达情感与交流思想的新空间,不仅成为汇聚社会舆情的重要场所,甚至成为重要的舆情发源地。网络舆情在现代社会中的作用也日益突出,对网络媒体监测机制的研究有利于相关工作人员掌握网络媒体的特点及舆情发展形态。

## 一、网络媒体监测的生成背景

网络作为当今社会信息传输的重要工具和手段,其安全性已经深刻影响到文化、经济、政治等社会各个方面的发展。所谓信息安全,更多地体现在互联网数据安全和内容安全上。近年来,公众参与社会管理和表达自身利益诉求的意识大大增强,尤其是网络媒体的广泛应用,为公众带来了全新的信息体验,提供了言论表达与公共事务参与的便捷渠道。网络媒体在引导和影响社会舆情方面的作用越来越突出。网络媒体监测机制在这种背景下开始发挥其重要作用。

## 二、网络媒体监测的分类

### (一) 网站监测

随着互联网网站的日益增多,网站所承载的数据以及信息业务已经成为企业对外提供服务及展示的窗口,肩负着包括数据处理、业务办理、电子商务等多种职能。网络环境的复杂化以及移动互联网用户的不断增加,巨大的政治影响力和商业利益将会带来持续增加的安全隐患。网站信息安全事件的爆发后果不堪设想,对于网站所属企业而言,对其品牌形象和信誉等都有着极其恶劣的影响。在这种严峻的形势下,建立一种高效的互联网安全监测系统就显得尤为迫切。

#### 1. 网站的硬软件基础

(1) Web 服务器。

Web 服务器是互联网上的最重要的服务之一,也是大多数网站提供的首要服务。编写一个基本的 Web 服务器需要监听合适的端口,建立连接,发送数据。服务器和客户端的开发是相辅相成的,两者的诞生标志着万维网的开始。Web 服务器采用的是 HTTP 协议,自 1990 年起就广泛应用于 Web 服务中。

(2) 数据库服务器。

在网络应用中除了静态网页和脚本程序外,通过数据库进行数据管理和根据查询生成动态网页也是其中极其重要的一部分。首先,数据库提高了数据管理的能力,使得数据可以重复使用、查询统计和进行必要的数据分析。其次,通过数据库进行动态网页的生成,大大提高了网页设计和开发的效率,减少了静态网页的设计和开发任务,并保证了互联网应用数据的一致性和设计风格的一致性,同时数据库还大大提高了互联网应用数据维护的方便性和效率。

（3）网页脚本程序。

文字与图片是构成网页的最基本元素，除此之外，网页还包括动画、音频、程序等。网页是一个纯文本文件，它通过各式各样的标记对页面上的文字、图片、表格、声音等元素进行字体、大小、颜色等情况的描述，浏览器则对这些标记进行解释并生成页面，网页一般存放于各个 Web 服务器中，通过互联网相连，网页经由网址来识别与存取，当用户在浏览器输入网址后，经过一段程序，网页文件便会被送到用户的计算机中，然后通过浏览器解释页面的内容，再展示到用户眼前。

2. 网站监测的内容

（1）网站安全监测。

网站安全监测包括网站漏洞监测和网站内容的深度分析。安全漏洞监测是网站安全监测的重点，涉及整个网站的健康运行。根据国家互联网应急中心（CNCERT）发布的《中国互联网网络安全报告（2016）》显示，2015 年我国境内将近 2.5 万个网站被篡改，其中被篡改的政府网站有 898 个，针对我国境内网站的仿冒数量达到 18 万余个，共收录安全漏洞 8 080 个，高危漏洞达到 2 909 个。《中国移动互联网发展状况及其安全报告（2017）》显示，2016 年境内移动互联网用户遭遇流氓行为类的恶意程序数量为 1 255 301 个（占 61.13%），恶意扣费类 373 212 个（占 18.17%）、资费消耗类278 481 个（占 13.56%）分列第二、三位。

2016 年移动互联网恶意程序数量按行为属性统计

网站安全形势严峻，已经成为危害互联网健康发展的影响因素之一，给社会的正常运转带来了安全隐患。随着 Web 应用程序的持续增多，所带来的安全漏洞越来越多，由这些漏洞带来的安全风险越来越高。因此，随着互联网技术的发展，用来攻击网站的黑客工具越来越多，组织性和利益驱动性的黑客活动越发猖獗。通过安全监测手段对网站的安全态势进行感知，及时发现网站存在的可用性、安全事件以及 Web 漏洞等问题，为制定安全措施提供依据，解决网站的安全问题。目前主流的网站安全监测主要有 Web 防篡改系统、Web 防火墙、Web 应用层扫描等[①]。

网站内容深度分析，主要是针对网站承载的文本内容所包含的信息和数据的分析。为了规范 WAP 服务提供商的行为和业务内容，确保其服务质量，为网络用户提供一个安全、健康的环境，需要对 WAP 网站的内容进行自动监测和核查。仅依靠手动检查和审核内容庞杂的网站，不仅成本高且效率低下。以网络爬虫为例，通过爬虫系统可以自动遍历整个 WAP 网站、下载网页并且进行相应的网页规范性检查和内容违规的检查。当发现有违规内容或者不规范内容时，则将错误记录存储在数据库中，相关审查人员可以通过内容监测平台查看检查结果，及时通知 WAP 服务供应商对其整改。

（2）网站性能监测。

网站的性能直接影响到用户的体验，对网站所属机构或者企业的自身品牌形象

---

① 赵鑫,朱东来,杨宏,等.一种高效的移动互联网网站安全监测方法研究与实现[J].电信工程技术与标准化,2013(12).

尤其重要。网站性能监测根据站点的监测类型可以分为 HTTP 状态监测、Ping 监测、DNS 域名解析监测、网站访问速度监测和 IP 监测等。按照性能分析主要分为内部监测和外部监测,内部监测是指编写程序和脚本,然后将程序或脚本部署在服务器上,这种方式虽然能够监测到系统的内部错误,可靠性高,但是无法全面反映网站在客户端的运行情况。外部监测主要包括 CPU、服务器内存、磁盘空间、进站及网站的可用性、响应事件、点击率、同类网站的比较数据等,外部监测是指通过模拟最终用户的行为对网站业务从外部进行监测。根据监测点到服务器的距离的不同可以分为四个部分,分别是企业内部监测、骨干网监控、用户终端监测以及真实用户监测。无论从何种地点监测,都是为了更加真实地监测到网站的性能参数。每一种监测方式都有各自的优势与不足。这些监测数据能够全面反映出网站运维状况和商务是否成功的实际情况。

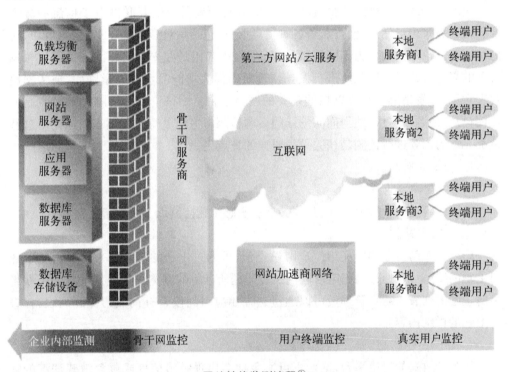

**网站性能监测流程**①

3. 网站监测的工具

(1) App Manager。

App Manager 由三个部分组成,第一部分是代理程序,用来监测用户感兴趣的特定服务,这个服务可以是 Exchange Server(邮件服务器)、SQL Server(数据库管理系统)、IIS(互联网信息服务)或是普通的 Windows NT(new technology)服务,第二部

① 张建华.网站体验管理解决方案——"由外至内"网站性能监测[J].空运商务 2009(13).

分是一个管理控制台，负责监测这些代理程序、发送警报信息。第三部分是与报警系统通信的附加版块，既可以向寻呼机发送信息，也可以向其他更为复杂的网络管理框架如 HP 的 OpenView(网管软件)或 CA 的 Unicenter TNG(Windows 环境的企业系统管理软件)发送信息。

(2) Server Sitter。

来自 Fast Focus System(快速对焦系统)的 Server Sitter(服务器)与 Site Scope(站点)略有不同，它包含一个专用的适配卡，当把卡插入 Windows NT 服务器的时候，便可以不间断地监测。服务器崩溃或者某个关键服务器失败时，该卡会发送信号，重新启动系统，在某些情况下，由于人们使用这种处理方法存在一些不安全因素，所以在选择时，需要用户小心谨慎。

(二) 论坛监测

BBS(论坛)是一种交互性强、内容丰富并且更新及时的互联网电子信息服务系统。用户登录论坛站点，便可获得各种信息服务，包括信息资源的下载、信息发布、讨论交流等。论坛被划分为不同的版块，每个版块有相对独立的主题。网民可以根据自己的兴趣来选择不同版块进行发帖。论坛的强大功能吸引了大量网民，成为网民发表意见、抒发情感和交流思想的主要的网络平台。网络论坛中的帖子的特点是回帖篇幅短、话题转移快，使得面向论坛的话题检测与追踪显得异常困难。如何对这些杂乱无章的内容进行监测是相关部门研究的重点之一。

1. 论坛监测内容

(1) 主题内容监测。

主题内容监测一般分为热门主题监测、敏感主题监测以及突发事件监测。

① 热门主题监测。

论坛中热门主题的定义与门户网站类似，可通过主题的浏览量来定义。关于热门主题的监测可以通过对指定时间内所有主题所获得的浏览量与回复量总和来获得热门主题的列表。后台管理员可以通过选择相应时间段来查询热门主题列表，并查看主题的详细内容。

② 敏感主题监测。

作为开放式的讨论平台，论坛不可避免地会出现敏感信息或包含敏感词汇的帖子。对敏感主题的监测一般会在监测系统中设置敏感词汇的过滤词。敏感主题监测主要是为了方便管理员实时监测论坛中的敏感话题，主要包括对敏感主题的显示、标记处理以及对敏感主题内容作者加以关注等部分。

③ 突发事件监测。

突发事件的爆发往往会在短时间内出现大量内容相同的帖子，这些帖子可作为热门话题也可作为敏感话题，也有可能是内容重复的广告帖。对突发事件的监测主要是方便管理人员实时监测论坛中的突发事件，包括显示突发事件、对突发事件内容作者加以关注、突发事件标记处理等。一般情况下，由于每组突发事件的帖子内容高度重合，因此默认显示突发事件中的任意一个主题帖。管理员可以查看突发事件的关键词集合，也可以查看所有的帖子。

（2）互动内容监测。

论坛互动内容是论坛中信息内容的主要构成部分之一，对互动内容的监测能够更加全面、有效、准确地掌握论坛信息。论坛的互动形式分为三种。第一种是"内容互动"，这种互动体现为网络内容中的超文本立体内容互动，包括了文字、图片、音频、视频等，一般而言，互动的形式和手段越丰富，内容的真实性就越高，互动的有效度就越大。这打破了传统媒体的单一传播模式，促进了论坛信息内容的互动传播。第二种是"形式互动"，是指论坛的实体或者实体的某个部分与用户的交流，比如说在线服务、编者信箱等，其目的是为了促进受众与论坛的交流。这种由传统媒体嫁接过来的"读者来信"的形式经过网络空间的升华，其效果更加显著。第三种是"人际互动"，互动双方是论坛中的用户，论坛在技术层面上为他们提供交流平台。在互动过程中，用户的主动性主要体现在对互动内容的选择上。而论坛自身的建设则依赖于从这种互动中获取信息。

2. 论坛监测方法

话题检测与追踪是一项新的用于信息处理的技术，其目的是为了帮助人们处理日益严重的网络信息爆炸的问题。它是一项面向新闻媒体信息流进行未知话题识别与已知话题追踪的信息处理技术。[①]

（1）话题检测。

随着网络信息量的不断增加，以论坛、网站为代表的不同信息载体成为人们获取新闻信息的重要平台。这些载体承担着与人们日常生活相关的大部分的话题。对其中的热点话题的检测可以节省大量的人力物力，也能帮助用户理解话题之间的相关性。论坛中的帖子话题转移非常快，话题演化过程非常短暂，从语料库的角度来看，论坛语料库有其特殊性，短小的文本和较为复杂的结构使得在这些语料库中提取话题的难度提高，而语料中含有大量重复信息也是论坛类语料的一大缺陷。[②]

基于论坛语料库的特征，不同学者提出了相应的针对论坛话题检测的模型建构。其中 Single-Pass（遍历式）增量聚类算法是实现话题检测最常用的方法。包括在新的数据集上重新执行聚类算法以及对于新增数据采用增量式聚类算法。第一种的缺陷是当数据庞大时，重新计算造成计算效率降低，且造成资源的浪费，甚至无法工作，只能在小的数据集上工作。第二种方法只需要对新增的数据进行聚类，可以提高工作效率。

（2）话题追踪。

话题追踪是在话题检测的基础上，追踪某个特定的话题的相关后续发展，话题追

---

① 赵慧杰.面向论坛的话题发现、跟踪及传播技术研究[D].哈尔滨：哈尔滨工程大学，2010.
② 徐佳俊，杨飏，姚天昉，等.基于 LDA 模型的论坛热点话题识别和追踪[J].中文信息学报，2016(1).

踪实际是对文本的自动分类过程,把新的文本归类到已知的话题中。

在论坛中,每篇帖子都包含发帖人标识、标题、帖子内容、所属版块、发帖人 IP 地址、发帖时间等。话题追踪是基于统计,根据特征的概率分布,采用统计策略判别报道与话题模型的相关性。基于统计策略的适应性话题追踪,其核心思想是系统根据相关伪反馈对话模型进行自我学习。在伪反馈过程中,所加入的话题只是种子事件的某一侧面。为解决这一问题,采用增量式方法对话题追踪模型进行修正,在修正时考虑话题追踪任务基于时间的特点[①]。基于改良的相关性模型,对追踪中伪相关反馈包含的新颖信息进行检测和建模,追踪话题漂移[②]。针对新闻报道的特征,可以用三个维度:标题特征、内容特征、实体特征来刻画一个文档,构成三维文档向量 3DVM,并构建自适应的、基于 KNN 的追踪器[③]。

## 三、网络媒体监测体系

随着互联网络的发展,国内外相关媒体监测体系的建立取得了相应的成效。

### (一)国内舆情监测体系

从法律方面看,我国现有的舆情监测管控的法律体系除了《中华人民共和国宪法》《中华人民共和国刑法》有相关法律条款外,还有《中华人民共和国计算机信息系统安全保护条例》《全国人民代表大会常务委员会关于维护互联网安全的决定》《中华人民共和国治安管理处罚法》《中华人民共和国保守国家秘密法》《计算机软件保护条例》等普通法内的相关法律条文。行政法规层面有《中华人民共和国电信条例》《中华人民共和国计算机信息网络国际联网管理暂行规定》和《互联网信息服务管理办法》等。部门规章以及规范性文件包括《网监部门信息网络案件管辖暂行规定》《互联网安全保护技术措施规定》等。

从职能方面,网站内容由网络接入单位和宣传部门负责控制,文化部门以及公安部门负责审批和处罚。

在管控范围方面,《中华人民共和国电信条例》《互联网信息服务管理办法》等法律法规规定了任何组织和个人,不得利用电信网络制作、发布、传播有关违法的有害信息。在管理方法层面,各部门采取多种方法对负面信息和敏感舆情进行跟踪、处理和引导。比如对论坛帖子进行审查,若属于违法违规信息,则进行删除处理,并且对违法违规的信息发布者和传播者予以追究法律责任。

国内舆情监测体系近些年取得了较快的发展,无论是人员配置还是机构设置都有了长足的进步。在技术层面,自动监测技术如网络爬虫,可根据预定的监测关键词发现大部分重点论坛、网站等网络媒体的舆情信息,并对敏感信息及时报警,最终对数据进行分析处理并整理形成报告。

① 王会珍,朱靖波,季铎,等.基于反馈学习自适应的中文话题跟踪[J].中文信息学报,2006(3).
② 郑伟,张宇,邹博伟,等.基于相关性模型的中文话题跟踪研究[C].全国第九届计算语言学学术会议,2007.
③ 张辉,周敬民,王亮,等.基于三维文档向量的自适应话题追踪器模型[J].中文信息学报,2010(5).

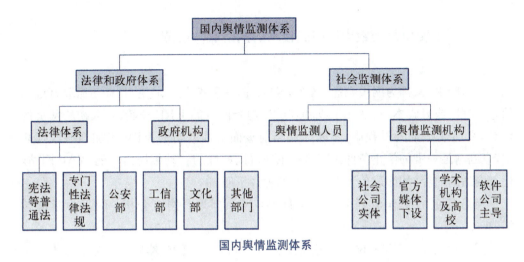

**国内舆情监测体系**

### (二) 西方国家媒体监测体系

作为互联网的起源国家,美国的互联网舆情监测体系建立较为完善,主要通过政府与社会协调管理,取得了显著成效。美国的网络舆情监测机构设置和立法管理分为联邦和州两个层次,相关的法律包括 1968 年通过的《窃听法》、1977 年的《联邦计算机系统保护法》、1980 年的《隐私保护法》、1986 年的《电子通信隐私法》、1996 年的《电信法》、1999 年的《电子签名法》、2000 年的《儿童互联网保护法》、2001 年的《爱国者法案》、2003 年的《网络国家安全战略》。这些体系化的互联网信息法规,包括了整体规范和具体规定,为网络舆情监测和管理奠定了坚实的基础。

在机构设置和分工方面,联邦调查局和司法部负责调查和起诉网络犯罪行为,国土安全部承担保障网络信息安全的任务,国防部负责国防类相关的网络攻击。除这些全国性的机构之外,各州还颁布了地方法规,并根据互联网的特点建立起符合本州情况的管理制度与机构。地方性法案要求各州的家庭、学校和公共图书馆采取措施防止未成年人获取有害信息,并以技术手段和经济手段控制网络内容、限制不良信息。鼓励民间组织自行建立管理机制,搭建管理平台以发挥行业协会作用,加强行业自律。

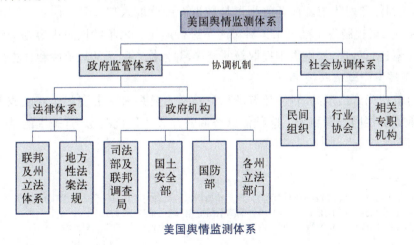

**美国舆情监测体系**

### 四、基于爬虫及搜索引擎串联技术的网络媒体监测

(一)网络爬虫

网络爬虫(又称为网页蜘蛛、网络机器人)是一种按照一定规则,自动抓取万维网信息的程序或者脚本,它从一个或者若干个初始网页的 URL 开始,获取初始网页的 URL,在抓取网页的过程中,不断地从当前页面上抽取新的 URL 添加到抓取列队中,直到满足一定的停止条件。网络爬虫通过周期性的自动编译给定的 WAP 网站,检查网站的内容,从而避免了手工检查的种种不便。[1]

网络爬虫的工作流程分为三个部分:网页抓取—网页分析—网页中新链接抓取[2]。

网络爬虫先向 WAP 网站服务器发送一个 HTTP 请求,然后从服务器接收一个 HTTP 响应。如果成功获取网页,则网页的内容包含在这个 HTTP 响应中。因此网页的抓取过程就是一个基于 HTTP 的客户端与服务器之间的交互过程。

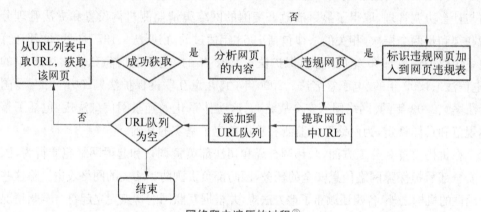

网络爬虫遍历的过程[3]

网络爬虫系统主要有内容监测管理平台、任务管理器、网页采集器、网页内容分析器、URL 管理器几部分组成,通过内容监测平台,工作人员可以将 WAP 网站入口 URL 加入到任务列队中。任务管理器从数据库中读取入口 URL,使用不同的遍历(traversal)策略控制各个网页采集器对网站进行遍历。采集的网页内容提交给网页内容分析器进行处理,从网页中提取新的链接,并且检查网页的规范性和合法性。

(二)搜索引擎串联技术

在计算机尚未出现的时候,传统的信息检索主要是从图书资料馆获取或者由相应的专业人员帮助查询而来。这种信息查询的方式往往耗时费力,查询的结果多半不够全面。

---

① 周小丽.基于网络爬虫和 Lucene 索引的互联网舆情监测系统设计与实现[D].长春:吉林大学,2013.
② 邹一心,范海平.爬虫技术在 WAP 网站内容监测中的应用[J].电信科学,2010(A1).
③ 邹一心,范海平.爬虫技术在 WAP 网站内容监测中的应用[J].电信科学,2010(A1).

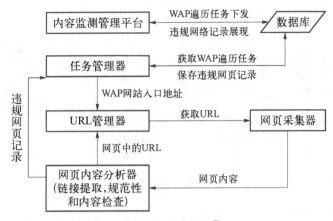

网络爬虫系统构架①

电脑的发明,互联网的飞速发展,让我们进入了尼古拉·尼葛洛庞帝(Nicholas Negroponte)所说的"信息时代"。人类无时无刻不在成为信息的生产者、发布者和使用者。Web信息像一个巨大的网,将我们的生活包裹其中,成为我们获取信息和知识最重要渠道之一②。随着Web数据信息的几何式增长,"互联网中的信息犹如浩瀚的海洋中星罗棋布的小岛,网页链接是这些小岛之间纵横交错的桥梁,而搜索引擎,则为网络用户绘制了一幅一目了然的信息导航图"。用户要在类似海洋的互联网里寻找信息,简直比大海捞针、沙里淘金还困难,搜索引擎技术的出现,解决了这一"迷航"问题。

在网络搜索工具发展的初期,主要是以雅虎为代表的网站分类目录查询进行信息检索。其特点是根据网络信息的主题内容进行分类,并且以等级目录的形式进行内容的组织和表现。目录型的网络信息检索工具由于人工的干预提高了检索结果的相关性,但数据库规模较小,检索到的数据有限,且数据库的更新、维护速度比较慢。

随着网络技术的飞速发展和搜索技术的日益完善,出现了一批既具有分类目录又具有关键词搜索功能的中外通用的搜索引擎。搜索引擎的功能越来越强大,提供的服务越来越全面,现在绝大多数搜索引擎都能够以吸引更多的用户为目标提供更加多样性和个性化的服务,商业搜索引擎尤其注重这方面的发展,它们允许用户自定义起始页面,并选择自己常用或者感兴趣的页面放在上面。

搜索引擎串联技术(search engine results page integration),从其字面意义上理解就是搜索引擎结果的页面整合,即将目标搜索页的每一个网站都打开,横跨多个搜索引擎,快速检索各大综合搜索引擎和垂直搜索引擎,以此达到覆盖整个网络的目的。由于爬虫技术和API进行舆情搜集的功能有限,因此,覆盖整个网络资源的搜索引擎串联技术是较为理想的选择。

① 邹一心、范海平.爬虫技术在WAP网站内容监测中的应用[J].电信科学,2010(A1).
② 隋莉萍.网络信息检索与利用[M].北京:清华大学出版社,2008.

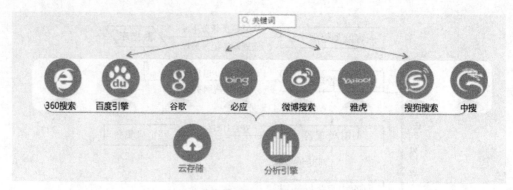

美通社关键词搜索平台

美通社的 CMM(China media monitoring)平台所使用的信息搜索技术包括元搜索技术、主流搜索引擎、API 数据接入。元搜索技术使搜索结果能够横跨多个搜索引擎,好比快速检索各大综合搜索引擎和垂直搜索引擎,百度、谷歌等主流搜索引擎的使用能够搜索信息面更为丰富更有价值的信息,API 数据接入(微博)和定制化监测功能,保证数据广度和响应速度,这种搜索引擎串联技术使 CMM 成为信息搜集的"巨人"。

## 五、网络媒体监测报告

网络媒体监测首先通过软件工具,从网站或服务商自有的新闻库中抓取与监测目标相关的媒体新闻;然后人工对软件筛选出来的新闻进行二次筛选,将一些带有监测关键词却又与监测目标不相关的新闻过滤掉;第三是人工对所筛选的新闻进行判断,比如判断这些新闻是对监测目标的正面报道还是负面报道;第四是对新闻进行统计分析,比如对监测对象自身的新闻传播量、传播媒体的分布和比重、正负面新闻比重进行统计分析,与同行的新闻传播量、正负新闻的比重进行比较分析等。

专业的媒体监测服务,应该是在每个过程中都有专业的工具、方法、资源支持。在媒体监测的第一阶段,媒体监测范围直接关系到监测结果的准确性和全面性。在

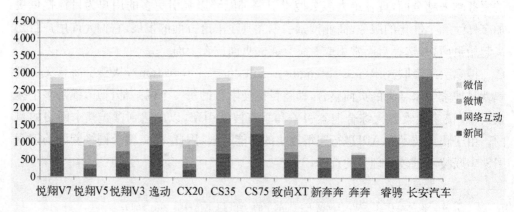

某汽车品牌的网络舆情监测报告

媒体监测的第二、三、四阶段，服务商的服务团队规模和专业性决定了服务的质量。网络媒体监测报告包括新闻网站、论坛、微信、微博等内容监测。

## 本 节 小 结

网络媒体监测机制的生成具有重大的理论意义和现实意义。理论方面，为媒体监测的工作人员、机构和相关部门提供了理论支撑，为网络媒体监测的研究提供了参考。自从互联网诞生以来，关于网络传播的研究从未中断，关于网络媒体监测的研究尚属于起步阶段，关于网络媒体监测机制的研究更为松散，理论研究体系不够成熟完善。现实方面，有利于提高相关监测部门对网络舆情监测的管理能力及水平，有利于维护相关部门、企业以及机构的品牌形象。同时，能够帮助政府、企业等部门及时掌握民众的诉求，满足民众意愿，在一定程度上促进民众的心理积极向上发展。

## 第三节　社交媒体监测的生成机制

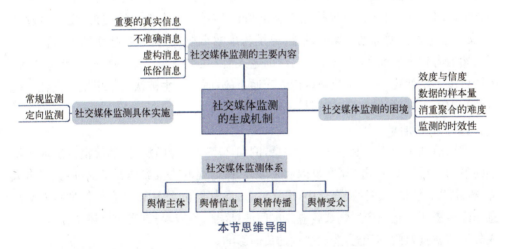

**本节思维导图**

网络舆情是伴随着我国互联网的发展而逐渐被人们认知的，随着网络技术的不断成熟和创新也给我们带来前所未有的舆情挑战。

进入社交媒体社会之后，社会舆情的整体研究呈现出多元化的趋势。在互联网媒体化、社交化的态势下，网络空间和现实社会的交织与互动日趋紧密。社交媒体作为一种新的大众传播媒介，承载了其社会属性和社会责任。一个健康有序的社交媒体监测机制是孕育一个良好健康社交环境的重要环节。

### 一、社交媒体监测的主要内容

社交媒体平台上每天发布的内容种类繁多，包含了社会的各个方面。一味地对所有的信息进行监测会浪费大量的时间与精力。这就需要有选择、有目的地对信息进行甄别、监测，让真相跑在谣言的前方，而不是简单粗暴地全盘封杀。在社交媒体平台，需要加以甄别并重点监测的内容包含以下几个方面。

（一）重要的真实信息

在信息鱼龙混杂的互联网环境中，重要的真实信息往往容易被信息洪流所淹没，而这些重要的真实性信息却能够为企业等组织机构在决策过程中提供有力的支撑。一般情况下，这种信息与重大新闻密切相关，如重要的政治新闻、群体性事件或是灾难报道。若经由非专业部门报道容易滋生社会不稳定等不良后果。权威部门的及时报道能够减少其他渠道发布时所携带的冗余信息，实时的动态监测能够确保这些重要的真实信息在信息洪流中被及时发现。

（二）不准确消息

不准确消息是指被扭曲或被夸大的信息。社会事件的复杂性、社交平台的开放性以及社交用户阶层的差异性，往往会造成社交平台信息不同程度的失真。社交用户往往会按照自己的情绪或理解的角度对事件加以描述、传播、扩散。一旦信息源有失真现象，则会引起该事件的失真范围不断扩大。有效的监测机制能够及时地影响和约束其传播范围和影响程度。如在网络上频频出现的舆情反转事件，以 2015 年轰动整个网络的"安徽女大学生扶老人被讹事件"为例，该事件一波三折，先是事发之后，女大学生发微博称老人家属讹她，要她为事故全权负责，并呼吁在场者为自己作证。然后有目击者称，女大学生是去帮助老人而不是撞了老人。而伴随着警方介入，事情再度起了变化，不仅事故被认定为交通事故，而且女生被认定承担主要责任。此事件反映了不准确消息带来的舆情波动。

安徽女大学生
扶老人被讹事
件舆情反转

（三）虚构消息

虚构消息是指事实上不存在的消息，例如 2010 年"金庸病逝"的假消息造成了不小的轰动。再如 2014 年"李开复因病去世"的微博在网络世界炸开了锅，后经当事人辟谣，才逐渐平息。在社交媒体中，虚构消息，尤其经由大 V 或是意见领袖转发的消息一经传播便会立刻产生蝴蝶效应。虚假消息层出不穷，与真实信息掺杂在一起，让人分不清孰真孰假，甚至会造成严重的负面影响。

（四）低俗信息

低俗信息是指含有色情、暴力等低级趣味的信息内容。中国互联网协会 2004 年颁布的《互联网站禁止传播淫秽、色情等不良信息自律规范》中，对具体的内容提出了明确的要求。在网络空间传播色情、暴力等信息在一定程度上属于违法行为。而大部分打着"擦边球"的图片、视频等违规信息依旧层出不穷，对这方面信息以及传播行为的监测，能够有利于净化网络空间，促进网络的健康发展。

## 二、社交媒体监测体系

舆情监测指标体系在建构时应有相应的理论科学依据和现实可操作性，能够系统性地反映出舆情传播的特点,最终实现对网络舆情管理的目标,即舆情监测指标体系要满足科学性、实用性、系统性和目标性四项原则[①]。社交媒体的舆情实际上是一种特殊的信息传播,符合信息空间的特征。有学者从信息空间的角度出发,提出了舆情监测的指标体系,用信息空间的方式,将网络舆情的三维空间构造出来。在信息空间模型中,可抽象、可编码和可扩散构成了空间的三个维度[②]。按照这种对应关系,网络舆情的三维空间可以划分为:舆情要素(包括舆情主体、舆情信息)、舆情传播以及舆情受众。

(一)舆情主体指标

舆情主体指标是指社交媒体的用户主体相关信息指标,主要包括其号召力、粉丝数比例、历史发文率、历史转载率以及评论率等。用户的号召力与其在现实生活中的身份或者虚拟身份有关。若用户是现实生活中某个领域的专家或是社交媒体界的标志性人物,会在一定程度上提高舆情的传播效果。粉丝数比例是指用户粉丝数占该平台全部粉丝的百分比,历史发文率是指用户的发文数量占该平台所有文章的百分比。转载率以及评论率等反映出其他用户的共鸣度。

(二)舆情信息指标

舆情信息指标反映了舆情的敏感度、自身的危害度以及受关注程度。舆情的敏感度是指舆情内容与静态指标、动态指标进行比较后得出的相似度。静态指标是指在较长一段时间内民众普遍关心的社会热点事件。如医疗、教育、环保、就业等主题。动态指标是指在特定时间内备受民众关注的社会热点,如社会灾难事故、体育赛事等主题。动态指标有一定的时效性和突发性,可以通过网络热点的自动更新机制来获取。

(三)舆情传播指标

舆情传播指标重在分析舆情在传播阶段的扩散效果。舆情的传播效果与舆情发布者的影响力等因素有关。可以通过其点击率、点击频率等指标反映出来。博文的点击率是指用户浏览该文章的流量占总流量的比例。点击频率是指博文点击率变化的快慢,指单位时间内该博文点击率改变的大小。

(四)舆情受众指标

舆情受众指标反映了受众所处的地域信息,以及对舆情的共鸣度和回应态度。主要包括地理分布度、区域稳定度、受众共鸣度、参与频度和负面回应指数。地理分布度,是指受众地理分布的范围和密集度,主要通过 IP 地址、手机号码归属地来进行追踪。区域稳定度是指受众所属地区的稳定程度,若该区域频发不稳定新闻,易激发受众的负面情绪,从而导致不稳定的社会情况的发生。受众共鸣度是指相关舆情在用户中产生共鸣的程度,可由对当前博文等发表评论的人数占总浏览人数的比例来

① 李雯静,许鑫,陈正权.网络舆情指标体系设计与分析[J].情报科学,2009(7).
② 谈国新,方一.突发公共事件网络舆情监测指标体系研究[J].华中师范大学学报:人文社会科学版,2010(3).

反映。参与频度是指某用户阅读、转载或者评论舆情的次数,为社交网络中监测制造谣言、滋生事端的网民提供参考依据。负面回应指数反映舆情在受众中产生的负面影响的程度,用负面评论条数占全部评论条数的比例作为参考。[①]

### 三、基于 API 技术的社交媒体监测

API(application program interface),即应用程序接口。开放 API 就是在互联网时代,把网站的服务封装成一系列计算机易识别的数据接口开放出去,供第三方开发者使用[②]。社交媒体数据丰富并且数据量巨大,因此在对社交平台数据进行研究时,需要选择合理的数据获取方式,从而为研究提供便利。基于 API 的社交媒体监测,按照监测具体情况,分为常见的 OAUTH 认证协议以及多线程技术。

#### (一) OAUTH 用户身份认证

OAUTH 在本质上是一种开放的协议,它为用户提供了一个安全、开放而又简易的标准。以新浪微博为例,使用 API 首先要解决的是用户认证问题,所谓 OAUTH 认证是指用户在不向第三方透露自己的用户名、密码的同时,使第三方软件提供方申请获取该用户资源的授权[③]。下图为 OAUTH 协议的描述。

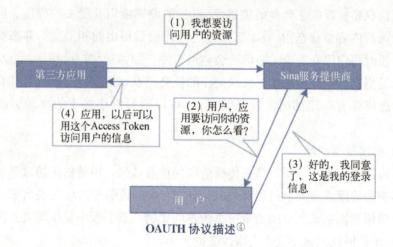

**OAUTH 协议描述[④]**

以微博为例,其具体过程如下:

(1) 用户向微博开放平台提出开发者服务申请,提交实名身份认证。

(2) 向微博开放平台 OAUTH 服务商提交创建应用请求,获得应用资料,并将其中的应用编号 App Key 和应用口令 App Secret 写入认证程序配置文件。

(3) 利用微博 SDK 提供的认证程序,向微博服务器提交 API 使用申请,填写申请者微博账号、口令,获取第三方软件应用许可。

① 高承实,荣星,陈越.微博舆情监测指标体系研究[J].情报杂志,2011(9).
② 郭婧雅.某电商平台数据分析 API 设计与实现[D].北京邮电大学,2012.
③ 廉捷,周欣,曹伟,等.新浪微博数据挖掘方案[J].清华大学学报:自然科学版,2011(10).
④ 王铁刚.社交媒体数据的获取分析[J].软件,2015(2).

（4）申请成功后服务器在浏览器返回 URL 地址中提供一个由 32 位十六进制数组成的认证码 Access_code,用户将此认证码提交给认证服务器,服务器同意用户请求,向其颁发通过新浪微博授权的 API 调用令牌 Access_Token 与对应的密钥。

（5）用户利用此令牌作为参量调用相应的 API 接口。

通过上述 OAUTH 认证登录新浪微博开放平台成功后,用户便可调用开放平台的各种接口,令牌使用期限为 24 小时,即超过试用期后需重新进行认证才能继续调用 API 接口。

（二）多线程技术①

微博的数据量是十分庞大的,单线程会严重降低采集效率。无论是 API 还是 Web 爬虫都不可能做到无限制地采集(每个 IP 地址只有 1 000 次调用 API 的权限,Web 爬虫采集过于频繁也会被封号或者封 IP)。采用单线程,一旦出现封锁的状况,程序就会崩溃,不得不重新配置启动。然而我们分别用 API 和页面解析的方式获取不同的数据,当然也希望这两项工作同时进行。因此多线程是最理想的方式。③

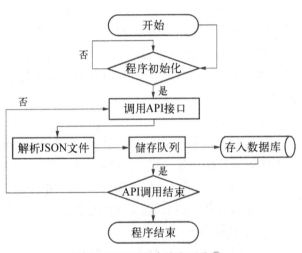

利用 **API** 进行用户信息采集②

## 四、社交媒体监测的具体实施

社交媒体舆情的演化具备特定的生命周期,可以分为潜伏期、蔓延期、加速期、爆发期、衰退期和灭亡期。此外,可用传播速度、传播广度和传播深度来衡量舆情的传播能力。社交媒体的舆情监测不仅需要在生成周期前阶段进行发现并控制,还需要对其传播能力进行评估,合理控制范围。社交媒体的舆情监测需要通过技术手段,对海量复杂的信息进行合理的监测与分析,确保舆情信息的挖掘速度和正确性,在舆论形成前采取合理引导措施,避免造成群体性事件。社交媒体舆情监测工作是一项实用性和应用性很强的工作,制订合理的工作计划需要按照决策者或者使用者的信息需求。确定工作选题和拟制工作方案,是整个监测工作的指南和纲领,是对工作全面而系统地筹划和安排。要遵循可行性原则、政策性原则以及必要性原则。具体实施

---

① 黄延炜,刘嘉勇.新浪微博数据获取技术研究[J].信息安全与通信保密,2013(6).
② 黄延炜,刘嘉勇.新浪微博数据获取技术研究[J].信息安全与通信保密,2013(6).
③ 王铁刚.社交媒体数据的获取分析[J].软件,2015(2).

工作包括以下几个部分。

(一) 常规监测

1. 舆情信息的搜集

社交平台舆情发布的主体不同,舆情形成的可能性也不一样,对极易形成舆情的信息进行监测能够最大限度地节省时间与精力。容易造成重大影响的突发新闻事件、群体性事件或公共事件,如"毒塑胶跑道"事件等,其特点是具有突发性,对社会影响力大,覆盖面广。其次,对一些虚假、虚构的信息的监测能够及时地从源头遏制其传播与扩散。

2. 信息评估

运用科学的计算方法和分析理论,在对大量的舆情信息进行搜集、整理与价值评估的基础上,通过由各种关系交织而成的大量错综复杂的表面现象,把握舆情的内容本质和监测周期内的影响程度和传播广度,对其进行深度的评估,是舆情信息工作的关键性环节。

3. 舆情反馈

舆情信息的反馈是指决策者把对报送舆情信息的处理情况和意见以及对舆情信息工作的部署要求等,通过对搜集到的舆情进行评估之后确定为舆情或者很可能成为舆情的,需要及时反馈相关部门,分析可能出现的问题,制订出舆情引导的方法,防止其演变为不良的舆论,造成网民的恐慌和社会的不稳定。

(二) 定向监测

社交媒体的常规监测主要是为了描述某段时期内平台内的产品舆情的大致状况。但无法满足海量信息和时刻处于变化中的热门话题的舆情监测需求。定向监测工作具有极强的针对性和指向性。

1. 定向事件监测

包括影响深远的重大新闻事件以及突发公共事件。例如三星 Note7 爆炸门事件、韩国总统"闺蜜干政"事件等,此类事件的共同特征是事发突然、波及范围广、社会影响深远。因此监测团队需要迅速制订监测计划。定向事件也包括可以预见的、即将发生的与人民生活息息相关的社会热门事件,例如春运高峰、春节联欢晚会等,此类事件的监测可以利用以往的监测经验,分析可能出现的问题,提前制订工作预案。

2. 定向人物监测

社交媒体作为用户的"自媒体"平台,谁的粉丝多谁便掌握了话语权,谁便是"重要的媒体",以微博为例,人气排名前几位的大多是演艺界人士,由此可见,拥有高人气的演艺界人士无疑是社交媒体舆情监测工作的重点定向人物。

此外,某些重要领域的意见领袖,虽然粉丝数量与人气不及演艺明星,但在相关领域具有较为权威的发言权,他们热衷于关注社会问题、辩论热点话题,通过高质量的言论,受到普通民众的关注和追捧。绝大部分的舆情是由这些意见领袖发起并引起人们关注从而形成浩大声势的。

### 3. 定向监测条件

在定向监测中,除了要实现常规监测中的对所有的数据进行搜集之外,还应该以长远发展的视角,特别着重搜集带有前瞻性的舆情信息。社交平台的特性决定了一些来自草根的信息往往也能够引起大众的关注。通常情况下这类草根信息无法在定向事件和定向人物中得到关注,因此需要特别关注现在正在引起关注甚至在不久的将来会掀起舆论的高潮的内容和事件。比如说 2016 年 10 月,凭借"蓝瘦香菇"迅速爆红的"广西南宁 90 后小哥"。他因失恋发了一段极具地域特色的视频,使其一度成为热门话题,甚至引发了娱乐明星的模仿和分享,网上流传各种模仿视频和表情包,"蓝瘦香菇"也一度成为网民使用频率极高的热门词语。

## 五、社交媒体监测的困境

目前社交媒体时代的网络舆情监测的基本原理依然延续 Web 1.0 时代的舆情监测逻辑,即首先经过相关的样本库建构,将监测的网页进行模板配型,作为监测数据源,通过网络爬虫程序进行数据抓取并下载到本地服务器,在本地服务器进行数据的消重与聚合,进而实现新闻信息文本的智能化呈现。在社交媒体时代,数据源变成了微博上的账号,将微博账号进行样本库配型,在整个数据抓取和处理的原理上没有太大的变化和创新。在舆情监测过程中,存在一些难以回避的程序性缺陷和问题。主要有以下几个问题。

### (一) 舆情监测的效度和信度问题难以验证

目前舆情监测最大的问题是无法论证自己的有效性,各家有各家的"黑盒子",相对并不透明。手段和算法的不同势必造成监测结果的偏离,到底谁家更准确,难有定论。从宏观层面来讲,虽然社交媒体时代的舆情监测建立在以前人工无法验证的大数据基础之上,具有一定的进步性,但抓取的大数据不代表有效数据,基于大数据的分析并不一定能代表网络舆论的整体走势,整体走势依然还有"瞎子摸象"之虞。

### (二) 数据多寡一定程度上决定了舆情监测的难度

目前的舆情监测均是以样本库作为数据搜索源,而不是基于全网进行的舆情信息采集,实际上只是样本量较大的局部数据,可能存在数据源不全面而造成重要信息监测缺失,最终影响到数据监测结果。在个别地方新闻宣传部门,由于数据有限,基本上相关的网络管理部门只用百度搜索或者微博搜索等工具,以关键词进行基本的数据搜集就可以满足自身的舆情信息采集和抓取,一定程度上反映出了舆情监测行业的尴尬状况。

### (三) 在消重聚合环节,计算机还无法完全实现人工智能化

目前舆情监测软件和服务最大的区别就在于后台的数据处理能力,虽然基于网络信息的更新速率和网络新词层出不穷,但计算机对信息的处理能力始终存在一定的滞后性和简单化。在高层次信息处理如感情研判和影响力评估等方面,计算机暂时还不能完全取代人工,计算机处理的数据和结果在实践中的有效性和可行性还有

缺陷。

（四）从监测的时效性上，舆情监测的速度始终要慢于事件自身的变化速度

舆情监测从字面意义上来理解就可以看出，是对以往信息传播流的横断面的展现，而对事件的未来走势和影响力难以有准确的预测，这恰恰是舆情监测最希望实现的目标。同时，事件在时刻变化，从监测的时效性上看，舆情监测的速度始终慢于事件自身的发展和变化。[1]

# 本 节 小 结

社交媒体监测机制的完善与否很大程度上决定了舆情的发展态势和具体走向。任何环节处理不当都会导致舆情治理的无效化。为此，有必要在新的媒体环境下，借助新的媒体平台，构建全方位、多层次、立体化的舆情监测机制，破解社交媒体的舆情监测难题，增加社交监测的有效性、科学性和持续性，使社交舆情对社会各个行业领域的正常运转发挥积极作用。

# 本章复习思考题

1. 以"2017 年春运"为主题，对纸媒进行监测并制作成一份剪报。
2. 公关广告与商品广告的区别在哪里？

|  | 受众定位 | 内容设置 | 直接目的 | 业务范围 | 新闻媒介报道形式 |
| --- | --- | --- | --- | --- | --- |
| 公关广告 |  |  |  |  |  |
| 商品广告 |  |  |  |  |  |

3. 以网易云音乐和虾米音乐为例，按照以下对比内容做一次竞品分析的报告。

|  | 市场趋势 | 业界现状 | 产品定位 | 用户需求 | 功能对比 | 产品设计 |
| --- | --- | --- | --- | --- | --- | --- |
| 网易云音乐 |  |  |  |  |  |  |
| 虾米音乐 |  |  |  |  |  |  |

---

[1] 李彪，郑满宁.社交媒体时代的网络舆情——生态变化及舆情研究现状、趋势[J].新闻记者，2014(1).

第五章 政府媒体监测与社会舆论引导

当今世界正处于一个信息爆炸的时代,移动互联网、物联网和云计算技术的迅速发展,开启了移动"云时代"的序幕。现代媒介产生以后,传统媒体已无法满足受众交流和参与社会事务的需求,新媒体技术的快速发展使网络传播模式发生了深刻的变化。人们逆转了以往只作为受众的身份,网络社会的发展使得人人都有"麦克风"。而现在"传者"和"受者"身份的统一,打破了传统媒体时期主流媒体话语权的构建,"新意见阶层"随之兴起。在信息化和大数据时代,纷繁复杂的碎片化信息和形式多样的媒介环境使得舆论的形成出现了新的特征,舆论场从传统的"一个声音"变成了多元统一的形式。这样的变化对政府在舆情的把握及引导上,尤其在政府对危机事件的公关当中,提出新的要求。

舆论对政府形象的塑造有着极其重要的影响,如何处理政府与舆论的关系,长期以来都是中外各国政府的重要议题。加强政府的舆情监测,引导正确的舆论导向是构建和谐社会、维护社会稳定的重要基础。政府不仅要借助主流媒体发声,还要充分利用新媒体构建与民众交流的渠道。

本章内容介绍了在网络社会的崛起、媒介环境愈趋复杂化、危机事件的产生已经成为社会的常态化背景下,政府如何通过对不同的舆情形态进行监测,从而把握全局,了解舆论引导的策略,塑造和传播政府的良好形象的方式与方法。

# 本章思维导图

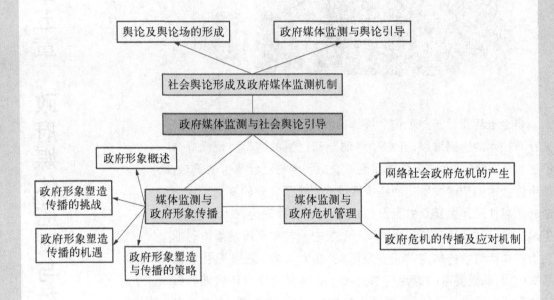

舆论及舆论场的形成　　　政府媒体监测与舆论引导

社会舆论形成及政府媒体监测机制

政府媒体监测与社会舆论引导

政府形象概述

政府形象塑造
传播的挑战

媒体监测与
政府形象传播

政府形象塑造
传播的机遇

政府形象塑造
与传播的策略

媒体监测与
政府危机管理

网络社会政府危机的产生

政府危机的传播及应对机制

## 第一节 社会舆论形成及政府媒体监测机制

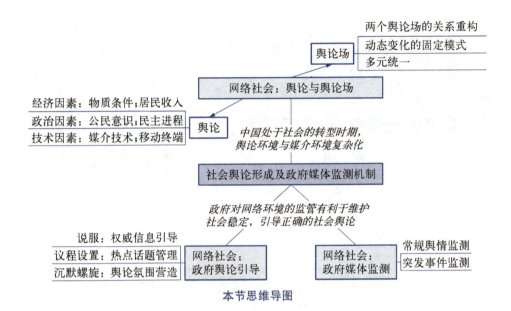

**本节思维导图**

社会关于"舆论"的探讨由来已久,而现代社会尤其是媒介技术快速发展的网络社会,舆情形态也愈趋复杂化,新意见阶层力量的集结成为民间舆论场发声的重要基础。深入探究网络环境下网民的意见走向,能帮助我们了解政府在复杂环境下媒体监测的机制,理解政府开展舆情监测的重要意义以及探索进行有效舆论引导的方式与策略。本节也将从网络环境下政府的媒体监测与舆论引导的角度进行全面论述。

### 一、网络社会的舆论与舆论场的形成

#### (一) 网络社会的舆论

##### 1. 舆论概念界定

当前,关于"舆论"的概念相对应的英语单词是"public opinion"。因此,我们常常把西方的舆论概念理解成"公共舆论"或"公众舆论",这实际上与古代中国所提及的"舆人之义""庶人之义"等概念以及近代中国关于"民意"的提法相似,但中西方的文化差异,使其各自对舆论的概念界定有所区别。

在西方,舆论的概念首次出现在 17 世纪思想家们的著作当中。1651 年,托马斯·霍布斯(Thomas Hobbes)在其著作《利维坦》中首次提及舆论;这时的舆论仍然属于"opinion"范畴,即个人意见的表达。18 世纪初,爱尔兰政治家爱德蒙·伯克(Edmund Burke)提出了"普遍舆论",这使得西方关于舆论的概念由"opinion"转向了"public opinion"。18 世纪的法国,卢梭在《社会契约论》一书中使用了舆论这个概

念,并且认为:"在全世界一切民族中,决定人民爱憎取舍的绝不是天性而是舆论。"①
1781 年,《牛津词典》首次收录了"公共舆论"。

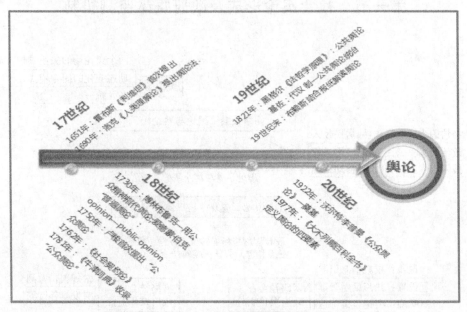

西方舆论发展史

19 世纪以后,西方的学者关于舆论的定义开始在哲学和政治学领域进行。1821
年,黑格尔在《法哲学原理》中提出了"公共舆论",他说:"由于在公共舆论中真理和无
穷错误直接混杂在一起,所以决不能把它们任何一个看做的确认真的东西。"②法国政
治家基佐从政治的角度指出了以代议制为基础进行"公众舆论统治"。进入 20 世纪
后,西方关于舆论的研究开始从学理上展开,最著名的是以沃尔特·李普曼(Walter
Lippmann)为代表的《公众舆论》,该书也成为舆论学的奠基之作。

在中国古代,舆论的概念首先出现于先秦时期的典籍当中,有"舆人之义""庶人
之义"和"国人之义"三种说法。"舆"字最初的本义为车厢或轿,又可以解释为众、众
人或众人的。如《左传·僖公二十八年》中的"听舆人之诵",《晋书·王沈传》中的"自
古圣贤,乐闻诽谤之言,听舆人之论",其中"舆人"均指众人。舆论作为一个词组,最
早见于《三国志·魏·王朗传》:"设其傲狠,殊无入志,惧彼舆论之未畅者,并怀伊
邑。"其后见于《梁书·武帝纪》:"行能臧否,或素定怀抱,或得之舆论。"其中,舆论即
公众的言论,或公众的意见。

在当代中国,舆论的概念在不同的学科背景下有不同的界定。在基础舆论学的
研究视角中,舆论有广义与狭义之分,广义的是指多种意见的总和,称为舆论;狭义的

---

① 卢梭.社会契约论[M].庞姗姗,译.北京:光明日报出版社,2009.
② 黑格尔.法哲学原理[M].范扬,张企泰,译.北京:商务印书馆,1961.

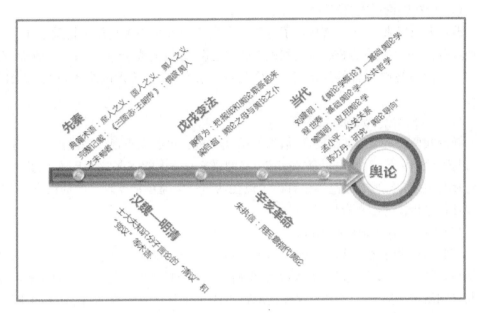

中国舆论发展史

是指一定范围内多数人对社会问题形成的共同意见①。在公共哲学的领域中,舆论是社会公众对公共事务的议论通过公共论坛的扩散而形成的公共意见,它是民意与众意的反映,是人民精神、愿望和意志的总和②。而应用舆论学的学者们主要结合"舆论调查"来界定舆论。从公共关系的角度来看,舆论是公众对其关心的人物、事件、现象、问题和观念的信念、态度和意见的总和③。从研究"舆论导向"的角度来说,舆论是公众关于现实社会以及社会中的各种现象、问题和所表达的信念、态度、意见和情绪的总和④。

2. 网络舆论的形成因素

曼纽尔·卡斯特(Manuel Castells)在《网络社会的崛起》一书中指出,信息时代的进程和主导性功能正日益紧密地与网络结合起来,网络构建了崭新的社会形态。在基于通信技术的网络社会形态中,传播具有空前的强时效性。海量且开放的信息在由点及线的网络中向四面八方无序地流动开来。随着网络媒介技术的发展,当网络传播成为社会信息的重要传播方式时,一旦社会出现突发敏感事件,公众会迅速集聚在网上发表自己的意见,网络舆论也就随之形成⑤。网络社会舆论的产生受多种因素的制约和影响,在中国主要有经济因素、政治因素、技术因素⑥。

① 刘建明,纪忠慧,王莉丽.舆论学概论[M].北京:中国传媒大学出版社,2009.
② 程世寿.公共舆论学[M].武汉:华中科技大学出版社,2003.
③ 孟小平.揭示公共关系的奥秘:舆论学.北京:中国新闻出版社,1989.
④ 陈力丹.舆论学:舆论导向研究.北京:中国广播电视出版社,1999.
⑤ 曼纽尔·卡斯特.网络社会的崛起[M].夏铸九,王志弘,等,译.北京:社会科学文献出版社,2001.
⑥ 丁笠.网络舆论形成的原因[J].新闻爱好者,2009(24).

（1）网络舆论形成的经济因素。

改革开放以来，我国经济取得了可喜的成绩，为网络的发展提供了物质条件。一方面，政府有更多的资金进行网络基础设施的建设（铺设电缆、光纤等）；另一方面，人们有购买网络终端设备的经济能力，对大多数家庭来说，接入网络不再是昂贵的负担。

（2）网络舆论形成的政治因素。

随着我国公民素质的提高，政府对政治民主进程也越发重视。公民能够充分行使自身言论自由的权力，也愿意"发声"。在网络这个巨大的信息平台上，他们甚至可以直接与主席、总理交流，这不仅打破了以往话语权掌握在精英阶层的局面，也打破了以往信息传播的不平衡状态。

（3）网络舆论形成的技术因素。

互联网从设计之初就是一个开放的系统，每一个节点都可以连接任何一个另外的节点，通向一个节点可以有无数路径，也使得每一个只要拥有技术终端的人都可以参与到网络传播的活动之中。这些技术特点决定了其信息传播的特点：集人际传播、大众传播和群体传播于一身，传播主体既可以是个人也可以是组织，传播方式是"以一对不定多数"。信息传播过程中带有强烈的感情色彩且反馈迅速。

（二）网络舆论场的形成及特征

1. 网络舆论场的形成背景

人的舆论行为是人和环境相互作用的函数，包含多人的体验、现实需要及相互反射和对应的量。若干相互刺激的因素使许多人形成共同意见的时空环境，只有在社会互动中得到大众的赞同才能形成舆论场[1]。从历史上来看，舆论是伴随着话语交流而产生的，而舆论场的形成与人的群居生活有着密切关系，人群规模越大，活动范围越大，舆论场形成的可能性就越大。早期舆论场以口传形式的口头舆论场为主。在大众媒体（报纸、广播、电视等）出现以后，舆论有了超出体语以外的话语场所。互联网是现代社会的"海德公园"[2]，它所具备的平等性、公开性和虚拟性等特征，像"安全阀"一般，保护着公民的言论表达，使其参与社会讨论的热情高涨，话语权得以构建。但同时，网络社会的风险系数也在增加，网络舆论场在一定程度上也是难以掌控的。

2. 网络舆论场的概念界定

舆论场是舆论形成和传播的场所，往往容纳多种意见的交流与融合，成为舆论传播的空间和渠道[3]。在中国，舆论场的概念最早由新华社原总编辑南振中在 1998 年提出，他结合马克思"表达社会舆论"的观点和当时的新闻实践，提出"两个舆论场"的观点，即老百姓的"口头舆论场"和"主流媒体营造的舆论场"——"生活冷暖"与"宏观

---

① 周培源，姜洁冰.官民舆论场的特点及其互动[J].青年记者，2012(24).
② 海德公园：英国最大的皇家公园，人们举行各种政治集会和群众活动的场所，被称为"演讲者之角"。
③ 刘建明."两个舆论场"若干歧义的破解[J].中国记者，2013(1).

叙事"。当前中国语境中的舆论场的概念,符合布尔迪厄(Pierre Bourdieu)提出的"场域理论",即社会分化导致林林总总的"场"的存在。互联网产生以后成为新的舆论载体,促生了新的舆论空间,网络舆论场的地位日益凸显。

3. 网络舆论场的特征

(1) 两个舆论场的关系重构。

两个舆论场的形成是大众传媒为主导的传统媒介生态下的产物。主导社会的精英集团利用大众传媒的控制,将利益本不一致的各社会主体以"公众"的面目掩盖。不同的声音被"代表"、过滤或重组,成为另外一种意义上的"舆论一致"。随着以互联网为代表的新媒体的兴起,这种媒介生态结构日趋衰落。在互联网时代,公众借助其强大的交互作用和社会传播功能,摆脱了大众社会中"乌合之众"的状态。他们从原先内容接收者的被动地位中解放出来,跻身内容制作者和传播者之列。社会公众获得了在舆论场发声的能力,成为新的舆论场中的话语主体和新的传播秩序中的权力主体。

(2) 网络舆论场动态变化的固定模式。

现代社会已经进入以互联网为代表的新媒体时代,信息传播更加快速和便捷。近年来,网络为中心的民间舆论场异常活跃。频频爆发的热点舆情事件引爆点越来越小,舆论爆发门槛越来越低,民众情绪更为激进、复杂。而在这些舆情事件中,网络舆论场的动态变化基本呈现以下模式特征:传统媒体报道或网友爆料(微博异军突起)—网友通过新闻跟帖、论坛发帖等方式讨论(舆论场形成)—形成网络舆论压力(意见领袖作用突出)—媒体跟进呼应、挖掘新的事实(新老媒体互动)—有关部门应对—再掀波澜(假如应对不当)—再次应对—网友注意力转移—网络舆论消解(舆论场消解)[①]。

(3) 网络舆论场的多元统一。

除了社会公众以外,众多组织机构也纷纷将传播业务延伸到互联网,加入网络舆论场的传播主体之中,他们开办官方网站或微博、微信等社交网络平台,与受众积极互动,参与到舆论场域之中。当下的中国已形成了主体多元、形式统一的总舆论场,没有任何一方可以通过强力手段去争夺舆论场霸权。因此,政府只能利用网络社会,通过提高社会治理的绩效和学习新的传播规律,来获得舆论场的主导地位,这是一个长期而复杂的工程。

## 二、网络社会的政府媒体监测与舆论引导

(一) 网络社会的政府媒体监测

1. 政府媒体监测的时代背景

据互联网络信息中心发布的第 39 次《中国互联网络发展状况统计报告》显示,截

---

① 周培源,姜洁冰.官民舆论场的特点及其互动[J].青年记者,2012(24).

中国网民规模和互联网普及率

至 2016 年 12 月，我国网民规模达 7.31 亿，互联网普及率为 53.2％，超过全球平均水平 3.1 个百分点。中国移动互联网发展早已进入全民时代，网民数量还在不断增长。在这样的背景下，习近平总书记在 2016 年 2 月 19 日党的新闻舆论工作座谈会上指出：“要适应分众化、差异化传播趋势，加快构建舆论引导新格局。要推动融合发展，主动借助新媒体传播优势。”在网络社会发展的同时，新媒体的话语权力也在冲击着主流媒体的主导地位，这使得政府媒体监测的必要性凸显出来。

2. 政府媒体监测的必要性

媒体监测从网络舆情的现象出发。网络信息传播所具有的虚拟性、开放性的特点，使政府形象面临着越来越严峻的考验。麦克卢汉认为，每一种媒介的产生和运用，宣告我们进入了一个新的时代。这个时代的特征就是网络革命正在异军突起。网络革命带来的最深刻的变革是它正在改变以地理单元为基础的有形权利秩序，即作为资源的权利秩序①。媒体监测不再是紧随受众其后，拾起遗落在受众身后的数据与结论，而是在信息冗余、信息爆炸、资源丰富的信息时代为政府等开辟道路，提供参考。以数字化、网络化和互动性为代表的新媒体改变了以往的权利结构，冲击了传统媒体的主体地位，政府以往仅仅依靠传统媒体发声的方式不得不作出改变，新媒体形式的多样化弱化了政府“把关人”的角色，改变了由政府掌控公众舆论的单向传播方式。新媒体对传统媒体的挑战还在于话语权的转移、传统媒体话语危机、政府的舆论管控失效等方面。

新媒体时代，民众表达意见的渠道多样化，民间力量迅速崛起，出现了一些经常为他人提供信息、观点、建议，并对他人施加个人影响的意见领袖。在网络社会时代，意见领袖的作用得以凸显。传播形式的多样化以及民众在网络社会时期主体地位的

---

① 蔡文之.网络传播革命：权力与规制［M］.上海：上海人民出版社，2011.

彰显,使人们成为信息的传播者抑或接收者,使得民众的话语体系得以重构、政府的舆论引导加强。

### 3. 政府媒体监测的形态

(1) 常规舆情监测。

大数据时代的到来意味着社会信息的海量化,面对这些信息,政府不可能对所有的社会信息进行全程监测,因此还很难对尚未形成的热点事件进行预测。但是,根据以往热点事件信息的出现及传播规律,政府可以设置常规舆情监测机制,用于发现社会化媒体中可能出现的热点事件,以便采取相应的应对措施,引导舆论。按照舆情主题的分类,常规舆情监测的主题包括社会经济类、政府管理类、自然灾害类、教育类、医疗类、三农类、交通类、公共卫生类、劳动就业类、社会公共安全类、和谐社会类、重大活动类、社会保障类、重大事故灾害类这 14 大类。具体分类如下。

表 5-1　常规舆情监测分类[①]

| | | | |
|---|---|---|---|
| 社会经济类 | 经济增长 | 公共卫生类 | 动植物疫情 |
| | 协调发展 | | 食品安全 |
| | 经济形势与宏观调控 | | 食品中毒 |
| | 贫富差距 | | 传染病 |
| | 突发经济事件 | 劳动就业类 | 劳动者维权 |
| | 下岗失业 | | 就业 |
| 政府管理类 | 司法公正与民主 | 社会公共安全类 | 恐怖袭击事件 |
| | 政府的办事质量 | | 重大刑事案件 |
| | 政府的工作效率 | | 社会治安案件 |
| | 政府信息的透明化 | | 涉外公共突发事件 |
| | 政府官员的廉洁与腐败 | | 民族宗教突发事件 |
| | 政府官员的政绩观 | | 影响校园安全稳定事件 |
| | 形象工程 | | 公共场所滋事事件 |
| 自然灾害类 | 水旱灾害 | | 重大新闻舆论事件 |
| | 强烈地震 | | 上访事件 |
| | 地质灾害 | | |
| | 森林草原火灾 | | 其他重大公共安全事件 |
| | 灾害性天气 | | |

---

① 戴媛.我国网络舆情安全评估指标体系研究[D].北京:北京化工大学,2008.

（续表）

| | | | |
|---|---|---|---|
| 教育类 | 上学难 | 和谐社会类 | 公民道德 |
| | 学费贵 | | 生态环境 |
| | 教育体制改革 | | 生活幸福感 |
| | 教育公平 | 重大活动类 | 大型体育比赛 |
| 医疗类 | 看病贵 | | 大型庆祝活动 |
| | 看病难 | | 大型文艺演出 |
| | 药价虚高 | | 召开重要会议 |
| | 医患矛盾 | | 重要来宾访问 |
| | 医疗体制改革 | | 游园、庙会等群众重大活动 |
| | 医疗卫生服务 | 社会保障类 | 公共福利的社会分配 |
| 三农类 | 现代农业 | | 弱势群体的社会保障 |
| | 农民 | | 失地农民的社会保障 |
| | 新农村建设 | | 房屋拆迁的社会保障 |
| 交通类 | 城市交通拥堵 | 重大事故灾害类 | 安全生产事故 |
| | 限制小汽车 | | 信息安全事件 |
| | 公共交通工具的拥挤 | | 公共生活事故 |
| | 城市停车难 | | 交通运输事故 |

现如今，常规舆情监测的对象大多为门户网站、QQ、微信、微博、博客、论坛等。各大门户网站和社交媒体成为网民获取信息的重要来源，信息的交流平台大多集中在微博、微信以及移动客户端，"两微一端"等媒介形式成为网络舆情爆发的高地，需要政府进行实时监测。监测数据主要集中在 PV（点击量）、IP（访问人数）、评论数量、转载量，网络上关于文本所能传达和反映的舆情热度需要通过点击量、评论数量、转载数量等实际数值来体现。网站的知名度和影响力是通过 PV（点击量）和 IP（访问人数）来反映的，通过这两个数据可以分析社会化媒体主要信息来源，帖子、博文、微博的点击量、评论转载数量是网络舆情热点最直观的表现，集中反映了信息的扩散速度和网民的意见，这些数据对政府进行舆情分析具有重要的作用。

（2）突发事件监测。

根据《中华人民共和国突发事件应对法》，突发事件是指突然发生，造成或者可能造成严重社会危害，需要采取应急处理措施予以应对的自然灾害、事故灾难、公共卫生事件和社会安全事件。重大突发事件的爆发往往具有很强的随机性和突发性，破坏性大，牵连面广，一旦在社会化媒体中产生共鸣，就会被迅速扩大，广泛传播。

表 5 - 2　网络舆情突发事件分类①

| | | |
|---|---|---|
| 网络舆情突发事件 | 事件性质分类 | 自然灾害 | 主要包括气象灾害、地质灾害、海洋灾害、生物灾害、森林草原灾害等 |
| | | 事故灾难 | 主要包括矿山火灾、瓦斯爆炸、冒顶、透水、坍塌等安全生产事故，尾矿坍塌事故，公路、铁路、民航、航运重大安全事故，重大环境污染事故 |
| | | 公共卫生事件 | 主要包括传染病疫情、群体性不明原因疾病、食品安全和职业危害、动物疫情，以及其他严重影响公众健康和生命安全的事件 |
| | | 社会安全事件 | 主要包括暴力恐怖事件，爆炸案件，大规模群体性聚集事件，劫持飞机、火车、轮船等公共交通工具等案件，恶性刑事案件 |
| | | 境外涉我突发事件 | 主要指在境外发生的，可能对我国公民和机构造成重大影响的事件 |
| | 事件等级分类 | A 类舆情事件 | 罕见性高且不确定性高 |
| | | B 类舆情事件 | 罕见性低而不确定性高 |
| | | C 类舆情事件 | 罕见性高但不确定性低 |
| | | D 类舆情事件 | 罕见性低且不确定性低 |

突发事件的监测不同于常规事件监测，在常态下需要监控的范围大、程度浅，把握住大的方向即可。而应对突发事件，需要对事件进行深度细致的研究，谨慎对待，使舆情向可控的方向发展。在对突发事件进行监测时需要从舆论发布源、政府官方报道及回应、社会化媒体发布内容、网民回帖、事件走向五个维度进行监测。

① 舆论发布源。网络舆情的发生很多时候是因为一个帖子、一条微博引起的，并成为一个热点事件的开端。因此，在监测突发事件时，舆论发布源的内容是初始的研究对象，为接下来的监测打下基础。监测内容主要包括：事件主题内容、点击量、评论量、转载量等。

② 政府官方报道及回应。政府既是网络事件的引导者，同时也是参与者。任何官方的信息发布都会影响事件的发展，政府相关部门在事件中的"发声"也必然成为监测的对象。监测内容主要包括报道及回应信息、点击量等。

③ 社会化媒体发布内容。社会化媒体是舆情爆发的主阵地，在事件中起着"舆论领袖"的作用，会在一定程度上引导甚至主导舆情的发展趋势。监测内容主要包括：网络新闻数量、点击量、回复量、转载率和相关主题帖内容及数量、点击量、评论数量与相关主体微博数量、舆论领袖主体微博及评论转发量。

④ 网民回帖。网民参与突发事件的讨论既有积极意义又有破坏性。尤其是对网民回复语义信息进行监测可以及时了解网民对事件的看法和态度，典型的观点态度可以作为网民代表意见进行重点研究。监测内容主要包括回复语义信息、正面回

帖总数、负面回帖总数、中性回帖总数、IP 分布等。

⑤ 事件走向。从开始酝酿阶段、爆发阶段、扩散阶段、处理阶段到后续处理阶段,舆情事件的整个生命周期在每一个发展阶段会呈现不同的舆情特征,同时它也是一个动态的发展过程。政府对舆情动态进行监控,可以有效把握舆情的发展规律,采取有效应对突发事件的措施,引导正确的社会舆论。监测内容主要包括持续时间、危害程度、舆情走向、事件结果等。

网络空间反映了民众意见,也承载了社会各方的情绪交流,是不同人群、阶层、利益相关者的互动平台。这不仅仅是简单的舆情呈现,更能推动舆情发展。因此政府在对突发事件进行舆情监测时,应做到全面、细致、谨慎、及时,把握舆情的发展规律,从而更好地引导公众情绪和事件走向。

(二) 网络社会的政府舆论引导

1. 舆论引导的概念与主客体

舆论引导是指政党、组织、群体、个人针对特定社会舆情,依据一定的社会意识形态来设置议程并进行议程的互动,引导公众达成社会共识,帮助公众树立正确的社会信念、社会情感和社会价值观的实践活动[①]。

从舆论引导的主体来讲,政党、组织、群体或个人都能成为主体,都能够对议程进行设置并充分利用媒介传播。以往舆论引导仅仅被看作新闻舆论对公众舆论的引导[②],这实际上只承认新闻机构是舆论引导的主体。舆论引导的主体是多元的,除了新闻机构、政党、组织外,当下网络社会中的意见领袖也成为舆论主体的重要代表。

在研究舆论引导时,不能忽视其"客体"的研究,即舆论引导是在引导什么的问题。宏观的如社会的变动,微观的如社会活动家的活动、新近发生的重大事件、流行的现象和观念、社会热点问题等,都属于客体的范围。较为全面而细致地关注这些舆论客体,而不是仅仅关注少数争议性较大的问题,特别是公众的情绪和态度,对于把握及引导舆论的发展方向是十分重要的[③]。

2. 舆论引导的特征

把握舆论引导的特征是进行舆论引导工作的基础,包括以下三个方面:一是具有社会意识形态的导向性。舆论的导向往往代表了不同群体的利益诉求,主导舆论的群体根据自身不同需求,将舆论引导至他们所期盼的方向;二是具有对信息的调控性。舆论引导需要对信息进行解构、阐释、补充,并重组成新的语义。但在解构的过程中,它仍然遵循新闻报道的真实性原则。在我国,新闻传播中的真实性与党性紧密结合,因此,调控后的信息导向不能违背党和人民的根本利益;三是具有主客体的互动性。在舆论引导的过程中,通过同时调动引导者的主导性和引导对象的主动性,可实现引导和被引导双方的平等交流互动。

---

① 刘春波.舆论引导论[D].武汉:武汉大学,2013.
② 王雄.新闻舆论研究[M].北京:新华出版社,2002.
③ 陈力丹.舆论学:舆论导向研究[M].北京:中国广播电视出版社,1999.

### 3. 舆论引导的策略

习近平总书记在 2016 年 2 月 19 日党的新闻舆论工作座谈会上的讲话中指出："做好党的新闻舆论工作,事关旗帜和道路,事关贯彻落实党的理论和路线方针政策,事关顺利推进党和国家各项事业,事关全党全国各族人民凝聚力和向心力,事关党和国家前途命运。"

在以往的舆论引导工作当中,"说服"是普遍的方法。陈力丹指出,舆论引导的基本方式是以媒介为主方对公众的说服——改变舆论或者巩固、扩展原有的舆论[①]。当前,网络新媒体的出现改变了以往的舆论生态。这就意味着,在说服的基础上政府的舆论引导方法也要更新换代,注入新的血液。

(1)说服:权威信息引导。

大众传播媒介的舆论导向,就传播者而言是一种主观追求。在舆论引导工作的初步,特别是社会突发事件中,需要引导者及时发布信息。这个阶段所运用的舆论引导方法主要是"权威信息引导法"。

权威信息引导法与传统的"说服"舆论引导法在本质上是一致的,是舆论引导方法流程的第一个环节。说服信息的内容和形式是信源的传播条件之一,要想有效地说服引导对象,就必须提供权威信息。良好的舆论引导效果不仅取决于信源的权威性,还取决于其与说服、引导的对象之间是否存在相关性,信息本身是否有理有据。信源的可信度在说服引导中起到了至关重要的作用,政府和社会管理部门拥有单个公民所无法比拟的信息优势,往往能够成为社会中最权威、最值得公众信任的信源。他们必须及时发布权威信息,消除公众疑虑,避免谣言像病毒一样蔓延开来。

(2)议程设置:热点话题管理。

美国学者唐纳德·肖(Donald Shaw)和麦克斯威尔·麦克姆斯(Maxwell McCombs)认为,大众传播具有一种为公众设置"议事日程"的功能,媒体的新闻报道和信息传达赋予了各种"议程"不同程度的显著性,影响着受众对周围世界的"大事"及其重要性的判断。根据议程设置理论,人们倾向于了解新闻媒体关注的问题,并依据媒体对各种问题的重视程度,调整关注的先后顺序[②]。当前,通过设置议程进行舆论引导已成为政府处理社会事件尤其是突发事件的重要方式。在具体实施的过程中,需要注意以下两个方面。

首先,加强对新媒体热点话题的管理。新媒体时代下,议程设置理论中的某些观点依然具有现实意义,政府部门应该充分调动新媒体的兴奋点,利用当下多样的新媒介形式开展与民众的互动,形成连续的新闻议程设置,构建公众关注的中心话题,更新意见生产机制。对于政府来说,要善于从"事件议程"中看到"问题议程",通过对热点事件的报道,引导网民透过现象看本质,不是停留在评判事件的本身,而是进一步

① 陈力丹.舆论学:舆论导向研究[M].北京:中国广播电视出版社,1999.
② 梅文慧.信息发布与危机攻关[M].北京:清华大学出版社,2013.

思考社会问题。在面对纷繁复杂的海量信息与广大网民的意见时,政府应该有意识地设计评论话题以平衡网络的热点话题,引导网民的意见表达,进而形成积极的舆论氛围。

其次,要把握好议程设置的度。政府的舆论引导必须建立在尊重客观报道的基础上,深入了解并分析公众对政府宣传工作的接受程度,积极改进宣传报道方式,合理设置议程。尤其是在网络时代,"两微一端"的出现极大地弱化了把关人的作用,传播与接收信息都不再像传统媒体时代需要经过层层的审核。在多源信息的传播过程中,政府应该更加尊重事实本身的逻辑,探索出更为大众所接受的宣传方式。例如在处置危机事件的过程中,通过媒体传播一些正面的典型案例,传播主流价值观。同样,典型宣传也需要一个度,要充分尊重新闻的客观真实的原则,尽量贴近生活、贴近群众。

(3) 沉默螺旋:舆论氛围营造。

德国舆论学家诺尔-诺依曼在其著作《沉默的螺旋:舆论——我们社会的皮肤》中指出了沉默的螺旋现象,她认为:当人们感觉到自己的意见(可能是一种新的意见,或者是一种业已存在的意见)属于"多数"或处于"优势"时,便倾向于积极大胆地发表这种意见;当发觉自己的意见属于"少数"或处于"劣势"时,遇到公开发表的机会,可能为防止孤立而保持沉默。诺依曼还写道:"作为社会控制的舆论,它的任务是促进社会一体化,保障基本行为和观念达到足够的一致水平。"[①]她所论述的其实是媒介对舆论实行社会控制的结果。

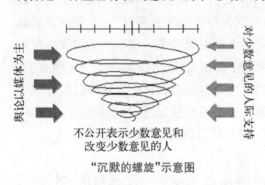

舆论以媒体为主

对少数意见的人际支持

不公开表示少数意见和
改变少数意见的人

"沉默的螺旋"示意图

沉默螺旋理论对于今天的政府宣传工作仍有很大的启发意义。首先,政府应该让"公开的意见"与"自己的意见"趋同。政府引导舆论的目的是希望舆论朝着符合社会规范和一般道德准则的方向发展。而媒介控制舆论的过程中往往会造成公开发表的意见与公众自己的意见相左的情况。出现这种情况时,政府应该积极主动传播社会的主流意识,要打造政府公信力的网络舆论阵地,使公众个人的意见主动向政府或媒体的公开意见靠拢;还要引领核心价值观,加强文化内涵的引领作用。

其次,政府应该借势造势,积极策划媒介活动。媒介活动是舆论调控手段的综合运用。以当前政府实施比较多的媒介活动——新闻发布为例,新闻发布主要是围绕某一特定的舆论目标,整合媒介资源和社会资源进行传播。其本质是在创造一个公众事件,并建立立体的传播网络,从而产生强烈的社会影响。西方国家的政府在与媒介的博弈过程当中,已经形成了一套应对媒体的机制和策略,如联络感情、召开新闻

① 伊丽莎白·诺尔-诺依曼.沉默的螺旋:舆论——我们社会的皮肤[M].董璐,译.北京:北京大学出版社,2013.

发布会、接受专访、媒体嵌入等。

### 三、案例分析：山东"毒疫苗"事件

#### （一）事件回顾

2016 年 3 月，在山东济南市警方开展的一次打击食品药品犯罪"利剑"专项行动中，庞某某、孙某母女因非法售卖疫苗被抓获。3 月 18 日，澎湃新闻网发布文章《上亿元疫苗未冷藏流入 18 省份 专家：这是杀人》，"毒疫苗"事件开始发酵。据悉，庞某某、孙某从 2011 年起便在网上联系国内十余个省（市）的一百余名医药公司业务员，非法购入防治乙脑、狂犬、流感等病毒的 25 种人用二类疫苗或生物制品，然后再加价销往全国 18 个省的三百余名疫苗非法经营人员或少量疾控部门基层站点，涉案金额累计高达 5.7 亿余元。经庞某某之手售出的疫苗数量巨大，流向信息繁杂，导致已无法精确统计和追溯。对此，济南市食品药品监督管理局根据现场查扣的疫苗和庞某某的账本记录，向全国 20 个地级市发出协查函，核实疫苗流向和使用单位。

#### （二）事件分析

该事件是官方舆论场利用新媒体手段进行舆论引导的典型成功案例，其舆论引导的成功性在事件发展的三个阶段中均有体现。

*1. 官方舆论场积极跟进相关报道，呈现事件发展的最新情况，满足民间舆论场对知情权的诉求*

在事件发展的第一阶段（3 月 18 日至 3 月 20 日），两个舆论场的具体表现为：官方舆论场报道事件处理进展，民间舆论场问责安全监管失守原因。

3 月 18 日，澎湃新闻网发布文章《上亿元疫苗未冷藏流入 18 省份 专家：这是杀人》曝光事件，随后包括新华社在内的多家央媒对事件进行了报道，多家媒体对相关文章进行了转载。当晚，中央电视台《东方时空》节目也对事件进行了报道，促使舆情迅速发酵。

3 月 19 日至 20 日，包括《广州日报》《杭州日报》《北京青年报》《新京报》在内的多家地方媒体持续跟进报道，并在其官微上发布相关文章，各地食药监局依据协查函配合工作，回应各省的"问题疫苗"情况。此时，微博、论坛中大量网民发声质疑监管部门，质问疫苗监管为何层层失守。

*2. 官方舆论场持续报道事件进展，民间舆论场激烈讨论失效疫苗的安全问题，不满情绪进一步爆发*

3 月 21 日，事件持续发酵，登上当日微博热搜榜，中央及地方各级媒体继续跟进报道事件处理情况。同时，一些影视明星以及众多微博大 V 发布微博参与讨论，促使民间舆论场舆情进一步发酵，微博中的谣言、过激言论大量出现。

*3. 官方舆论场继续报道相关事件的处理进展，并集中进行科普工作以破除谣言，民间舆论场渐趋理性并跟进讨论*

3 月 22 日，中央及地方各级媒体继续跟进报道事件处理情况。同时，民间舆论场

的愤慨情绪达到顶峰。一篇名为《疫苗之殇》的文章在朋友圈刷屏,引发大众对疫苗安全性问题的质疑。但随后,《每一个文盲都爱用"殇"字》《"疫苗之殇"是胡说八道》等文章也在微博、朋友圈被疯狂转载,这些文章基于官方提供的大量数据批驳《疫苗之殇》中观点的不合理性,民间舆论开始分化。

3 月 23 日,《人民日报》、中央电视台新闻中心等在微博上针对疫苗事件进行回应,并破除"毒疫苗"谣言,《新京报》发布科普文章《用专业信息让民众免于疫苗恐慌》。微博和论坛中,辟谣和科普类文章刷屏,网民跟进主流媒体报道进行话题讨论,跟进事件处理进度发表意见。3 月 24 日,《人民日报》等主流媒体大量发表评论疏导公众情绪,民间舆论场的负面情绪慢慢消解。

在传播进入 Web 2.0 时代后,新媒体时代的来临,微博、微信常常在网络舆论营造中抢占先机,并借助微博大 V 等意见领袖的力量不断扩大影响力。而过去官方舆论的主阵地——传统媒体影响力正在逐渐减弱,长期对舆论的主导权也被日渐打破,在 Web 2.0 的舆论引导中往往显得应对不足。

然而在该事件发展的三个阶段中,官方媒体借助微博等新媒体平台将官方舆论场与民间舆论场的意见较好地进行了融合。尽管在 3 月 21 日还是出现了民间舆论场言论与官方舆论场严重对立的情况,但事件并未进一步发酵,这正是因为官方媒体适时地发表了大量科普性、辟谣性报道。这一事件中,官方媒体成功深入民间,利用新媒体平台成功占据了舆论主导权,重构了官方舆论场的话语机制,主动引导民间舆论场话题导向,促进了民间舆论场不良情绪的消解,并提供大量科学数据,引导一部分自媒体在冷静思考后对事件进行客观的评析。

(三) 结论

山东"毒疫苗"事件是 Web 2.0 时代官方舆论场利用新媒体平台进行舆论引导的典型成功案例。对此,官方舆论场要注意促进新媒体与传统媒体融合发展,积极促进官方媒体深入民间舆论场进行舆论引导,以充分运用新技术创新媒体传播方式,重构官方舆论场的话语机制,掌握舆论引导的主动权。

# 本 节 小 结

如何进行有效的舆论引导,做好社会舆论工作? 新闻舆论工作要把握时、度、效,讲究舆论引导的策略与方法。只有占领道义的制高点,以道义担当和垂范为基本策略,才能在大众传播和舆论引导的实践中真正把握好时、度、效的有机统一。新媒体时代,既要高举旗帜,主动引领网络舆论引导,唱响主旋律,也要依法规范,善于运用法制思维和法制方式引导网络舆论。在科学引导策略上,需要发挥舆论引导主体的权威性,充分考虑舆论引导对象的公共性,探索专业化、科学化、时效化的网络舆论引导新范式。

## 第二节　媒体监测与政府形象传播

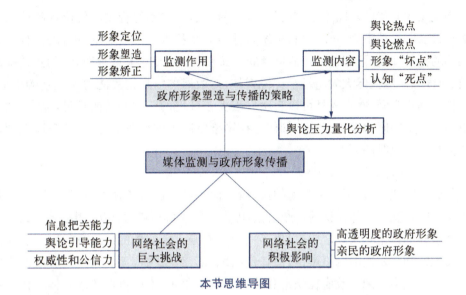

**本节思维导图**

互联网时代使得人类的生活空间不断延伸,网络显然已经成为民众获取信息和表达意见的重要渠道,也成为政府了解民意、治国理政的新手段。在现代化的社会政治生活中,网络扮演着越来越重要的角色,网络信息传播的虚拟性、开放性、便捷性,使政府形象的塑造与传播面临着严峻的考验。随着社会的发展和技术的更新,公众参与政治事务的渠道不断拓展,参与度不断提高。网络社会的兴起对政府的执政能力提出了新的要求的同时,也给政府形象的传播带来新的机遇与挑战。

### 一、网络社会政府形象塑造与传播

#### (一) 政府形象概述

政府形象如同政府的"名片",是政府这一组织系统在运作中即在自身的行为与活动中产生出来的总体表现与客观效应,以及公众对这种总体表现与客观效应所作的较为稳定与公正的评价①。政府形象的构成要素包括政府在公务行为中所体现的公共价值理念、政府行为及绩效、政府言论和民众反馈。大众传媒对政府正反两面的宣传报道,起到了对政府形象传播的强化、重塑和修正的作用。随着新媒体的兴起,民众在政府形象的塑造传播中参与度越来越高,正向的网络舆论对塑造良好的政府形象起积极作用。反之,网民的负面舆情也会有损政府形象。

#### (二) 网络社会对政府形象塑造传播的挑战

在网络社会中,具有交互性、即时性、海量性等特征的新媒体打破了以往政府在

---

① 胡宁生.中国政府形象战略[M].北京：中共中央党校出版社,1998.

公共领域的话语垄断。多元化的媒体形式和新的传播规律，使政府在塑造传播自身形象时面临多方挑战。

### 1. 对政府信息把关能力的挑战

传统媒体时代的新闻报道需要经过层层把关，一些不符合主流价值观的信息往往能够被及时拦截下来。在中国，传统媒体一直承担着党和政府的喉舌的责任。通过媒体的把关，政府可塑造和传播自身的正面形象。而到了新媒体时代，信息传播的渠道、速度和广度显然大大超越了传统媒体，对政府的信息把关能力形成新的挑战。在虚拟的网络空间中，人人都可以自由发表关于政府的一切问题的意见，流言、谣言也极易在网络空间内聚集起来。如何把控网络空间中的海量信息，成为政府在塑造及传播自身形象时的新挑战。

### 2. 对政府舆论引导能力的挑战

新媒体时代，民众不再是被动的接收者，他们可以通过各种渠道"发声"，实现自我表达。随着受众主体意识的逐渐增强，庞大的网民群体通过评论、跟帖等形式参与到公共事务的讨论和决策之中，形成了一个具有强大影响力的"压力舆论集团"。而具有突发性和自发性的网络舆论，使任何组织、部门、机构都无法忽视其可能产生的巨大社会影响力。因此政府在塑造和传播自身形象时，不能再像传统媒体时代那样"自说自话"，必须考虑如何才能使民众更好地接收。当其传播的信息内容受到网络舆论的"抵抗"时，政府必须巧妙使用种种方法加强对网络舆论的引导。

### 3. 对建立权威性和公信力的政府形象提出了新的要求

政府的公信力体现的是政府的信用能力，是民众对其行为客观效果的一种感知，反映了公众对政府的满意、信任程度。伴随网络社会的兴起，民间草根力量以前所未有的热情活跃于公共话语领域，加剧了与政府权威主体间的话语权竞争。民众在网络空间内与政府交流的方式主要有两种，一是发布政府尚未公开的信息，促进事件的"真相大白"；二是发表对事件的评论和看法，形成巨大的舆论压力。在博弈的过程中，政府若不能及时回应民众的质疑和应对事件发展，就会引发公众对政府公权力的信任危机。因此，网络时代对塑造一个具有权威性和公信力的政府形象提出了新的要求。

## 二、网络社会给政府形象塑造提供了新的机遇

在互联网发展的今天，政府形象的传播、塑造不仅要紧紧依靠传统媒体平台，更要充分利用网络社会的新兴媒体，拓宽传播渠道，增强传播效果。网络社会给政府形象塑造传播带来挑战的同时，也提供了难得的机会。

### (一) 有利于树立高透明度的政府形象

在公民自我表达和参与公共事务热情高涨的网络时代，政府可通过网站、手机App、微信公众号、微博等网络政务平台，变被动澄清为主动发布，积极公开政务信息。为减少与公众之间的信息不对称，政府需做到以下四点：一是对政府决策的

公开,保护公众对公共事务的知情权和参与权;二是对行政部门人员的公开,方便民众办事的同时,也对公职人员是否渎职、贪腐起到了监督作用;三是对行政程序的公开,保证实施过程的有法可依;四是对事件结果的公开,保障处理结果的公平公正。

在我国,近年来各级部门陆续开放了网络政务平台。截至 2016 年 9 月 30 日,经过新浪平台认证的政务微博达 162 118 个,其中政务机构微博 123 208 个,公务人员微博 38 910 个;截至 2017 年第一季度,全国正在运行的政府网站有 43 143 个。在这些平台上,政府部门不仅能发布常规动态、公示政务信息、接受民众质询等,在面对重大突发事件时,也能及时发声、辟谣,稳定社会情绪。如 2016 年 7 月的"南海仲裁案"事件中,"@共青团中央""@国防部发布""@国资小新""@外交小灵通"等政务微博及时发声,以强调南海历史属性、仲裁非法、南海问题应通过协商和平解决为主要观点,表明了维护法治的坚定立场。该事件在网络舆论场上引发强烈共鸣,激发了中国人民巨大的爱国热情。截至 2016 年 11 月 9 日,♯中国一个都不能少♯微话题的阅读量超过了 64 亿人次,讨论量超过 837 万人次。政府通过对该事件信息的全面公开,树立起一个高效、透明、负责任的大国形象。

(二) 有利于树立亲民的政府形象

共享性的网络空间也给政府提供了一个与民众互动的平台。以往,政府总是以高高在上的姿态占据话语主导权,而在新媒体时代,面对民众庞大的"声音",政府也需降低姿态,以平等的对话态度与公众进行沟通,拉近与民众之间的距离。政府通过对网络舆情信息的收集,更好地了解民意,改进信息的传播方式和传播内容,从而树立亲民的政府形象。①

比如"习近平排队买包子"事件,政府借助新媒体迅速传播,使一个亲民的国家主席形象深入人心。2013 年 12 月 28 日,网友"四海微传播"发布微博称,习近平总书记在北京一家包子铺排队买包子,还自己买单、端盘子、取包子。微博发出后,"习近平排队买包子"成为各平台、各舆论场的热议话题。人民日报社、新华社、中央电视台等官方媒体微博纷纷转载,网友踊跃"点赞",跟帖不断。中青舆情监测室数据显示,网民的观点集中在:赞扬习近平总书记亲民、走群众路线;认为习近平总书记简朴消费、彰显打击腐败决心;希望各级干部以习近平总书记为榜样、做到亲民常态化。在当今网络碎片化、标签化传播的时代,此举在网民舆论场中留下"亲民"的印象,成为政府形象塑造传播的又一标志性事件。

### 三、网络社会政府形象塑造与传播的策略

在公众心中建立一个好的形象是政府开展各类传播活动的内在诉求。在复杂的

---

① 人民网舆情监测室.2016 年第三季度人民日报·政务指数微博影响力报告[R].北京:人民网舆情监测室,2016.

社会舆论中,公众对政府的认知、评价反映了政府形象在其心目中的好坏。某种程度上,公众关于政府的评论汇聚起来,形成"标签",决定了政府的公众形象。因此,政府在塑造自身形象时,一方面,要以积极正面的舆情作为形象塑造的支撑,另一方面,面对负面舆论时,也需采取应对措施,化被动为主动。绝不能"自言自语""自吹自擂",必须充分掌握民众关于政府舆情的走向。因此,建立科学的媒体监测和舆情分析机制,是政府形象塑造传播必不可少的环节。

(一) 舆情监测内容

在网络时代,关于政府形象的舆情监测需做到积极主动、实时跟进,在全面统筹布局的同时,重点监测舆情热点、舆论燃点、形象"坏点"、认知"死点"四方面内容。①

1. 舆情热点

舆情热点频发,一般性政府形象舆情热点在政务方面主要集中于政府职责、政务公开、政情评价等;在公职人员方面主要集中于官员品德、办事程序、办事效率等方面。这些形象舆情热点应当成为媒体监测的重点,必须高度重视,及早澄清事实,以免舆情蔓延、热点升温。

2. 舆论燃点

舆论燃点是指在相对平静的舆论环境中,某一舆论事件中一经"点燃"就迅速升温、蔓延的关键内容。在人人皆为传者的媒介环境中,一个看似普通的事件信息或一条意见性评价就可能成为"燃点",在极短的时间内引发媒体聚集和公众关注,形成巨大的舆论声势,进而引爆社会情绪,触发社会现实行动。就政府形象而言,媒体的调查揭黑性报道、网友投诉爆料、网络谣言、政府官员的不当言论、政府的草率决定等都可能成为舆论燃点。

3. 形象"坏点"

形象"坏点"是指政府已经造成的过错事实,如执法过程中的错误行为、决策条例中的不当内容等。这种无法回避的错误最容易引发民众的声讨,政府面对过错时的辩解或置之不理,都会进一步加剧社会舆论批评的声浪。在政府形象舆情监测中,对政府形象"坏点"要高度敏感。只有勇于面对并承认过错、积极改正才能缓解舆论压力,挽救政府形象。

4. 认知"死点"

认知"死点"是指人们在自身认知逻辑上无法进行合理解释的矛盾点,它必然引起人们的负向评价,或发出质疑,或提出批评。当人们从自身的认知逻辑出发,能够对政府的行政作为进行合理的逻辑认知时,就可以得出积极的、肯定性的意见评价;而当人们无法对政府决策及其管理行为加以理解时,自然就会形成消极的、否定性的意见评价。在政府形象舆情监测中,必须对这种认知"死点"加以重视,并通过合理的逻辑解析,向公众及时呈现和解释客观事理。否则,认知"死点"就会对政府形象形成

---

① 曹劲松.政府形象传播的舆情分析[J].江海学刊,2012(3).

极大的舆论杀伤力,使其陷入舆论批评和声讨的被动境地。

（二）舆论压力量化分析

大数据时代,所有的舆情信息都是可量化的。对舆论压力的量化分析有利于政府把控舆论发展,更好地塑造政府形象。人民网舆情监测室对报刊、新闻、论坛、博客、微博、微信、App 七类媒介形态制定了舆情热度指标体系。运用德尔菲法及层次分析法[①],对七大形态的权重进行赋分,并对每一热点事件的舆论倾向性做了量化处理。事件中针对官方的正负面舆论倾向对应的具体含义为：1——极端负面,2——较为负面,3——中性,4——较为正面,5——极端正面。综合计算事件的热度和舆论倾向性,得到最终的舆情压力指数。当舆情压力指数为正时,负面舆情占主导,当舆情压力指数为负时,正面舆情占主导。

表 5-3　2016 年 20 件热点舆情事件(单位：千篇,%)

| 热度排名 | 事　件 | 报刊 | 新闻 | 论坛 | 博客 | 微博 | 微信 | App | 热度 |
|---|---|---|---|---|---|---|---|---|---|
| 1 | 杭州 G20 峰会 | 36.1 | 602.6 | 59.5 | 47.2 | 80 | 327.3 | 28.9 | 97.6 |
| 2 | 南海仲裁事件 | 18.4 | 411.6 | 170 | 65.3 | 307.6 | 240 | 37.7 | 97.4 |
| 3 | 雷洋事件 | 16.2 | 237.5 | 66.6 | 43.4 | 67.5 | 292.1 | 19.3 | 93.4 |
| 4 | 2016 年美国大选 | 9.5 | 443.5 | 20.3 | 57.4 | 54.6 | 158.3 | 18.1 | 92.5 |
| 5 | 王宝强离婚事件 | 4.2 | 220.7 | 55.7 | 24.5 | 328.5 | 175.3 | 18.6 | 90.9 |
| 6 | 魏则西事件 | 10.2 | 169.1 | 40.3 | 40 | 104.1 | 195.8 | 10.6 | 90.7 |
| 7 | 女排奥运夺冠"女排精神"成舆论热点 | 9.4 | 127.6 | 20.2 | 11.2 | 67.3 | 118.9 | 17.9 | 88.8 |
| 8 | 网络直播带动"网红" | 5.7 | 240.8 | 22 | 21 | 5.6 | 122.9 | 13.6 | 86.1 |
| 9 | A 股熔断机制实施四天后暂停 | 7.3 | 203.3 | 44.8 | 45.3 | 18.2 | 52.9 | 5.1 | 85.8 |
| 10 | 2016 年全国多省份暴雨洪灾 | 8.7 | 126.2 | 13.6 | 10.4 | 13.2 | 67.4 | 4.3 | 84 |
| 11 | 山东"问题疫苗"事件 | 5.3 | 117 | 15.6 | 9.3 | 16.8 | 94.6 | 2.5 | 82.9 |
| 12 | 各地网约车新规出台 | 2.9 | 100.4 | 7.9 | 6.5 | 15.7 | 56.4 | 4.6 | 80.8 |

---

① 德尔菲法是通过专家意见收集,充分利用专家的集体知识和智慧解决问题的方法,是高效的综合性群体决策方法,是解决非结构化问题决策的重要手段。层次分析法是将与决策有关的因素统一分层、排序,并在此基础上进行定性与定量分析的多目标分析方法。

（续表）

| 热度排名 | 事　件 | 报刊 | 新闻 | 论坛 | 博客 | 微博 | 微信 | App | 热度 |
|---|---|---|---|---|---|---|---|---|---|
| 13 | 校园"毒跑道"引发舆论关注 | 2.4 | 42.4 | 9.3 | 6.4 | 26.4 | 20.7 | 6.1 | 78.5 |
| 14 | 杨改兰案与《盛世中的蝼蚁》引争议 | 2.3 | 49.6 | 11 | 8.9 | 7.9 | 59.5 | 1.7 | 77.4 |
| 15 | 赵薇新片《没有别的爱》引风波 | 0.5 | 33 | 10.5 | 4.7 | 121.4 | 45.2 | 5.3 | 76.9 |
| 16 | 北京如家和颐酒店女子遇袭事件 | 1.2 | 29.4 | 4 | 2.5 | 57.1 | 14.7 | 1.2 | 74 |
| 17 | 朴槿惠"闺蜜门" | 1.3 | 31.6 | 17 | 1.2 | 16 | 4.6 | 1 | 71.2 |
| 18 | 江苏、湖北等地高考减招风波 | 0.8 | 17.1 | 5.3 | 13.1 | 11 | 16.1 | 0.7 | 70.6 |
| 19 | 帝吧表情包大战 | 0.4 | 21.3 | 4.9 | 2 | 9.9 | 29.1 | 1.5 | 70.5 |
| 20 | "连云港反核废料"事件 | 0.5 | 12.9 | 4.1 | 2.6 | 13.7 | 11.9 | 0.4 | 67.4 |

　　热点事件分为八大类别，分别是公共管理、社会矛盾、公共安全、企业舆情、官治反腐、体育娱乐及公众人物、涉外涉军、其他。从2016年不同舆情领域压力指数可以看出：公共管理是舆情事件最多发生的领域，且舆情压力指数已经超越贫富差距等社会矛盾聚焦点，位列第一。党政机关和事业单位发布的各类法令、政策、规章以及执行的方式方法，是网民最为关注的话题。吏治反腐事件在本年度的平均热度和舆情压力指数均有显著下降，提示反腐红利释放。

表5-4　2016年不同舆情领域压力指数（单位：件，%）

| 分　类 | 热点事件数量 | 热点事件占比 | 2015年占比 | 事件平均热度 | 2015年平均热度 | 舆情压力指数 | 2015年舆情压力指数 | 舆情压力名次变化 |
|---|---|---|---|---|---|---|---|---|
| 公共管理 | 228 | 38 | 31.2 | 50.14 | 65.67 | 103.69 | 91.71 | ↑1 |
| 社会矛盾 | 153 | 25.5 | 20.6 | 41.3 | 56.86 | 102.41 | 105.09 | ↓1 |
| 公共安全 | 64 | 10.7 | 11.6 | 48.72 | 62.54 | 59.83 | 61.41 | — |
| 企业舆情 | 31 | 5.2 | 14 | 53.74 | 61.81 | 24.94 | 49.82 | ↑1 |
| 官治反腐 | 39 | 6.5 | 4.4 | 45.54 | 58.41 | 20.08 | 12.99 | ↓1 |
| 体育娱乐及公众人物 | 36 | 6 | 5.4 | 60.25 | 66.1 | 12.57 | 12.41 | — |

（续表）

| 分　类 | 热点事件数量 | 热点事件占比 | 2015年占比 | 事件平均热度 | 2015年平均热度 | 舆情压力指数 | 2015年舆情压力指数 | 舆情压力名次变化 |
|---|---|---|---|---|---|---|---|---|
| 涉外涉军 | 43 | 7.2 | 9.4 | 59.73 | 65.72 | 9.76 | 11.02 | — |
| 其他 | 8 | 1.3 | 3.4 | 48.97 | 66.76 | 5.27 | 8 | — |

（三）舆情监测作用

1. 为政府形象定位提供依据

政府进行媒体监测的直接目的是了解民意，通过对民众舆论的监测和分析，政府能了解民众的真实想法和诉求。民众关于政府的舆论汇集时，往往会出现"标签化"的特征，即多数公众的共同情感诉求点和共同期待点。这些标签为政府的形象定位提供了直接的依据：对于那些民众持褒奖、满意态度的正面标签形象，政府应全力打造；对于那些民众持批评、鄙夷态度的负面标签形象，政府应科学处理。另一方面，在对政府形象的舆情分析中，对可能引起公众负面情绪的舆论议题应加以预警，在舆情未爆发之前就应做好准备，建立对可能出现的负面舆情的应急措施，使之对政府形象的损害降到最低。

2. 对政府形象塑造进行效果检测

政府的形象塑造并不是一蹴而就的，关键在于民众的意见。当政府根据民众的期许打造出一套完整的形象方案后，在具体实施形象宣传和行政过程中，民众根据自身的切实体会作出评价，表现为对政府所塑造出形象及传播方式的认同或不认同。这时，对民众舆论的监测，也就是对政府形象打造效果的检测，直接决定政府形象塑造的成功与否。

3. 对政府形象进行矫正

网络舆情是一个动态变化的场所，政府形象的塑造也应该随之不断调整。在对形象进行效果检测后，应按民众对其反应及时矫正，选择民众更为认同的形象标签和传播方式进行形象打造。在民众心中树立一个好的政府形象是一个漫长的过程，政府部门丝毫不能松懈。因此，在政府形象的塑造传播中，必须不断调整更新，要做到及时地"纠正"和"再定位"。

# 本 节 小 结

行政权力不等于行政权威，政府权威是政府在公众心目中的威望，一种影响力和感召力。政府公信力的载体是具有公共权力的政府，具有公共性。在传统媒体环境下，媒体的公信力很大程度上来自政府。在网络社会中，网络舆论的分散性、公开性、瞬时性、交互性的特征为政府公信力的打造带来新的挑战。因此，建立健全网络舆论的引导机制和危机事件处置机制,从根本上保障公民的基本权利,是政府树立良好形象的基础。

## 第三节 媒体监测与政府危机管理

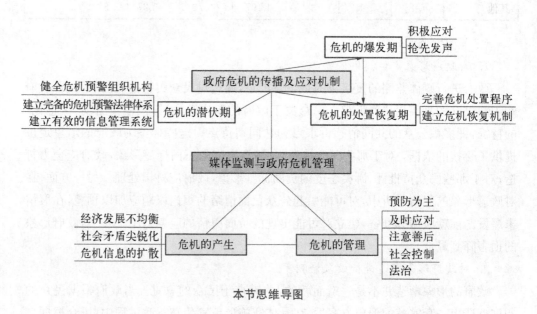

本节思维导图

网络社会的崛起,使得公共危机事件频发,并以前所未有的传播速度为人所知,网民可以通过各种渠道参与到危机事件中,并能自由地发表意见,给政府处置公共危机事件带来巨大的挑战。当前,我国政府在应对新媒体环境下的公共危机事件时还存在着缺乏网络危机管理意识、网络信息控制和引导手段单一、公共危机法规不完善、缺乏专门的危机管理机构和人才等现实问题。[1]政府处置危机事件的能力是维护社会和谐与稳定的关键,各级政府应充分认识到网络社会下政府危机公关的特殊性,不断增强政府自身处置危机事件的能力,构建完备的危机公关的组织体系和法律体系是政府高效处置危机的前提。

### 一、网络社会政府危机的产生

#### (一)危机的概念

危机是对一个社会系统的基本价值观和行为准则架构产生严重威胁,并且在时间压力和不确定性极高的情况下,必须对其作出关键决策的事件。危机在社会的不同发展阶段,在不同的社会背景下所具有的特征、影响因素等会有所差异,对其理解的不同,也直接决定着危机应对的策略和方式。政府危机管理作为危机管理的一种,

---

① 黄朗,文丰安.新媒体环境下的政府危机公关策略分析[J].河南社会科学,2014(2).

是某一地区或某一国家的政府为了预防危机的发生，减轻危机发生所造成的伤害，尽早从危机中恢复过来，或者为了某种目的在已有控制的情况下让危机发生，针对可能发生的危机和已发生的危机所采取的一切管理行为。在一定程度上，危机是功能失调导致的极限现象，危机管理能力是现代政府必备的行政能力。在今天这样一个深刻变革的历史转型时期和新媒体环境下，及时有效地处理好危机事件，对我国各级政府组织而言，有着非常重要的意义。

（二）引发危机的原因

危机事件类型多样，每种危机事件的产生都由其内在的原因所触发。总的来说，危机的诱因可以从两个方面来分析：第一，在社会及组织层面，经济发展的不均衡性、政治体制改革的滞后性以及传统道德体系的失衡是危机产生的主要原因；第二，从个人层面来看，近年来，我国处于经济和社会的双重转型时期，贫富差距悬殊、官员腐败、就业形势严峻、社会风气败坏等因素造成社会矛盾日益尖锐化，这些对政府和社会不满的情绪一旦爆发，就会形成极具破坏性的危机事件。

此外，网络社会的发展成为引发危机事件的催化剂。危机的爆发往往伴随着危机信息的传播与扩散，这一过程常因政府信息发布的滞后，导致权威信源的缺失，公众急于知情而造成流言、谣言的肆意传播。在纷繁复杂的网络舆论中，"把关人"机制的弱化加剧了危机的强度。

（三）危机管理的原则

危机事件的突发性、破坏性和不确定性的特征以及政府组织的公共性和权威性等特征决定了政府危机管理必须坚持预防为主、及时应对、注意善后、社会控制和法治原则。[①]

表5-5　国内危机事件的分类及诱因[②]

| 类　型 | 一般冲突表现形式 | 引　发　因　素 |
| --- | --- | --- |
| 自然灾害型 | 环境污染、自然灾害、突发性重大公共卫生和公共交通事件 | 环境破坏、疾病传播、各种自然突发事件 |
| 利益失衡型 | 罢工、集体上访、静坐、示威游行、集会 | 经济发展不均衡、社会保障制度缺陷 |
| 权利异化型 | 集体上访、示威游行、暴力抗法、刑事案件 | 政府权能体系的失效，如腐败、司法的不完善 |
| 意识冲突型 | 大规模集体冲突、妨碍公务、刑事案件 | 意识形态领域出现异化形成的冲突 |
| 国际关系型 | 国家间的紧张局势、经济制裁、局部战争 | 与中国在国际格局中的发展相关 |

---

① 冉飞.论和谐社会构建中的政府危机管理[D].成都：四川师范大学,2009.
② 薛澜,张强,钟开斌.危机管理：转型期中国面临的挑战[J].中国软科学,2003(4).

1. 预防为主原则

危机事件的不确定性给危机管理的科学性造成了困难,即很难有准确、固定的模式或程序避免危机的发生。因此,要坚持预防为主的原则,对危机诱因进行分类鉴别,研究危机生成的内在特征,建立指标化的危机预警体系,制定各类危机应对预案,以期将危机的破坏性减至最小。

2. 及时应对原则

危机的发生虽难以预测和控制,但是危机的生成和发展是有其内在规律的。危机事件的发展都要经过一个蔓延和扩大的过程,因此,在第一时间内处理危机,既可以消减危机的破坏性,又可大大减少管理危机的成本。

3. 注意善后原则

危机发生过程中,集中力量消减危机是危机管理的主要任务,但是,危机管理的最终目标还是要将危机造成的破坏恢复原来的状态,主要包括社会秩序、社会价值和公众心理等方面。

4. 社会控制原则

一个社会的秩序稳定在很大程度上依赖该社会是否建立起以具有合法性的政治制度为核心的权威控制体系。各国之间最重要的政治区别,并不在于政府统治形式的不同,而在于政治统治程度的高低。有效的政治控制机制要保证并维护公共权力体系的权威,实现社会管理的法治化,维护政治体系的纪律约束。

5. 法治原则

危机管理的法治原则,包括合法程序的确认与宣布危机状态和危机状态的构成要件。危机事实的存在,即正常的社会或法律秩序受到损害,出现混乱,国家权力失控,人民的生命财产处于危险之中,以及危机事实的高度危险性、紧急对抗措施之必需等。

## 二、政府危机的传播及应对机制

(一)危机的潜伏期

政府危机事件的潜伏期是指危机事件尚未完全展露,还处于萌芽阶段。在这个阶段,如果不能进行仔细的观察和思索,很难发掘问题和危机的存在。因此,在危机未发生前,做好危机预警是必不可少的。

公共危机预警是整个危机管理过程的第一步,决定着整个危机管理的发展趋势。政府建立公共危机预警机制的目的是未雨绸缪,防患于未然,将危机消灭在萌芽状态或者做好充分的准备来应对即将到来的危机,从而将危机带来的损失减小到最低程度。

1. 健全危机预警组织机构

转“危”为“机”是政府处置危机事件的方向。政府危机的发生也是有规律和前兆的,构建有效的预警组织系统在危机管理中尤为重要。这就必然要求政府用新的思维来构建公共部门危机预警组织系统,对危机进行科学预测,做好预案,构建一种权责分明、组织严密、信息畅通的危机预警组织系统。同时,危机预警的有效进行还需要设立一个常设的、权威的和独立的危机管理协调部门。专职部门的建立有利于发挥政府职能部门的纽带作用,起到连接中央政府、地方政府、社会组织及个人的作用,如美国的联邦紧急事务管理署、俄罗斯的特别情况部都是公共危机管理中的重要决策和执行机构。

### 2. 建立完备的危机预警法律体系

注重建立系统全面的国家安全法律法规体系,为政府公共危机管理工作提供法律保障和制度规范。美国有以《反恐怖主义法》《国家安全法》等为核心的安全法律法规体系,瑞典有以《危机准备法》《市民危机计划》等为核心的安全法律法规体系,这些国家比较完备的危机管理法律体系为我国建立完备的公共危机管理法律体系提供了借鉴。危机法律体系的建立应包括国家安全、新闻舆论等宏观领域的危机立法以及具体管理环节的微观领域的实施细则[①]。要逐渐建立以《中华人民共和国突发事件应对法》为基础,各领域、各行业的专业性、技术性应急法规为补充的突发事件应对法律法规体系。

### 3. 建立有效的信息管理系统

完备的信息系统是危机监测和评估的基础,在网络社会下,这一点显得尤为重要。首先要加强政府与公众间的信息沟通,拓宽政府与公众的沟通渠道,政府要充分利用互联网来获取和发布危机信息,掌握信息的主动权,充分发挥媒体的载体作用,发布权威危机信息,引导公众积极参与,理性、冷静、科学地对待危机。其次,要利用先进的信息技术,建立完备的信息管理制度。要建立完备的全国信息网络体系,覆盖政府各个部门、各社会组织、企业,建立高效的政府公共危机管理信息系统,形成畅通、可靠的信息收集、加工和处理系统。信息的发布与获取是危机预警的关键。要及时准确地搜集外部环境信息和内部信息,以便政府能够及时、合理地预测危机,进而采取有效的措施规避和控制危机。既要畅通信息的传播渠道,也要科学、严密地对预警信息进行分析和评估。

### (二) 危机的爆发期

一般而言,在危机爆发阶段,危机事件对社会民生和政府形象的影响程度最大。过去,政府对传统媒体有足够的控制力,使得舆论走向一般都处在政府的控制范围中,因此危机事件的影响也都处于可控的范围内。然而新媒体时代,信息传播速度之快、范围之大,导致许多政府危机事件的影响远远超出政府预期。这个时候必须利用新媒体进行有效的管理,才能在最大程度上降低危机事件的影响。

在网络社会中,各级政府应该摒弃传统的信息传播理念,在危机爆发时抢先发声,建立与大众媒体的良性互动关系。政府要摒弃以往“报喜不报忧”“行政干预”“权力制衡”的做法,利用新媒体及时准确地传递与危机事件相关的资讯和信息,让民众不至于手足无措或是听信网络上散布的谣言。其次,政府要做好网络舆论引导,利用

---

① 晁阳.我国公共危机事件预警机制建设刍议[J].天中学刊,2009(4).

新媒体及时进行辟谣,对于那些在网上流传甚广的假消息或谣言,政府要及时予以揭露,并追究造谣者的法律责任。因此,政府需创新信息传播理念,将网络纳入危机管理体系中,重视网络传播的作用。

(三) 危机的处置与恢复期

危机事件一旦爆发,政府应该快捷、准确、有效、有力地控制危机,防止危机进一步扩大。构建完整的危机处置程序和措施是处置危机事件的关键所在。第一,完善危机处置程序,使其规范化和制度化。政府要完善危机管理法律法规,从法律的角度健全危机处置程序,推动危机管理程序的法制化进程。第二,快速反应,迅速决策。公共危机的酿成,要求政府在第一时间采取果断有力的处置措施,成立专项应急指挥中心,启动应急处置预案,严格按照危机处置的程序,有序地进行。危机处置还要求管理者敢于风险决策,要具有较高的政治素质和能力素养,果断而迅速处置危机事件,尽可能地减少损失。因此,按照一定的步骤及时果断地采取处理措施是提高政府处置危机事件效率的关键。

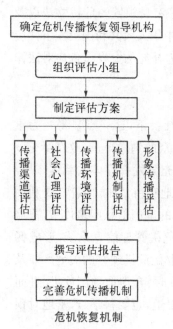

危机恢复机制

当危机进入恢复阶段,危机形势相对比较稳定,这时就需要建立系统的危机恢复与评估系统。总体来看,危机恢复机制主要内容涉及五个方面:① 对危机传播渠道的恢复与评估。政府洞察各媒介传播渠道的现状,尤其关注负面舆情的重灾区,对不同渠道制定有针对性的修复机制。如危机对原有的传播渠道造成破坏,就必须尽快恢复信息的传播渠道,并在应急管理中建立新的传播渠道。② 对危机传播环境的恢复。政府要采取相关策略对整个危机环境进行恢复,消除社会的不稳定因素,设置新的议程以逐渐转移公众对危机的注意力,增强危机恢复的信心。③ 对危机传播机制的恢复与评估。要充分汲取危机处置过程的经验与教训,改变危机在传播中的原有途径,并不断调整处置危机时的传播方式,使其更加具有科学性、合理性和可操作性。④ 对危机恢复期的形象管理。政府在危机的处置过程中可能会造成对政府形象的负面影响。这个阶段就需要对自身进行客观评估,重新树立良好的政府形象。⑤ 对危机恢复期的社会心理调整。政府要积极进行舆论引导,安抚公众的内心,鼓励公众恢复生产、生活,从而维护社会的稳定。

### 三、案例分析:浙江海盐垃圾焚烧项目事件

(一) 事件回顾

2016 年 4 月 12 日,海盐县政府发布在西塘桥建造垃圾焚烧发电厂选址公示。该公示引起了当地市民的关注,市民通过微博、微信等平台发表个人观点,展开了激烈

的讨论。4月20日,公示的选址论证报告引起群众抗议。上午9点多,数十名群众因垃圾焚烧项目的规划选址问题,到县政府门口聚集,个别人员不服从现场工作人员的劝阻,严重影响社会公共秩序。当日下午14时左右,数百名群众非法集聚、封堵道路等,造成交通中断。海盐县政府新闻办公室在官方微博"@海盐发布"上连续发出声音,并且在网络舆情上占据主动,成功解决了危机。

（二）政府媒体监测应对过程

4月20日下午1时,@海盐发布官微发表一篇《海盐县生活垃圾焚烧处理厂有关情况的进一步说明》的长文,文章称"充分尊重公众意见,并将严格按照规范程序稳妥推进保障广大群众合法权益"。

4月20日下午5点左右@海盐发布微信公众号推送文章《关于这次海盐的垃圾焚烧处理厂项目,我们需要知道这些……》,积极回应民众关切,最大限度消弭网络杂音。截至25日,该文的阅读量已超过4万次,前5条精选留言点赞数均在500次以上,用户的态度也从一开始的激进趋向缓和。

4月20日下午,针对自媒体平台刷屏的"海盐民众为表达诉求却被警察暴力驱赶"的血腥图片,@海盐发布转发网友发布的相关内容,称系列血腥图片均系移花接木,希望本地市民不要被误导。

4月21日,@海盐发布在微博、微信平台分别发出辟谣帖,呼吁网友不造谣、不信谣、不传谣、理性表达,贴出真实对比图片,向公众揭明部分网友在造谣生事、恶意嫁接,希望遏制谣言的蓄意传播。

4月21日,@海盐发布连发3条长微博向市民阐释有关海盐垃圾焚烧发电厂的相关细则,在项目没有履行完法定程序和征得民众理解支持的情况下,不会开工建设。同日又发布了海盐县人民政府关于生活垃圾焚烧发电厂项目的通告:"经县政府研究,我县生活垃圾焚烧项目已停止。"该通告在微信平台的阅读量超过10万次,点赞数超过3 200次。

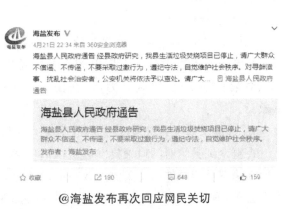

@海盐发布再次回应网民关切

4月21日晚,在政府公布停止该项目后,仍有人员非法集聚并冲击海盐县经济开发区管委会大楼,打砸公共财物,扰乱公共秩序,造成执勤民警和围观群众受伤,@海盐发布同日发消息向市民还原事件经过并敦促违法犯罪人员投案自首,且告知广大市民整个事件处置过程中没有人员死亡。

（三）案例分析

在本次垃圾焚烧项目事件中,海盐县政府通过一系列迅速、缜密的行动成功化解了舆情危机,维护了政府形象。可以说其舆情应对能力是值得肯定的。

1. 把握黄金4小时,发声有力及时

@海盐发布在"黄金4小时"内主动回应舆情,在微博平台第一时间发声,反应迅速,尊重民意,体现了社会共治的理念。@海盐发布在微信平台向用户进行科普传播,引导网络舆论场理性讨论,缓和了网民潜性的舆情态度。连发8篇长文向公众说明有关海盐垃圾焚烧发电厂选址的问题,有效回应并解答广大用户的疑虑。

2. 关注舆情动态,遏制谣言传播

尽管@海盐发布在微博、微信平台都第一时间发声引导舆论,但谣言还是在悄然滋生,对此,双微平台第一时间就进行了辟谣,最后在谣言扩散不到一天的时间内就完成了辟谣。面对谣言的及时回应能在第一时间告知民众事情的真相,安抚群众情绪,避免造成谣言的二次传播。

3. 主动顺应民意,持续跟进报道

海盐县政府顺应民意停止了生活垃圾焚烧发电厂项目。面对后续的暴力事件,@海盐发布实时发布消息向市民还原事件经过并告知结果。整场危机一直到最后一刻,无不体现海盐县政府的成熟和理性,这次突发舆情应对可谓是一次"教科书式"的案例。

从此次@海盐发布的舆情应对中,不难看出,无论是合乎人民意志的良法善治,还是阳光且具公信力的良好政府形象的维持,都需要政府灵活、恰当地运用好媒体监测的手段来实现。

(四) 政府形象构建

危机事件是对政府形象的考验,但同时也为塑造良好政府形象创造了机遇。海盐县政府在本次事件中表现出较强的预见能力、紧急判断能力、信息收集能力、应急对策能力、综合协调能力等,在民众心中树立起公信力,塑造了良好的政府形象。

1. 善用议程设置理论,适当转移受众关注焦点

在群众到县政府门口聚集发起抗议后的第一时间,海盐县政府并未像之前某些政府在遭遇类似事件后将关注点放在抗议者身上,企图用小事化了、加以隐瞒的方式发布公告,而是在@海盐发布微信公众号推送文章,将民众视线转移到对垃圾焚烧处理厂项目本身的相关情况,积极回应群众关切,给予心理安慰,迈出塑造良好政府形象的第一步。

2. 最大限度公开危机信息,加强危机管理透明度和公信度

在危机事件发生时,谎报或隐瞒危机信息,甚至对公众进行欺骗、撒谎,容易导致危机扩大化。而本次海盐县政府直面自媒体平台刷屏的"海盐民众为表达诉求却被警察暴力驱赶"的血腥图片,贴出真实对比图片辟谣。面对后续的暴力事件,@海盐发布丝毫没有隐瞒,几乎实时发消息向市民还原事件经过并告知结果。海盐县政府这种最大限度公开危机信息的行为,无疑为其进一步塑造良好形象加了分。

3. 善用媒体传播，加强政府与公民间信息沟通

许多危机须靠"沟通"与"协调"来解决，危机管理成败的关键在于第一时间的沟通。综观整个事件，海盐县政府灵活运用微信、微博等新媒体平台，积极与公众进行沟通，实时告知社会当前面对的局面和正在采取的措施，很好地表现了政府对所发生事件的态度，这无疑大大增强了政府的信誉，在群众心中树立起良好的政府形象。

# 本 节 小 结

当今社会，政府和公众的危机意识都还较差，一些潜在的危机并没有引起人们的关注，导致公共危机事件频繁发生。从 2003 年"非典事件"开始，中国政府在危机应对上逐步重视，并开始在相应的法律法规上有所规范，但国内关于危机应对与处置的机制尚不健全。因此，政府需逐步建立健全危机事件预警、处置、恢复机制，既要从机制上完善，也要从法律、意识形态上加强引导。

## 本章复习思考题

1. 以 2018 年前两个季度的主要社会热点事件为例（请自选一件具有代表性事件），从以下角度深度剖析当今社会"舆论盛宴"产生的深刻原因，并填入下表。

| | |
|---|---|
| 案例回顾 | |
| 社会环境 | |
| 信息源头 | |
| 舆论生成 | |
| 空间容量 | |
| 技术更新 | |

（续表）

| | |
|---|---|
| 经济因素 | |
| 发展管理 | |

2. 结合政府形象塑造的策略，结合具体案例说明简要分析中国如何在国际舞台上进行国家形象的传播。

3. 请结合近年来国家颁布的《中华人民共和国网络安全法》等一系列旨在加强互联网规范和管理的政策法规，简述网络监测（含社交媒体监测）的时代意义。

4. 简述互联网环境下舆论场呈现的新特征。

# 第六章 媒体监测与公关市场决策

　　随着互联网的高速发展,网络媒体作为一种新的信息传播形式已深入到人们的日常生活,网络言论活跃已达到前所未有的程度,不论是国内还是国外的重大事件,都能迅速形成舆论态势。人们通过网络来表达观点、传播思想和发表意见,进而产生巨大的舆论压力,舆情已达到任何部门和机构都无法忽视的地步,可以说,互联网已经成为舆论的集散地,舆情已经成为各行各业关注的焦点。因此,及时监测和了解舆情已经成为各级政府部门和企业的一项非常重要的工作。在这种背景下,舆情监测成为企业维持运行必不可少的重要环节。无论是在舆情预警还是公关引导,抑或是品牌监测和竞品分析等方面,都离不开舆情监测。

# 本章思维导图

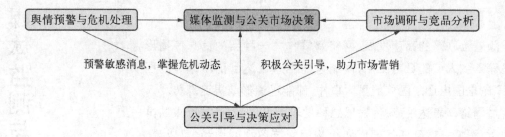

## 第一节　舆情预警与危机处理

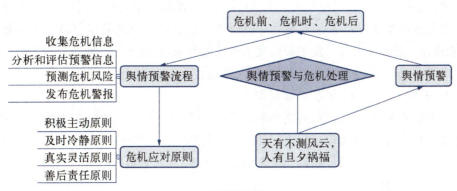

本节思维导图

　　"天有不测风云,人有旦夕祸福"这句富有哲理的民间谚语说明人的一生中会遭遇各种无法预知的危机。综观世界范围内的各种危机事件,包括自然灾害、社会灾难、经济危机等在内的突发事件和灾情,对国家的安全、社会的稳定、民族的生存、经济的可持续发展都造成了巨大的威胁。人类社会的产生与发展总是伴随着各种危机的挑战,对舆情进行预警是任何企业等组织机构必须具备的能力,其目的是为了减少危机的发生或降低危机危害程度,实现企业等组织机构的持续运行。企业等组织机构的生存和发展犹如人的成长,其间会受到各种"病菌"的侵蚀,难免生"病"。企业发生危机具有客观性,若等到企业"病"入膏肓时,再看病求医,为时已晚。因此,无论是政府部门还是企业组织都需要进行科学的公共危机管理。

### 一、预警敏感消息,掌握危机动态

#### (一)舆情预警的概念界定

　　预警行为最初源于军事领域,被作为一种危机预防的有效手段,在作战中主要应用目的是掌握有关敌方的进攻信号,提前进行预判、发现和分析,以此传达给相关指挥部门,以便更快更好地制订有效应对措施,妥善处理、化解危机。虽然预警起源于军事,但对此概念的应用却被推广开,目前在社会、政治、经济、文化等方面都能看到预警的应用,而其中最为突出的应用是对重大自然灾害的预警,关于天气和自然的预警系统已经在社会生活中发挥着显著的作用。预警,究其实质是一种特殊的预测和警报,预测是预警的基础和条件,预警是选择实施预案的前提和准备。预警体现动态的认知,预案体现静态的防范。

　　本章我们讨论的舆情预警是网络舆情预警,网络舆情预警就是提前发现对网络舆情出现、发展和消亡具有重要影响的因素,并连续不断地进行动态监测、度量及采集相关信息,根据预警体系内容,综合分析技术,并对当前网络舆情作出评价分析并预测其发展趋势,及时作出等级预防。

(二) 舆情预警的功能

1. 危机发生前:预见危机,做好防备措施

舆情危机尤其是公共危机的发生,往往会带来难以估量的损失,其突发性和不确定性也会给管理部门带来巨大挑战。舆情预警通过科学规范的预警机制和分析技术,能够在一定程度上及早发现舆情危机爆发的苗头,有助于把握舆情危机发生及发展的规律,并预见其变化趋势和方向,从而帮助相关部门做好防备措施。

2. 危机发生时:监控危机,降低损失

在舆情危机发生时,通过前期的舆情危机预警对可能造成危机发生的各种因素进行监控和分析,并对各项指标进行评估,利用预警系统的监测以及前期采集的评估指标,可以帮助有关部门控制可能带来的威胁因素,从而降低由舆情危机带来的损失或者将危机变为机遇。

3. 危机发生后:指导后续处置,提供信息保障

舆情危机一旦爆发,会出现大量的信息,尤其是在后期的舆情处理阶段,各种救援信息、处置措施信息等为危机的应对决策制造了诸多障碍。在舆情预警过程中产生的大量危机处理经验和历时信息正好为危机的后续处置提供了信息保障,从而指导舆情危机的善后处理以及控制和减少危机带来的各种负面影响。

(三) 舆情预警的主要流程

一般而言,舆情预警的流程主要包括监测、预测、预报三个环节[1]。其中,监测是危机预警的前提,它主要是对可能或已经出现的危机迹象或者征兆信息进行观察、监视和记录以获取危机先兆信息;预测是危机预警的关键,它主要采用各种信息分析手段判断已发现征兆信息的真假和危机所处阶段,并预测危机趋势;预报是危机预警的目的,它主要是根据预测结果由人工或者计算机自动生成各类预警信号以向社会公众发布危机警报。但是,舆情预警作为一项管理控制活动,其控制过程更是一种与信息相关的作用过程,即利用信息不断克服不确定性来实现预定的目标。从这种意义上讲,舆情预警过程也是一系列信息管理活动的流程,遵循着"信息获取—信息甄别和处理—危机识别和分析—危机警示发布—预防方案提出"的活动规律。具体流程如下。

1. 收集危机信息

通过舆情监测技术手段在各媒体平台和发布渠道中收集各种可能引发危机的征兆性信息。这些信息主要包括社会中出现的一些倾向和异常现象、政府部门存在的漏洞和弱点、根据以往危机事件的经验推测可能再次引发危机的事件等。主要收集来源为微博、微信、Facebook、Twitter 等新媒体平台。

---

[1] 吴建华.基于信息管理的公共危机预警研究[J].档案学通讯,2009(3).

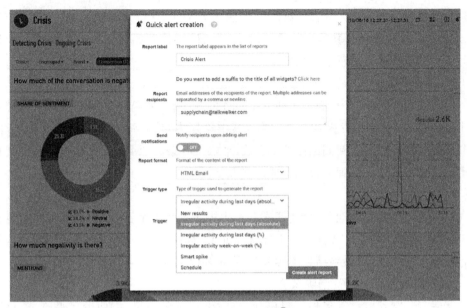

**自动危机警报系统**[①]

2. 分析和评估预警信息

在完成信息的初步收集之后，会发现存在大量的无效信息甚至是错误信息，所以第二步是对收集的信息进行甄别，去除杂音。利用定性和定量等多种方法对信息进行分类、鉴别、整理和分析，并结合预警阈值对信息涉及的危机程度进行量比，建立危机预警模型。

3. 预测危机风险

通过危机预测模型和临界指标对可能发生的危机及其危害程度进行预测，推算出危机发展趋势及影响。

4. 发布危机警报

预警人员和机构根据既定预警标准判断各种指标和因素是否突破了危机警戒阈，并确定警报等级，向需要发布警报的地区及人群依据法定程序发布警报通知。

(四) 舆情预警案例展示

1. 舆情背景介绍

引发重大社会影响的涉黑案件嫌疑人曾参与四川省某知名企业的资本运作，该企业品牌虽与此案无直接关联，但仍因此被大量媒体提及并承受负面影响。

2. 美通社发布的声誉危机预警

这一社会事件自 2013 年 3 月起就已被媒体陆续曝光，考虑到此事件与企业的潜在关联可能引起负面品牌曝光，该企业于 2013 年开始使用媒体监测平台 CMM 对此

---

① 自动危机警报系统通过建立一个强大的警报框架，利用电子邮件自动接收公司、品牌或管理层的任何异常活动，用于检测早期预警信号并积极干预以防止潜在的雪球效应。

事件的发展进行监测,以评估其对品牌的影响。3月20日,案件公诉消息被公布,CMM发出了31条疑似敏感信息预警;3月21日,媒体开始对案件集中报道,CMM发出高达136条疑似敏感信息预警。

3. CMM平台发布的实时数据

在事件发生的一周内,通过美通社CMM监测平台,共监测到网络媒体报道转发共计20 785条,微博转发提及2 990条。其中论坛内容15 135条,博客1 534条,问答125条,视频359条,新闻网站2 492条,平媒168条。CMM及时发布事件关键词媒体声量曲线图以及品牌关键词媒体声量曲线图。

4. 定制精准化搜索

该企业品牌名也是地名,普通搜索会产生极多不相关杂音,人工搜索同样费时费力,难免有错漏。而CMM拥有强大的关键词设置功能,客户能够根据自身情况,添加上百条排除词,使得最终结果准确率达到90%以上。

(1) 逻辑关键词设置,消除杂音。

支持"非""与""或"等多种逻辑搭配;排除干扰域名结果;添加指定媒体,重点监测一些关键媒体。

(2) 双重关键词搜索。

支持在现有关键词搜索基础上设置双重关键词搜索;对搜索结果当中重要信息进行无间断预警。

5. 解构信息传播

CMM通过对传播渠道和传播源的监测,发现大量与此事件有关的讨论来自百度贴吧,而企业针对这一特点,及时调整了公关方向,消除了贴吧上的不良影响。

6. 助力公关决策

(1) 选择恰当时机。

在CMM数据的帮助下,该企业在社会事件媒体报道爆发期暂停了品牌宣传活动,以最大限度避免与之产生关联;在报道高峰期消退后,选择恰当的时间点建立新话题,覆盖事件所带来的负面影响。

(2) 发现适当话题。

通过全面了解媒体语境,该企业避免"正面冲撞"敏感话题,寻找合适的话题点侧面回应事件,并适时建立新话题,转移或覆盖事件所带来的负面品牌影响。

(四) 舆情预警机制的建立

所谓的机制,原意是指机器的构造和动作原理,即机器由哪些部分以及为什么由这些部分组成,机器如何工作以及为什么这样工作。现在机制一词广泛运用于自然以及社会现象,主要指内部组织和运行变化的规律,在系统中起着基础性的作用,是组织和部门有效运作的保证。

预警机制指的是可以及时准确地发现风险前兆,对其分析并加以判断,且迅速把这种信息传递给相关部门的预警系统。该系统防患于未然,最大限度地降低公共危机对国家和人民生命财产可能造成的损失。①

一个反应迅速、运行良好的危机处理机制首先要有危机预警机制②。舆情预警是危机管理过程的首要阶段，预警的目的就是尽量避免危机或者将危机带来的损失降到最低。某种程度上，危机预警比危机爆发之后的应对更为重要。若能够在最佳时期将危机消灭在萌芽阶段，就能够避免由于危机带来的资源损耗，也能够最大程度上保障社会的稳定。正如有学者所言，政府进行管理的目的是"使用少量钱预防，而不是花大钱治疗"③。具体来说舆情预警机制包括以下几个方面。

### 1. 舆情预警信息搜集系统

**舆情预警机制**

舆情预警信息搜集是公共危机预警工作的关键，主要是搜集各种可能引起公共危机事件的潜在信息和异常现象，建立相应的信息搜索渠道，及时准确地发现可能引起危机的征兆和因素，并对其进行严密的监测，把握公共危机事态变化的第一手资料。④ 有些材料由于某些原因，无法准确采集，因此需要建立起能够满足这方面资料需求的专门、畅通的信息采集渠道，同时要充分利用现代化的技术手段，建立高效精准的预警信息搜集系统，为公共危机预警工作提供信息支持。

### 2. 舆情预警信息分析与处理系统

搜集来的信息里存在大量的无效信息及杂音，因此要对搜集来的无序混杂的信息进行分析与整理、去伪存真、去粗取精，使之成为对舆情预警较为有用且真实的信息。公共危机舆情信息的分析主要是对搜集到的信息进行鉴别和分类，明确危机源，对将来可能发生的公共危机事件的类型和动态作出预判，及时采取相应的措施防患于未然，避免危机的爆发或减少其可能带来的损失。公共危机预警信息分析与处理系统在工作过程中需要保证信息的真实可靠，并判断可能发生危机的重要程度和发展方向，通过舆情预警信息分析与处理，及时识别薄弱环节和不确定因素，确保出现不利因素时能够及时采取相应措施，及时防范、应对危机的发生及发展。

---

① 张维平.关于突发公共事件和预警机制[J].兰州学刊,2006(3).
② 杨峰.完善我国公共危机预警机制的思路与对策[D].成都:电子科技大学,2008.
③ 戴维·奥斯本,特德·盖布勒.改革政府:企业家精神如何改革着公共部门[M].周敦仁,等,译.上海:上海译文出版社,1996.
④ 王伟.公共危机信息管理体系构建与运行机制研究[D].长春:吉林大学,2007.

### 3. 舆情预警指标设计维护系统

舆情预警指标是一系列可以及时有效反映危机事件的特征和危害程度的指标，并随时进行数据更新和维护，能够指导舆情预警工作的一系列与危机状态密切相关的参数。首先，舆情预警指标的设计离不开科学工作者大量的实践和严密的论证，需要使用科学方法选择出一系列影响未来变化的关键指标，并制订出相应的警戒区间，对社会和环境中的各方面情况进行监测和分析，判断危机事件发生的时间和可能动向。其次，在舆情预警指标的维护过程中，指标体系中的每个数据及其权重并非一成不变；随着社会环境的变迁和发展，指标的内容、数量和区间都是不断变化的，需要及时作出修正和完善，这样才能保证舆情预警指标体系的与时俱进，保证其在舆情预警中发挥应有的作用。

### 4. 舆情预警方案制定系统

舆情预警方案制定系统主要是以政府相关职能部门为主体，以专家咨询系统为支持，为应对舆情危机事件提供预案的系统。预案的制定要求政府职能部门结合当地的实际情况，实地调研，因地制宜，并借鉴国内外的成功经验，运用现代化的技术手段，设定预案的整体框架和具体内容，并将制定好的经过验证的常规案例存储在数据库中，当危机爆发时根据危机的类型自动调出相应的方案和对策，以便及时采取措施应对危机的发生。此外，预案制定之后，还需要进行不断的演练，对演练过程中暴露出来的问题和疏漏及时进行处理，不断修正和完善预案，以保证危机真正来临时预案可以应对自如，保证危机预警工作的有效进行。

与此同时，在舆情预警体系的运行工作中，还需要相应的法律法规进行约束和规范，加强政府部门的组织建设，确保预警体系的物资资源和人力资源支持，树立社会公众的危机预警意识，提高普通民众的危机预警能力，这些部分的有机结合保证了公共危机预警工作的顺利进行。[①]

## 二、实时危机监测，及时定向沟通

### (一) 危机的定义及特性

美国学者珀斯(E.M.Perse)认为危机影响到数量很大的人群，以突发性、不确定性、失控、反应情绪化和威胁生命财产为特征。美国学者福斯特(Foster)认为，危机具有四个显著的特征：亟需快速作出决策，严重缺乏必要的训练有素的员工，严重缺乏物质资源，时间极其有限[②]。

国内危机管理研究者刘刚将危机定义为一种对组织基本目标的实现构成威胁、要求组织必须在极短的时间内作出关键性决策和进行紧急回应的突发性事件[③]，危机管理专家胡百精认为，危机是由组织外部环境变化或内部管理不善造成的可能破坏

① 张小明.公共危机预警机制设计与指标体系构建[J].中国行政管理,2006(7).
② 罗伯特·希斯.危机管理[M].王成,宋炳辉,金瑛,译.北京.中信出版社,2001.
③ 刘刚.危机管理[M].北京：中国经济出版社,2004.

正常秩序、规范和目标,要求组织在短时间内作出决策,调动各种资源,加强沟通管理的一种威胁性情况或状态[①]。

综合不同学者从不同维度对危机概念的界定,我们总结出危机的特性有以下几点。

1. 突发性

危机是潜在事件的沉积物,积累到一定程度便会爆发,但危机的产生往往出人意料,即便某些组织能够根据自己的产品特点预测到因消费者使用不当而造成的危害,但危机发生的具体时间、地点、表现形式和危害程度很难预测,可谓“已知的未知”。

危机的突发性分为客观环境造成的突发性以及企业内部由于管理疏忽造成的突发性以及反倾销、经济制裁或国家政策调整等社会因素带来的突发性,这些都是人们无法控制的。前者如 2008 年的汶川地震等特大自然灾害。而企业内部因素造成的突发性危机事件,如 2016 年 4 月 5 日的“和颐酒店遇袭事件”,一位微博名字为“弯弯_2016”的女子在如家旗下的和颐酒店遭遇一名不明男子拖拽,此事件随后被刷屏。社会舆论反应之激烈让如家始料不及,也成为如家重大的危机公关事件。4 月 6 日,如家首次发出官方致歉声明,后又陆续发布致歉声明,并与“弯弯- 2016”进行调和沟通。直到 4 月 8 日确认犯罪嫌疑人已被抓获后事件才在一片争议中渐渐平息。事件看起来处理得当,但如家在事发 60 个小时后才举办发布会的公关行为则激怒了大众,记者等待近 5 个小时的发布会以如家酒店新闻发言人 5 分钟读完手机电子稿而结束,如家多年苦心经营的公关形象由此付之东流。这场新闻发布会不仅没有达到应有的效果,反而在炽热的舆论上火上浇油、引火烧身,进一步引起不满的社会情绪。

2. 损害性

由于危机常常具有突发性的特点,不论什么性质和规模的危机,都必然不同程度地给企业造成破坏,引起混乱和恐慌,使其陷入舆论的漩涡,而恐慌的压迫往往会导致一系列决策的失误,破坏正常的生产经营秩序,从而会给企业形象及利益带来巨大损害。并且危机往往具有连带效应,引发一系列冲击。对于企业来说,危机不仅会破坏正常的经营秩序,更严重的是会破坏企业持续发展的基础,威胁企业未来的发展。

日本雪印乳业是业界声誉显著、信誉可靠的一家公司。2000 年 6 月 27 日,它生产的低脂牛奶发生饮用者食物中毒现象,事隔两天之后,雪印才公开承认有此事实,而等事情过了快一个月,雪印才在报纸上公开向公众道歉。雪印公司由于处理危机事件迟缓,停产两周造成的直接损失就有 110 亿日元,而间接的损失是其品牌形象一落千丈,丧失了公众的信任。

3. 紧迫性

危机的紧迫性体现在危机爆发及蔓延的速度飞快,在极短的时间内就可能达到失控状态,甚至会成为其他危机事件的导火索,造成一系列危机。而且由于危机的连锁反应以及快速的传播,如果给公众留下反应迟缓、漠视公众利益的形象,势必失去

---

① 胡百精.危机传播管理:流派、范式与路径[M].北京:中国人民大学出版社,2009.

公众的同情、理解和支持。这就要求事发企业等组织机构在应对危机事件时快速采取紧急措施，否则危机一旦扩散，将增加处理难度。

**4. 两面性**

危机不仅有"危"的层面，也有"机"可循，所谓"祸兮福所倚，福兮祸所伏"，每个事物都有两面性，危机在给企业带来危害性的同时，也给企业的发展带来机遇。首先，危机在某种程度上可以说是一次"活广告"，若企业处理得当，则在消费者心中留下好的印象，形成新的发展机遇。其次，危机事件的爆发也让企业能够厘清自身发展的漏洞，管理者如能对问题进行总结并改进管理方式，将会促进企业的持续发展。

**（二）危机处理的程序及原则**

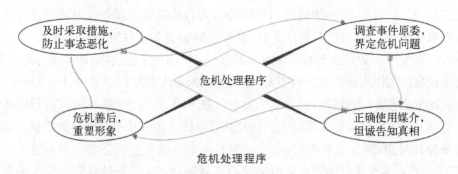

**危机处理程序**

**1. 危机处理的程序**

（1）明确目标受众，制订合适策略。

危机刚发生时，企业第一时间想到的总是要制订什么样的回应策略，实际上应该再退一步，先想想谁是主要的目标受众，这一点常常被忽略。明确目标受众意味着明确传播对象、传播方式以及传播渠道、媒介选择等。

以美通社发布的"关于美国国家安全委员会（National Safety Council，简称 NSC）案例研究"为例。案例中提到，80％的司机错误地认为免提设备比传统的移动设备更安全。NSC 为了让人们认识到这种错误观念，首先采取的措施就是锁定确切的受众——年幼孩子的母亲，一旦让这部分人信服，她们就会代你宣传。

因此，了解主要目标受众是关键，而清楚了解目标受众更是为受众制订合适策略的关键一步。

（2）及时采取措施，防止事态恶化。

企业等组织机构在遭遇危机事件时，内部组织和运行体系会受到较大的影响，而在关键时刻更加需要冷静并采取紧急措施，防止事态的蔓延。在信息传播速度如此之快的网络社会，网络舆情尤其是危机事件的传播都是以秒为计算单位的，如不加以紧急控制，就会造成巨大的损失。而及时地采取措施，不仅能够降低企业等组织机构的声誉损失，也能够为其了解和妥善处理危机事件赢得宝贵的先机。

（3）调查事件原委，界定危机问题。

危机事件的处理需要建立在了解事件原委的基础之上，因此，对危机事件的调查显得非常重要,这也是危机得到初步控制之后需要做的第一步。危机处理工作人员需要进入危机发生的现场进行调查,调查的内容包括危机发生的时间、地点和原因等基本事项,也包括危机的类别、影响范围、可能受害的群体、可能对组织自身产生的影响程度等衍生事项。

（4）正确使用媒体,坦诚告知真相。

危机发生之后,往往会引起社会与公众尤其是受危机事件影响群体的密切关注,人们急于了解真相。当事企业等应该坦诚告知真相,表明自身的态度,这是消除危机的最佳选择,也是树立自身信誉的最佳方式。

此外,选择恰当的渠道传递信息极为重要。近年来,众多企业公关危机发起源于社交媒体,企业公关发现危机后,如果选择在社交媒体进行回应,有可能引起更大规模的讨论。正确的选择是发布新闻稿引导舆论、澄清事实、化解危机。

（5）危机善后,重塑形象。

一场严重的舆情危机,往往会摧毁一些应对危机能力有限的企业等组织机构,而对大多数组织机构而言,无论是否有解决危机的能力,其组织机构形象都会不同程度地受到影响。组织机构形象的树立是一个艰辛而漫长的过程,而在网络社会,组织机构形象的坍塌却只需要一瞬间。

海航集团就南昌白金汇海航酒店 KTV 火灾发表声明

因此,公关人员如何采取有效措施重塑组织机构形象,使组织机构转危为安显得尤为重要。这一措施包括两个方面的内容。

针对组织机构内部,一是需要用真诚和坦率的态度对待员工,形成员工和组织机构之间的双向交流,增强员工对组织机构的信任感,二是要从危机中汲取教训,进一步完善组织机构管理的各项制度和措施,有效规范组织机构行为。

针对组织机构外部,一是要安抚与危机事件息息相关的社会公众,及时与他们沟通,并告知危机之后的最新局面,二是要重点开展一些有益于弥补组织机构形象的公关活动,提高组织机构的美誉度,从根本上改变公众对组织机构的不良印象。

> @麦当劳 **V**：央视"315"晚会所报道的北京三里屯餐厅违规操作的情况,麦当劳中国对此非常重视。我们将就这一个别事件立即进行调查,坚决严肃处理,以实际行动向消费者表示歉意。我们将由此事深化管理,确保营运标准切实执行,为消费者提供安全、卫生的美食。欢迎和感谢政府相关部门、媒体及消费者对我们的监督。
>
> 今天 21:50　来自新浪微博企业版　　转发(7660)　评论(2670)

**麦当劳对"3·15"晚会曝光的危机应对**

近两年被央视"3·15"晚会"点名"的企业,大部分都步入了"第一时间微博回应,隔天新闻稿声明"的节奏。例如,麦当劳曾被央视"3·15"晚会曝光,在北京三里屯麦当劳店内,食材在保温箱中存放超过规定时间,但并没有被扔掉,而是被重新放回了保温箱。被曝光后,麦当劳于一小时内快速在官方微博上作出了回应。

### 2. 危机处理的原则

英国危机专家迈克尔·里杰斯特在《危机公关》一书中提出了著名的危机处理 3T 原则，主要强调危机处理时把握信息发布的重要性。3T 分别是 Tell You Own Tale(以我为主提供情况)，强调牢牢掌握信息发布主动权；Tell It Fast(尽快提供情况)，强调危机处理时应该尽快发布信息；Tell It All(提供全部情况)，强调信息发布全面、真实，而且必须实言相告[①]。处理危机事件、实施危机管理时，绝对不能随心所欲，而是必须按照一定的原则，妥善地加以处理，用稳妥的方法赢得公众的谅解和信任，尽快恢复组织机构的信誉和形象。危机处理应当遵循的基本原则有下面几项。

(1) 积极主动原则。

危机爆发之后，需要以一种负责的积极的态度对危机事件爆发的原因、过程以及可能造成的后果进行调查、了解、分析、判断、决策，寻求最佳的解决方案，争取专家的帮助和公众的支持与谅解，这是危机公关的起码态度。相关组织机构要挺身而出，勇于承担责任，寻找解决问题的契机，变被动为主动，使不利因素变为有利因素。

对于企业来说，为防患于未然，常规的舆情监测必不可少，在平日的工作中就要建立并完善危机预防机制、危机监测机制。一个精准、全面、及时监测负面报道和品牌声量的平台是快速响应的基础。

(2) 及时冷静原则。

危机处理的目的在于尽最大可能控制事态的恶化和蔓延，把因危机造成的损失减少到最低程度，危机事件爆发后，公关人员要迅速作出反应，果断进行处理。赢得了时间就等于赢得了先机，赢得了形象。其次，在及时进行处理的同时要保持沉着、冷静、富于理性精神，不能急躁、随意、信口开河。

(3) 真实灵活原则。

危机的产生往往会带来负面舆情，甚至会流传出许多谣言。谣言止于事实，危机处理需要本着真实性原则，让事实与真相说话，才能防止流言蔓延。此外，由于危机多具有突发性，不可能有既成的措施和手段，因此，根据实际情况进行有针对性、灵活性的处理也很关键。

一般的媒体监测平台均支持关键词随时添加、修改、删除的操作，因此监测人员需要同时跟进当下的特定情况，建立品牌的专属负面词库，包括与公司相关的专有的领导姓名、技术用语、行业专有名词等自定义敏感词，及时屏蔽某些不需要的全局负面词。自定义的负面词库越丰富，预警效果越精准。此外，为了避免不必要的邮件打扰或者是错过重要的预警邮件，还可根据危机的严重程度设定负面预警频次，比如日常可每天接收 1～2 次负面信息统一处理，在有危机事件爆发或是"3·15"期间可把预警频次调整为"立即"，掌握第一手负面信息；预警邮件主题可

---

① 迈克尔·里杰斯特.危机公关[M].郭惠民，译.上海：复旦大学出版社，1995.

以自定义,也可以设定不同邮件接收人,不用再为给不同部门同事转发邮件而奔走苦恼①。

支付宝处理盗刷危机

2013年3月,不法分子利用弃用的手机号,盗刷用弃号绑定的支付宝。支付宝通过官网发布"新闻没有告诉你"的详细说明,向公众解释央视曾经披露的关于支付宝运营的报道,并提醒用户使用支付宝需要注意的事项,以及针对使用支付宝遭遇损失的客户进行赔偿事宜,提前打好危机预防针,也通过安全使用事项的普及赢得客户的信任。支付宝"新闻没有告诉你"的案例体现了企业占据危机信息发布先机的重要性,为危机事件的后续应对赢得空间。

(4)善后责任原则。

当今时代不断发生的危机事件,使组织机构在疲于应付各种突发危机的同时,总是希望找到一个正确有效的危机管理方法。危机管理不是危机处理后就结束的管理,而是必须对组织机构及其利益相关者受损的各个方面予以补偿与恢复。这是组织机构完善危机管理体系的过程,也是组织机构形象重塑的关键时期。危机善后管理具体包括对公众损失的补偿、对社会的致歉、对自身问题的检讨,必要时需要通过媒体向公众表达歉意等。面对受到该事件影响的社会公众,要勇于承担责任,做到不推卸、不埋怨、不寻找客观理由,这样才能赢得社会公众的谅解和好感。

---

① Stella.优雅地度过315,公关传播人做危机监测的5个Tips[EB/OL]. [2017 - 10 - 20].http://www.prnasia. com/blog/archives/18532.

## 本 节 小 结

综观当今社会,危机事件频发,企业未曾留意的细微事件都有可能引发巨大的危机并产生分崩离析的后果;危机作为企业发展舞台中可能出场的嘉宾,随时随地会登台表演。为降低危机对企业及社会的危害,不能在危险爆发之后再选择"灭火"。危机预警就是为降低危机带来的损害甚至避免企业危机的产生的一系列活动。危机预警需要实时监测信息动向,对有可能引发舆情的信息及时采取措施,积极进行互动。

## 第二节　公关引导与决策应对

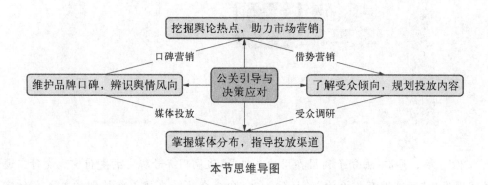

本节思维导图

当今世界在为众多企业提供了宽阔生存空间和良好发展机会的同时,也将众多企业暴露在越来越激烈的竞争当中。近年来,频繁出现的企业危机事件和种种失败的危机处理让人们把更多的目光聚集在了企业的危机公关上。企业危机的发生总伴随着舆情危机,作为新的信息传播形式,互联网已经融入人们的日常生活中,网民的活跃度达到前所未有的程度。现实情况的不容乐观,加之互联网所具有的虚拟性、隐蔽性等特点,越来越多的网民乐意通过各种渠道来表达观点、传播思想,企业经营环节出现的任何细小问题都可能被曝光于网络中,使企业陷入舆情危机。因此企业要发展、盈利就不能小觑网络舆情带来的危机。

在这个过程中,公关引导起着至关重要的作用。企业等组织机构之所以重视公关引导,就是为了抓住舆论的主导权,尤其是在突发舆情事件面前,正确的公关引导能够打通信息壁垒,保证信息渠道的畅通。

### 一、公关引导的概念及相应策略

#### (一) 公关引导概念

公关即公共关系,是社会组织机构与构成其生存环境、影响其生存和发展的那部分公众建立的一种社会关系,是一个组织机构为了达到一种特定目标,在组织机构内部之间、组织机构之间建立起一种良好关系的科学。根据纽约大学教授爱德华·伯尼斯(Edward L. Bernays)的定义,公共关系是一项管理功能,涉及制定政策及程序来获得公众的谅解和接纳[①]。它是一种有意识的管理活动。组织机构中建立一种良好的公共关系,需要良好的公共关系活动的策划来实施和实现的。

从传播的角度而言,公关引导就是将舆论引向某一设定的方向,即对信息进行筛选、加工,通过媒体反复向大众传播思想,使群众有认同感,从而将社会舆论引导到正确的轨道上来。

(二) 公关引导策略

1. 事实导向策略

事实导向策略要求企业等组织机构正确认识、了解和评估危机事实,并在此基础上采取有效的沟通方式,面向利益相关者澄清事实、告知真相,积极控制和改变事态的发展。围绕这一核心,事实导向策略包括以下内容。

(1) 告知策略。

2011 年 8 月 22 日,海底捞勾兑门事件将海底捞的神话彻底打破。当日下午,海底捞官网及官方微博发出《关于媒体报道事件的说明》,声明语气诚恳,承认勾兑事实及其他存在的问题,感谢媒体监督,并对勾兑问题进行客观澄清。随后海底捞官网及官方微博发出《海底捞关于食品添加剂公示备案情况的通报》,次日又相继发出声明报告及致歉微博,随后,海底捞邀请媒体记者,全程记录骨汤勾兑

过程,视频、照片瞬间布满网络,事件就此暂时画上圆满句号。海底捞在应对勾兑门事件时主动承认错误的做法就是以事实为导向的告知策略。

危机发生之后,面向内部和外部利益相关者适时发布消息,以告知真相,是企业等组织机构的首选策略。告知的具体方法有对外公告、投放新闻稿件、召开新闻发布会、召开座谈会、开通网站和热线电话等。告知真相需要把握两个问题。一是时机问题,迅速反应固然重要,但是真相的准确性与针对性需要反复斟酌,那些尚且无法确认的半真半假甚至虚假的"真相"不宜仓促告知,否则必然会引来更多的危机事件。二是取舍问题,利益相关者渴望了解危机的全部真相,然而对企业来说,这无疑是一个挑战,有的真相公布之后可能招来更多的非议和不满,有的真相发布之后可能冲淡乃至淹没既定的信息发布主题,有的真相发布之后,可能为竞争对手或恶意利益相关者所利用,带来更大的冲击。因此,在告知真相的过程中要确定内容取舍的"度",这个"度"需要兼顾企业等自身和利益相关者的两方需求,坚持大局利益优先,确保公众

① 胡冲.我国政府公共关系现状分析及完善建议[J].商,2015(3).

利益至上。

（2）疏导策略。

事实导向的疏导策略主要是指针对利益相关者有关危机事实层面的质疑和误解，通过有效沟通以"答疑解惑"。危机降临，利益相关者的最初反应是一系列的疑问，当这些疑问未能得到清晰、准确的回答时，利益相关者的种种猜测、误解和批评会使企业等陷入被动局面。告知策略是解决"是什么"的问题，疏导策略就在于解决"为什么"的问题。企业等需要在全面监测危机事实要素的基础上，通过审慎的事实判断，为利益相关者提供明确的答案，只有这样，利益相关者才能正确认识企业等和自身的危机处境。

### 2. 价值导向策略

价值导向策略要求企业等组织机构了解危机异化机制，协调与利益相关者的价值契约关系，实现自我价值体系的再造和利益相关者对企业等组织机构价值认同观念的重塑。价值冲突是危机冲突的重要组成部分，其特点主要表现在三个方面，一是看似无形，却以强大的力量主导着危机和利益相关者在内的理念、意图和取向，以及外在的态度、情绪和行为方式。二是与事实冲突相互作用，相互转化，影响事态朝着良性的方向发展。三是在冲突的化解方式上要求有形补偿和无形沟通合为一体，二者不可或缺。

## 二、公关决策途径

### （一）维护品牌口碑，辨识舆情风向

#### 1. 口碑、口碑监测及口碑营销的定义

口碑一词泛指众人对某件事情或某样东西的评论，口碑在营销活动中的定义始于国外营销学家阿登特的界定，即口碑是对新产品扩散而进行的人与人的交流，并且口碑信息的接收者会认为发送者所传播的某个产品、品牌或者服务的口碑是一种非营利性的、不属于商业的行为。

口碑监测需要搭建网络口碑监测系统，使用专业的监测工具，通过设置关键词等进行全网监听，精准抓取信息；之后对信息进行分类，跟踪意见领袖、网民、媒体言论，掌握舆情声量、信息传播路径，分析舆情走势，为危机应对提供决策基础，及时调整传播策略。

在企业营销过程中，口碑监测的目的是掌握用户对品牌的喜好，从而制定正确的品牌定位。早在 2002 年，美国营销学者曼纽尔·罗森（Manuel Rosen）曾指出，所谓的口碑营销指的是某品牌任一方面的所有的评述，是在任何给定的时间里，关于某个特定的服务、产品或公司的人与人之间所有的交流信息的综合。我国市场营销理论研究专家祁定江曾将口碑营销定义为在买方市场条件下，企业或者相关单位将自己的产品、服务等进行某些方面的口碑设计，使得消费者、经销商等人员在购买或接触这些产品时，所获得的利益能够超过他们的预期，促使他们向其他人介绍这些产品从

而促进销售的一种营销方式①。

### 2. 媒体监测在口碑营销中的作用

（1）挖掘潜在市场——市场监测和研判。

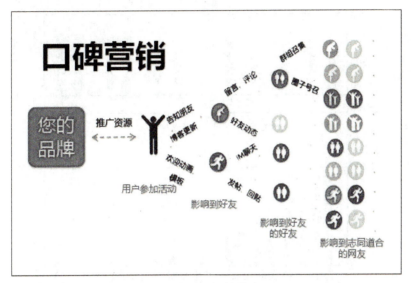

**口碑营销的传播模式**

互联网的放大作用往往使企业信息，尤其是企业的负面信息呈几何级数爆发式传播，将企业推到舆论漩涡的中心，其传播效力影响到企业品牌、产品及服务的美誉度，迫使企业关注这些来自消费者网络口碑的声音。

口碑信息从企业向消费者传递，又由消费者传播给其他消费者，通过各种传播途径的扩散，口碑信息不断扩大传播范围，形成了滚雪球效应。由于人们更加倾向于与自己有同样兴趣的人交流意见，使得口碑信息可以传达至更多的潜在的消费者，帮助企业挖掘更多的消费者。

（2）提升顾客忠诚度——客户行为监测。

客户行为监测主要是针对客户对产品的喜好、评价、消费习惯以及客户基本信息的监测。口碑信息不同于一般意义上的宣传广告，口碑营销致力于建立企业的正面口碑，树立品牌形象。好的口碑在一定程度上代表了企业的服务、产品被大众所认可。根据口碑效应，一个满意的顾客会引发八笔潜在的生意，一个不满意的顾客会影响二十五个人的购买意图。②因此一个信誉好的企业自然能够赢得消费者的信赖，提高消费者对品牌的忠诚度，而顾客的忠诚度从某种程度上来说可以成为一个活的广告。

（3）提升品牌竞争能力——品牌声量监测。

随着市场竞争的日益激烈，竞争者之间难免会存在对客户资源进行争夺的正面

**知识窗**

支付宝各种借势营销的行为已经非常成熟了。2017 年春节支付宝集福是借势营销的典型案例。

① 祁定江.口碑营销：用别人的嘴树自己的品牌［M］.北京：中国经济出版社，2008.
② 章明.CS 战略：向顾客要商机［J］.技术经济与管理，1996(1).

冲突。而好的口碑则会帮助企业在竞争中处于优势地位。好的服务与产品能够通过口碑形成天然的广告效应,无形中提升企业自身品牌在市场中的竞争力。

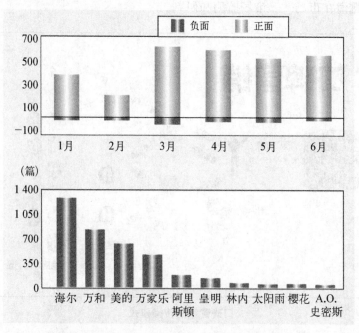

某年热水器行业的传播声量图　数据来源:慧聪研究

(二) 挖掘舆论热点,助力市场营销

社会热点是人民群众关心的焦点问题,甚至是关系国计民生的重要问题。网络社会时代,网络舆情热点成为企业最为青睐的营销手段之一。现阶段,随着互联网络的蓬勃发展,社会热点的发源地往往是在虚拟的网络环境中,而互联网信息的裂变式传播模式,使及时进行舆情监测显得尤为重要。对于一个企业来说,网民讨论的舆论热点可分为两种情况,一种是与自己有关的,另一种则是与自己无关的。与自己有关的舆论热点,是企业监测的重点对象,尤其是针对负面舆情的监测,一旦监测失误,会造成难以估量的后果。另一种情况是与企业本身无明显关联的舆论热点。这类热点事件的监测则有利于企业在舆论的高潮中找到营销的切入点,即所谓的借势营销。

借势营销,是指企业将销售的目的隐藏于营销活动之中,将产品的推广融入一个消费者喜闻乐见的环境里,使消费者在这个环境中了解产品并接受产品的营销手段[1]。具体表现为通过媒体争夺消费者眼球,借助消费者自身的传播力,并依靠一种轻松娱乐的方式潜移默化地引导市场消费。借势不仅可以借热点事件吸引消费者的目光,更可以借节日、明星、场景等来实现品牌的传播。热点事件往往能够掀起借势营销的狂欢盛宴。借势营销产生的积极效应有以下几点。

---

[1]　谭小芳.借势营销:企业提升知名度的道与术[J].现代企业文化,2012(Z1).

1. 投入成本低，传播具有可控性

热点舆论事件本身所具有的吸引力，一旦被受众所知晓，便会成为受众热议的话题，受众会不自觉地参与热点话题的讨论，为热点话题的二次传播提供出口。企业若能积极地搭上热点事件的列车，恰到好处地借热点话题事件来对自身的品牌或服务进行宣传，会潜移默化地增加品牌的曝光度，提升品牌的关注度。

2. 契合受众心理，培养忠实用户

2015 年，河南省一名中学老师的辞职信"世界那么大，我想去看看"在网络上掀起一阵热潮，不少企业也趁机借势营销。中国石化：同意！你带上我，我带上卡，你负责精彩，我为你护驾。中国移动：同意！"和"你一起看世界。中国联航：同意！才 8 块，跟联航飞吧！

教师的辞职信引发舆论热点

在新媒体平台上，关于企业形象、服务、优惠等进行生硬的宣传很难吸引消费者的注意力。借助舆论热点事件能够契合消费者的消费心理，引起消费者共鸣，并在数次借势营销中让消费者记住企业或者品牌的名称，认可企业或品牌的知名度与优势。2015 年 5 月 29 日，范冰冰首次公布恋情，"我们"一词成为网络社交平台的热词，杜蕾斯随后以"冰冰有李"借势营销，并取得良好的传播效果。

3. 传播路径多样化，引爆速度快

热点事件在网络平台的传播速度极快，会产生蝴蝶效应，若品牌借势创造出更具趣味性、生动性的内容，会引发大规模的传播行为。并且随着移动互联网的快速发展与普及，多样化的社交媒体传播路径使得在不同平台上都能够寻找到热点事件的踪迹，以此能够在短时间内迅速增加品牌的曝光率，进而提高品牌的知名度。

（三）了解受众倾向，规划投放内容

消费者对商品及服务的偏好差异决定了销售业态的多样性。相关部门通过监测目标受众感兴趣的内容或者话题，对热门话题、热门关键词等进行搜集，了解目标受众的话题倾向和喜好，合理规划投放内容，贴近受众。这就是消费者的行为监测。

对消费者行为的监测是企业营销管理的一个重要任务，在市场经济条件下，尤其是在买方市场的情况下，消费的金额、对象、方式完全是一种自主的个体行为，不同的个体会有不同的选择，并受到文化、社会以及心理等多重因素的影响。

1. 消费者行为监测的对象

（1）消费者的需求。

消费者的需求研究是消费者行为研究中最为基础性的研究。通常是通过调查问卷、访谈、讨论、观察等形式和手段，对目标消费者（个人和群体）进行全面研究，挖掘出消费者的潜在需求，帮助企业正确地进行产品定位和目标市场定位，减少企业在产品选择和市场选择上的失误。在充分调查研究的基础上,进一步评估潜在市场的吸引力,评估企业在该市场的竞争力,并制订相应的营销策略。

(2) 消费行为与态度。

通过研究不同群体的消费者对某一类产品(或服务)的消费心理、消费行为、消费需求、消费动机、消费决策过程以及信息获取渠道等,可以为企业产品的市场定位以及营销决策提供重要依据,可以帮助企业深入了解自己的消费者,为产品定位、需求分析和核心竞争力的确立奠定基础。

(3) 客户满意度。

客户满意度研究,又称 CSR(consumer satisfaction research),是一种新兴的调查技术。这种调查的目的是考察消费者对企业产品和服务的满意程度,包括满意率、顾客忠诚度、顾客抱怨以及他人推荐率等重要评价指标。通常,该项调查是连续性的定量研究,所采用的调查方法包括电话调查、入户调查、神秘顾客调查和邮寄调查等。

2. 消费者行为监测的作用

(1) 市场细分与产品定位。

市场细分(market segmentation)的概念是美国市场学家温德尔·史密斯(Wendell Smith)在 20 世纪 50 年代提出来的,是指营销者通过市场调研,依据消费者的需求和欲望以及购买行为等方面的差异,把某一产品市场整体划分为若干消费群体的一个市场分类过程,每一个细分的市场都有类似的需求倾向。市场细分是制订大多数营销策略的基础。企业细分市场的目的,就是找到适合自己进入的目标市场,并根据目标市场的需求特点,制定有针对性的营销方案,使目标市场的消费者某种独特的需要得到更充分的满足。只有了解产品在目标消费者心目中的位置,了解其产品是否被消费者所接受,才能发展有效的营销策略。

(2) 广告与促销策略的制订。

对消费者行为的透彻了解,是制订广告与促销策略的基础。通过消费者行为研究,可以了解他们获得信息的途径、了解他们对广告与促销的态度及评价,以及广告与促销对他们消费行为的影响等,从而制订出合理、有效的广告与促销策略。

(3) 分销渠道与新产品开发。

消费者喜欢到哪些地方以及如何购买产品,也可以通过对消费者的研究了解到。通过了解消费者的需求与欲望,了解消费者对各种产品属性的评价,企业可以据此开发新产品。可以说,消费者行为研究即是新产品构思的重要来源,也是检验新产品各方面的因素,如产品性能、包装、口味、颜色、规格等能否被接受以及应在哪些方面进一步完善的重要途径。

(四) 掌握媒体分布,指导投放渠道

随着互联网的不断发展,互联网媒体的种类及数量都在急剧增加,各种媒体形式不断崛起且影响着我们的生活,用户在互联网中的搜索、浏览、购买、观看等行为具有巨大的营销价值,通过对不同媒体平台相关数据的监测,能帮助企业掌握媒体分布、确定投放渠道。

1. 精准广告的概念

精准广告是百度于 2006 年 7 月在当年的百度世界大会上公布的创新广告形式。它以个体为单位的受众需求为中心,将精准的广告信息,通过精准的渠道,在精准的时间,精准的地点,传达给有需求的受众①。其核心逻辑是以消费者为中心,广告目标是最优营销效果,在广告投放上重视技术驱动②。

2. 精准广告的投放策略

(1) 时间定向。

时间定向是指在特定的时间段出现广告。可针对目标受众的观看习惯,在高峰时间段投放广告,使广告集中曝光在目标受众的注意范围中,增强品牌的投放效果。以视频广告为例,晚上 19 点至 24 点是观看视频的高峰期,那么广告客户一般选择在这个时间段投放广告。

(2) 区域定向。

区域定向的广告投放方式,是指在特定区域出现广告主的广告,可定向省份或城市,甚至是具体的场所。根据广告客户的目标人群的地区分布,选择区域定投可以使广告覆盖更为广泛的目标人群,同时曝光也更为集中。通过对第三方平台监测系统的数据进行分析,可以看出各媒体在不同地区的表现,以此更加科学地选择投放媒体。

(3) 内容定向。

内容定向的广告投放是指在特定的内容面出现广告客户的广告。对纸媒来说,可选择某个报纸期刊,或者某版面;对视频广告来说,可选择某频道、节目、电视剧等;对户外广告而言,可选择广告牌、移动广告等;对网络而言,可以选择不同的页面③。

3. 媒介形态变化下的广告形式的发展

(1) 传统媒体广告影响力式微,新兴媒体广告影响力提升。

随着媒介形态的变化,传统的广告投放媒体如报纸、电视、杂志、广播的影响力日渐式微,这种式微不仅是指广告传播效果的减弱,也是指相对于新兴媒体的广告发展速度,传统媒体的广告发展速度相对下降。

随着移动互联网和社交媒体的发展,手机媒体异军突起,手机作为一种新型媒体的应用价值也日益凸显。手机具有其他媒体无法比拟的优势,其覆盖性强,传播成本低廉,可以最大化地利用人们零碎的时间传递信息。手机媒体广告以较强的针对性和时效性吸引了大量的用户,人们可以随时随地接收广告信息。手机广告能够通过用户的资料分析将用户划分为不同的群体进行分众化、定向化的广告推送。

---

① 邓瑛.精准广告的传播模式与策略研究[D].长沙:湖南大学,2008.
② 倪宁,金韶.大数据时代的精准广告及其传播策略:基于场域理论视角[J].现代传播,2014(2).
③ 夏菲菲.网络视频广告精准投放及优化策略研究:基于广告代理公司视角[D].合肥:安徽大学,2016.

（2）广告传播过程中媒介选择的多元化。

传统媒体广告的发展速度减弱，新型媒体广告市场份额不断加大。广告主对媒体投放的选择也日趋多元化。对广告受众的细分主要是基于年龄、行业、收入等元素。

由于不同年龄段的受众对不同媒体的接触频率差异较大，广告客户选择媒体时往往根据不同的目标群体采取不同的媒体策略。如针对中老年人的广告主要投放于报纸、电视等传统媒体。中老年人虽开始接触网络，但对中老年人影响最大的媒体依然是传统媒体。针对青少年，则需要采用具有青春活力特征的新兴网络媒体、手机媒体。

媒体发展的多元化无疑促进了广告媒体投放策略的多元化发展，针对不同的受众人群，广告客户采用的媒体投放策略也不同。随着新兴媒体等兴起，选择单一的媒体进行广告投放难以取得良好的宣传效果，多元化的媒体策略逐渐成为广告投放的首选策略。

案例"必胜客下午茶"：针对目标群体——都市白领，选择他们经常接触到的楼宇液晶电视作为广告投放媒体，并取得了不错的宣传效果，使"必胜客下午茶"成为都市白领的生活习惯。

4. 媒体监测对广告投放的作用

（1）构建完整的受众数据库体系。

广告精准投放的一个前提就是受众数据准确，然而在日益复杂的营销环境中，消费者的诉求、爱好越来越难以把握。媒体监测机构为广告客户研究其目标受众，帮助广告客户找准目标受众，在对目标受众的性别、年龄、地域、受教育程度等基本人口信息整合的基础上提升受众数据的精准性，力求受众的需求与广告客户的产品直接匹配。对广告投放情况进行精准的监测有利于构建完整的受众数据库体系。

《2016 欧洲杯人群画像 & 6 大营销洞察解读》：以 2016 年欧洲杯为例，基于微博大数据专业的"人群画像"得出欧洲杯赛事的"观赛者"不等于欧洲杯营销的"粉丝"的结论，纠正了长期以来人们产生人群"错位"的现象。

欧洲杯 "人群画像" 分析，营销 "错位" 现象凸显

我们通过研究发现：

欧洲杯赛事的 "观赛者" ≠ 欧洲杯营销的 "粉丝"

"Loyal Fans"      "Marketing Followers"

 存在差异！

欧洲杯期间球迷网络人群画像

（2）受众需求的深层次挖掘。

不可否认的是，这是一个"崇拜"数据的时代，数据已然成为现代生活、商业、工作等方面不可或缺的因素，但是在纷繁复杂的数据迷雾之中，人们逐渐走向了用数据说话的误区，陷入了"唯数据论"，忘却了数据的本质——挖掘数据背后的人。受众的需求、爱好牵扯到一系列复杂的心理因素和决策过程。

根据马斯洛（Abraham H. Maslow）的需求层次理论，人的需求像阶梯一样从低到高按层次分为五种，分别是生理需求、安全需求、社交需求、尊重需求和自我实现的需求。针对不同行业不同广告主的产品，受众的需求处于不同的阶段。媒体监测机构能够从专业的角度，给广告客户最合理的广告投放建议。具体而言就是在进行精准广告投放之前，对目标群体的需求进行充分的调研，了解其所思所想。这种调研在一定程度上弥补了单靠受众数据库的不足，探析了受众心理层面真实、潜在的需求，实现了广告的按需推送，助力广告投放向精细化、精准化发展。

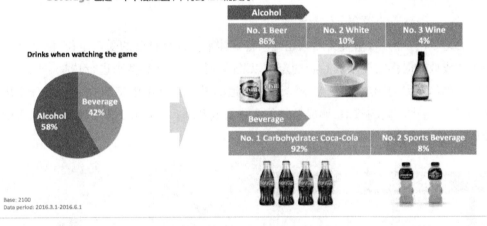

欧洲杯期间球迷网络行为分析

通过媒体监测及分析，发现粉丝在观赛时喝酒也喝软饮，纠正了长期以来人们认为"足球与啤酒更配"的观念，为饮料行业的营销提供新的思路。通过分析粉丝男女比例及女性在看足球时的喜好，发现女性喜欢一边看球一边做面膜的重要习惯（见下图），发掘出了球赛季新的营销可能性。

5. 新媒体时代广告投放策略

（1）广告平台的品牌知名度。

广告平台的知名度是指广告投放的网站、频道等平台是否有足够的知名度与产品相匹配。知名度高、粉丝较多的平台能够在一定程度上带动品牌的宣传效应。这

欧洲杯期间女性球迷网络行为分析

就是为什么中国春节联欢晚会中间插播广告的费用要按照每秒百万甚至千万元来计算。

（2）广告频道的受众定位及流量。

无论是门户网站、垂直类网站还是其他媒体平台都有自己的受众定位，因此在选择媒体投放的时候需要根据品牌的定位以及品牌推广活动类型来进行选择。国内四大门户网站所设的频道均有十几个，这些频道的设置就是希望将首页的流量分离出来，分散于各个不同的频道，形成较好的广告投放环境。一般在选择网站进行广告的投放时，首选网站主页，其次是各频道的主页。

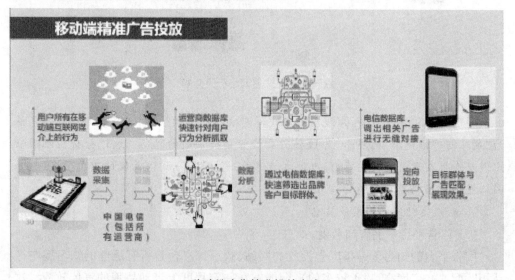

移动端广告精准投放方式

（3）广告活动的历史响应率。

广告活动的历史响应率用来评估媒体广告的投放效果，对于一些常见的媒体，需要根据之前广告活动的响应率来进行评估，对于之前没有使用过的网络媒体，则需要根据该网络媒体广告位所处频道的流量以及曾经在其他网络媒体上相同或相似位置投放过的网络广告的响应率来进行评估[①]。

<h2 style="text-align:center">本 节 小 结</h2>

公关引导需要建立在对产品口碑、社会的舆情走向、受众倾向偏好、媒体广告投放分布等因素了解的前提下作出正确的决策引导，对企业相关决策人员在专业性、信息分析能力、市场敏锐度及应变能力等方面有较高的要求。

<h2 style="text-align:center">第三节　市场调研与竞品分析</h2>

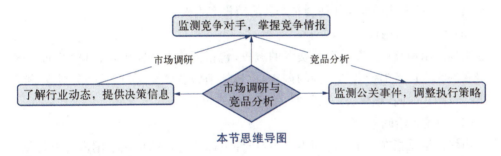

**本节思维导图**

市场调研是用来探索人们思考什么、想要什么、需要什么或做什么的有效方式，厂家通过市场调研的方式了解顾客的需求，据此生产产品，并评估营销策略的成功性；社会及政治团体利用市场调研来把握社会舆论，并将其作为制定政策或测试宣传活动成功性的依据。市场调研源于20世纪初的欧美国家，于20世纪90年代初进入中国。在市场经济蓬勃发展的今天，市场调研已然不能满足企业的发展，竞品分析以及公共关系的研究则开展得如火如荼。竞品分析，从字面上来理解就是对竞争对手的产品进行比较分析，以了解自身产品的优势和存在的不足。

### 一、了解行业动态，提供决策信息

#### （一）市场调研的概念及内容

##### 1. 市场调研的概念

市场调研，是指为了提高产品的销售决策质量、解决存在于产品销售中的问题或

---

① 曹伯.媒介形态的变化对广告投放策略的影响：媒介演化与投放策略的研究[D].北京：中国传媒大学,2008.

组织根据特定决策问题运用科学方法有目的收集、统计资料及报告调研结果的工作过程[①]。市场调研对于营销管理来说犹如侦察之于军事的指挥作用，是一个有系统、有目的的客观调研，对提供决策信息、了解市场环境与市场变化要素等有重要的意义。

### 2. 市场调研的内容

市场调研包含的内容十分广泛，除了获得内部市场报告和市场营销情报之外，通常还需针对特定的问题进行详细的研究，以减少主观判断造成的决策失误。总的来说，其内容可以分为以下几点。

（1）对产品本身的研究。

针对产品本身的研究包括产品的整体设计、功用、包装、质量是否满足顾客的需求，以及产品保修、咨询、安装、送货等产品延伸服务，除此之外，还包括顾客对该企业产品的偏好程度及原因。

（2）产品营销方式的研究。

针对产品营销方式的研究包括产品的定价策略、广告投放媒体的选择、销售渠道的挑选、产品组合方式等。营销方式的选择需要结合产品的目标群体与整个市场环境来决定，营销方式的变动往往会对产品的销售产生极大的影响。

（3）市场需求调查。

市场需求调查主要是针对消费者的调查，包括消费者的需求量、消费者的结构、消费者的收入以及消费者的行为的调查，也包括消费者的购买目的、购买对象、购买数量以及购买时间、频率、方式、习惯、偏好的调查等。

（4）市场供给调查。

市场供给是指在一定的时期内、一定条件下以及一定的市场范围内可以提供给消费者的某种商品或服务的总量，可以分为实际供给量和潜在供给量，实际供给量和潜在供给量之和近似市场供给量。市场供给能力调查主要包括产品生产能力的调查，具体可以分为某一产品市场可以提供的产品数量、质量、功能、型号、品牌等。

（5）市场营销因素调查。

市场营销因素包括产品、价格、促销、渠道等。市场营销因素的调查主要是了解市场上新产品的开发设计情况、消费者使用情况、消费者评价以及产品的生命周期、产品组合情况等。产品价格调查主要包括消费者对产品定价的接受情况以及同类产品的市场价格。促销活动调查包括各种促销活动的实施情况、实施效果以及后期的市场反应。渠道调查主要包括渠道的结构以及消费者对不同渠道的满意度。

（6）市场竞争情况调查。

市场竞争情况调查主要包括对竞争企业的调查和分析，了解同类企业的产品、价格、销售策略、销售渠道等方面的情况，有利于帮助企业确定竞争策略。

---

① 韩颖，贾书.论市场调研的不可靠性[J].中国管理信息化，2016(6).

（二）市场调研的功能

1. 了解市场状况，抓住市场机遇

市场由买卖双方组成，并彼此为对方提供市场，在商品市场日益丰富的情况下，作为卖方的生产者既面临产品、资金、人才等资源竞争，也面临着技术、设备的竞争；作为买方的消费者，在纷繁复杂的市场面前，必然要作出自己的选择。在竞争日益激烈的市场条件下，谁能赢得有限的资源——消费者，谁就是成功者，反之则会被市场所淘汰。因此，市场生存法则时刻提醒企业了解市场状况，发现和利用市场机遇。市场调研就是帮助企业调查市场境况的一面放大镜，用详细的调查数据来解释市场现状，推测市场走向。

2. 制订正确的营销战略

在现代市场营销中，企业管理者如果对影响目标市场和营销组合的因素有充分的了解，那么企业将处于主动地位。主动的地位意味着管理者可以随着不同的经济、社会和竞争环境来调整营销策略。在不断变化的市场中寻求新的立足点，通过战略计划的制订为企业的发展提供指导性营销战略。而一个好的战略规划建立在长期市场调研的基础之上，有助于企业实现市场占有率和长期利润的增长；缺乏市场调研的营销战略是纸上谈兵，经不起实践的考验。

3. 开拓新市场，开发新产品

任何产品都只能满足某一个时期或阶段的消费者的需求，任何企业的产品都不可能永久占领市场，例如 2017 年 2 月 24 日《人民日报》的相关报道提到由于智能手机的摄录功能越发强大，尼康的高端相机已停售，数码相机面临着成为夕阳产业的危机。一个企业要想在市场中立足，就要不断创造出新的能够满足消费者需求的产品，市场调研在调查消费者需求方面扮演重要的角色，通过市场调研数据，可以充分掌握消费者的需求、消费结构，甚至能够预测消费者的消费趋向和偏好，从而帮助企业开发新的市场和产品。

人民日报 V

【百岁尼康业绩大跳水：高端相机已停售……】据尼康公布最新财报显示，2016年4月1日至12月31日尼康净利润亏损8.31亿日元，而上年同期盈利还高达187.1亿日元。尼康中国宣布停售"致金DL系列"高端数码相机。业内人士称，智能手机拍照和视频摄录功能越来越强大，数码相机成为一个夕阳产业。你还用吗？

《人民日报》针对尼康相机发布的微博

## 二、监测竞争对手，掌握竞争情报

（一）竞品分析的概念

古人云"知己知彼，百战不殆"，在市场经济中，知己已然不易，知彼更为艰难。所谓的竞品，顾名思义，就是竞争产品，是自身产品的同类竞争品种，那些高于自身产品的竞品是重要竞品，那些高于自身产品并且非常有竞争力的产品是核心竞品，那些在自身产品之下的是一般竞品。这些之上或者之下是相对而言的,如新浪新闻和腾讯新闻,就是属于彼此的核心竞品,若拿一些非常不知名的、几乎没有受众群的客户端与新浪新闻做竞品分析,则无法构成竞争关系。因此,了解竞品的分级有助于提高竞品分析的针对性。

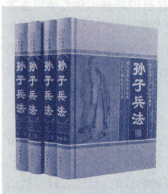

"知己知彼,百战不殆"是《孙子兵法》的精髓,它概括性地描述了孙武对战争中敌我势力的认识。古往今来,历代军事学家都在运用这一具有普遍意义的基本规律。实践证明它不管是对战争、商业活动甚至政治活动都有深刻的指导意义。企业之间竞争讲究对实际情况进行详细、准确、全面、深入的了解,以进行周密严谨的分析,作出切合企业实际情况的战略和应对措施,以获得竞争的胜利。市场活动中,企业需要进行商业调查报告,对消费者进行竞争双方产品使用情况的调查,对企业自身环境先知,对竞争对手产品的详细信息先知,那么就可以进行严密的"庙算",战略也便会取得成功。

竞品分析(competitive analysis)一词最早源于经济学领域,市场营销和战略管理方面的竞品分析是指对现有的或潜在的竞争产品的优势和劣势进行分析评价。此分析提供了制订产品战略的依据,将竞品分析获得的相关竞品特征整合到有效的产品战略制订、实施、监控和调整的框架当中来[1]。

随着竞品分析在各个学科领域的扩散,其概念已被不同学科所扩展。竞品分析的目的是帮助实现自身产品市场定位、提高自身产品的差异化程度以及为自身产品设计提供功能、可用性、关键技术等方面的参考。

表6-1 竞争情报系统类型[2]

| 软件系统类型 | 系统功能 | 功能本质 | 学科和技术渊源 |
| --- | --- | --- | --- |
| 市场/营销信息系统 | 市场、营销信息搜集、整理、分发 | 信息管理 | 市场营销、信息系统 |
| 竞争信息沟通和管理平台 | 竞争信息搜集、整理、管理、共享、讨论 | 信息管理、沟通与共享 | 管理信息系统 |
| 战略/决策支持信息系统 | 战略信息搜集、整理、发布/分发 | 信息管理、决策分析 | 战略规划、信息系统 |

① 马晓赟.浅析竞品分析[J].艺术科技,2014(2).
② 陈飔.企业竞争情报软件产品和市场状况探讨[J].软件工程师,2011(1).

（续表）

| 软件系统类型 | 系统功能 | 功能本质 | 学科和技术渊源 |
|---|---|---|---|
| 竞争情报系统 | 自定义的竞争信息处理模块：搜集、管理、发布、KIT/KIQ 流程管理 | 信息管理、竞争情报流程管理 | 信息管理、流程（工作流）管理 |
| 知识管理系统 | 企业/组织知识整理和共享，信息收集和分析 | 信息管理、竞争情报流程管理、知识挖掘、关联分析、非结构化数据分析（弱） | 信息管理、知识管理 |
| 定制化信息搜索管理系统、舆情监测系统 | 定题信息收集、分发和管理 | 定题搜索、搜索引擎 | 搜索引擎、信息检索、语义理解 |
| SaaS 模式的情报监测和挖掘服务系统 | 情报监测和挖掘、推送 | 语义搜索、情报挖掘 | 搜索引擎、自然语言处理、语义理解 |
| 商业智能系统/扩展模块 | 结构化数据信息分析、知识挖掘 | 信息分析 | 知识管理、信息分析 |

　　竞争情报系统是指竞争情报系统软件产品，涵盖竞争情报监测系统、竞争情报搜集系统、竞争情报分析处理系统、企业竞争情报门户（系统）、企业竞争情报集成系统或解决方案、竞争情报处理中间软件和网络竞争情报服务客户端软件。目前市场上竞争情报软件有多种类型。根据有关研究机构的调查，目前中国市场上提供的竞争情报系统软件已经有十多种，软件系统的名称并不统一，功能也各不相同，无论是从认识上、方法上、流程上，还是从系统设计和效果评价上都表现出一种矛盾和混乱状态。当然这也是事物快速成长时期的常态。目前的企业竞争情报系统可能会冠上竞争情报的名字，也可能不冠名竞争情报。

　　（二）媒体监测在竞品分析中的运用

　　1. 竞品的选择

　　竞品的选择与对自身产品的定位密切相关。一般而言，竞品分为三类：直接竞品、间接竞品和潜在竞品。直接竞品，就是与自身产品属于同个类别且目标群体一致的产品，对这类产品的研究可以了解同类产品的功能、价值、外观以及受欢迎程度等，可以从中借鉴长处，也可用以避免出现相同的不足之处。间接竞品，是指可能不属于同类产品，但是由于某部分功能相似而拥有共同的目标群体。对这类产品的研究可以帮助企业排列所要开发产品的功能优先级并确定产品所需要突出的功能。潜在竞品是指产品的开发者在行业利润达到一定规模，能够进入市场并利用其现有资源对竞争格局产生重大影响的产品。对这类产品的研究有助于预先避开它们的触角。对竞品的选择建立在对自身产品清晰定位的基础之上，需要选择优秀且对自身产品的

餐饮行业的竞品

持续发展有重要意义的竞品进行分析。

随着O2O市场的拓展，餐饮O2O的规模不断扩大，反映出了餐饮商户对O2O模式较高的认可度。市场份额较大的外卖平台分别是美团外卖和饿了么外卖。在做竞品分析的时候，一般会选择与自身实力相当的产品。

## 2. 竞品分析维度

竞品分析的维度随着产品开发阶段的不同而有所区别。产品的开发前期，主要侧重于研究产品的战略定位、盈利模式、推广方式；产品策划阶段侧重于产品的功能定位、目标群体等；产品设计阶段主要侧重于产品的外观、包装以及交互形式等。不同阶段分析维度的侧重点不同，但它们都是产品开发的重要环节，是环环相扣、不可分割的一个整体。

网易云音乐用户画像

酷狗音乐用户画像

" 在网易云音乐总能发现让我心动的音乐，每当此时我便会分享给我的朋友们。"

昵称：Foster1994
性别：男
年龄：21
职业：学生
学历：本科在读
特点：空余时间多，爱新奇，爱分享
平时观看节目：花儿与少年

" 现实本就重口味，何必强颜小清新。"

昵称：雨天不下雨
年龄：24
性别：女
职业：文员
学历：专科
特点：空闲时间多，比较无聊，单身，渴望交个男朋友
平时爱看节目：中国好声音，湖南台节目
喜欢歌手：陈奕迅，周杰伦

网易云音乐与酷狗音乐的用户画像

一般来说，用户画像在产品没有上线、市场前景较为模糊、产品需求还需探索的阶段开展。定性化的用户画像能有效地节省时间、资源，在较短的时间内通过桌面研究、访谈等定性化的方法来获得用户画像是一种比较可行的方式。而事实上，用户画像是一种能将定性与定量方法很好结合在一起的载体，通过定量化的前期调研能获得一个对用户群较为精准的认识，在后期的用户角色建立中能很好地对优先级用户进行排序，将核心的、规模较大的用户着重突出来。

3. 竞品分析内容

（1）特征的罗列。

针对竞品的各个维度，分析方式可以分为横向和纵向。横向分析是将需要做分析的方向罗列出来，然后分别观察和比较竞品情况，因此能够辨认出某一测评类别或所有测评类别中，哪个竞品做得最好，但是它所创建的用户体验画面比较零碎，不易分析出每个竞品的整体用户体验水平。纵向分析是将所有相关竞品列出来，分别体验并撰写需要分析的点。每个竞品都有背景介绍，依照不同的评测标准来描述。纵向分析为每个竞品都提供了一个整体的用户体验的视角，但不易于不同竞品对比。

（2）分析评价。

特征罗列是客观地描述每个竞品的特点，分析评价是依照可用性准则，对竞品的各个方面进行分析评价。对比特征罗列，分析评价带有一定的主观色彩，因为涉及一些产品层面的考虑，通常从操作体验上很难评判哪个竞品更好，所以主观评价可以作为客观描述的补充。

以2017年3月美通社发布的国航的媒体监测报告为例。监测报告包括平面媒体和网络媒体的监测情况，除了综合传播情况外，重点突出了国航及其竞争对手的比较分析情况汇总。

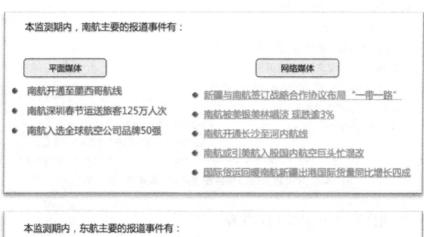

本监测期内，海航主要的报道事件有：

| 平面媒体 | 网络媒体 |

- 海南航空将开通成都重庆至洛杉矶国际航线
- 海南航空开通杭州首条飞北海道的航线
- 聚鑫物云与海航建立大数据合作

- 海航优化在美物业布局 计划出售纽约1180写字楼
- 获海航加持 住百家加快业务布局
- 海航洽购福布斯控股权?福布斯控股方回应"谣言止于智者"
- 海航拟入股瑞士机场零售商Dufry估值76亿美元
- 海航被曝洽购福布斯传媒:交易规模或超4亿美元

本监测期内，阿联酋航主要的报道事件有：

- 阿联酋航空推出迪拜专享好礼
- 阿联酋航空货运部情人节货机喷绘玫瑰花

本监测期内，汉莎航主要的报道事件有：

- 阿提哈德与汉莎加深合作
- 汉莎允许通过第三方数字渠道售票

本监测期内，国泰主要的报道事件有：

- 国泰航空与旅客互动
- 国泰航空及国泰港龙航空"空中婚礼"特别航班

本监测期内，美联航主要的报道事件有：

- 十年来最大产品变革美联航新任CEO豪赌明天

本监测期内，新航主要的报道事件有：

- 新加坡航空推促销机票

主要事件分析：航线新闻与促销新闻为行业发布热点，建议国航持续保持对该两类新闻发布的投入。

2017 年 3 月份国航的媒体监测报告(案例来源：美通社)

## 三、监测公关事件，调整执行策略

### (一) 危机公关的概念及特性

#### 1. 危机公关的概念

在公关学界，一般将 1982 年美国强生公司"泰诺"止痛胶囊中毒事件的处理看作危机公关起始的案例。关于危机公关的定义，学界目前有这样几种说法。狭义的危机公关是公共关系学中的一个概念，是指面对组织已经出现的信任或形象危机，用一系列的公关手段去化解和预防，并取得社会公众谅解，进而挽回形象的一项工作。广义的危机公关包括从公共关系的角度对危机进行预防、控制和处理[①]。此外，也有学

从"谣言风波"和"中毒事件"看企业危机管理

---

① 历恒.企业危机公关的媒体策略研究[D].大连：大连理工大学,2008.

者将危机公关等同于危机管理,或者认为它是一种理解、动员、协调和指导相关战略、战术,运用各种可能的公共事务与公关技巧来实现企业目标的系统活动。

综上可知,危机公关是指在危机管理的过程中,运用各种手段和公关技巧解决突发危机,实现企业发展目标,并利用企业的危机公关工作建立危机预防和控制机制,以提高企业的危机处理能力的活动。

2. 危机公关的特性

(1) 全面性。

危机公关的全面性体现在危机工作范围的纵横两个方面,既包括对企业内部人员的公关工作,提高工作人员对企业的信任,共同应对危机,也包括企业外部的公关,对公众和社会进行致歉和表态。此外,全面性还包括对危机事件的事前预防、事中处理以及事后研判和控制。

2016年4月17日,有网友在微博爆料,北京一小区内,一位顺丰的快递小哥不小心与某私家车发生刮蹭,该车主随后对快递小哥进行了长时间的辱骂,并不断动手打人。在1分42秒的视频中,这位车主对快递小哥进行了7次打脸,且连续爆粗口十余次。而快递小哥除了说一句"对不起"之外,没有还手,而是一直在躲闪。事件被曝光之后,顺丰当晚就被顶上微博热搜第一,面对员工受辱,顺丰官方出面,在第一时间挺身而出,不仅给顺丰内部的员工吃了颗安心丸,也助推了企业的形象。

顺丰对于危机事件的处理案例

(2) 复杂性。

危机公关是公共关系流程中最为重要也最难应对的一个环节。随着社会环境的变迁,危机管理人员在工作中遇到的危机情况也越来越复杂,一个危机应对不好甚至会导致一系列危机事件的爆发。这对危机公关从业人员在危机分析、应对、处理以及领导能力等方面提出了较高的要求。

(3) 应变性。

危机类型的复杂多样性决定了危机应对策略也各不相同。面对突发危机,很难找到绝对固定化的解决模式,需要企业以及相关从业人员根据具体的情况,随机应变,在实际的危机实践中不断提高应变能力。

近几年,从血友病吧事件,到魏则西事件,百度不断陷入各种危机中。百度在

"这届百度公关"对百度连续性
公关危机的应对

2016 年 7 月份开了一个微信公众号,叫"这届百度公关",从自黑自嘲自省的角度,以网络语言来降低自身的姿态,获取用户的好感度,尝试用一种与众不同的公关手段挽回自身形象。

（二）危机公关策略

戴维斯曾表示:"面对危机,首要目标是尽快结束危机,但更重要的是做到防患于未然。"[①]危机总是伴随着企业的成长并以各种姿态登场的,为了降低危机事件对企业的危害程度,只在事后进行"灭火"不足以消除危害,也不利于企业的持续发展。因此制订危机公关策略需要顺势而变,在危机预警、处理以及善后三个层面都需要制订严密的公关策略。

### 1. 危机公关的预警策略

危机公关预警是企业危机公关不可或缺的一部分,做好危机预警工作能够降低甚至避免危机所带来的损害。

做好危机公关预警,首先要严格把关,讲究信用。诚信是社会发展的根本,更是一个企业立足的准则,诚信的企业不仅能够在公众心中树立良好的形象,还能提高企业的美誉度,获得更大的发展空间。在激烈的市场竞争中,很多企业盲目争利,引发诚信危机,如 2011 年的"瘦肉精"事件以及永和豆浆事件都使当事企业遭遇了严重的品牌信誉危机。尽管后期展开了一系列的危机公关活动,但依旧拯救不了一败涂地的品牌形象。

其次,要建立危机预控体制。在危机四伏的现代网络环境中,企业在任何一个环节出现差错都可能引发较大的危机。为了更好地应对危机,企业必须实施防范策略,树立企业员工、高层的危机忧患意识,培养意见领袖,建立预控机制。2012 年,白酒行业因受到塑化剂事件的影响股价集体下跌,但泸州老窖在第一时间于官网和其他媒体发布不含塑化剂的公告而顺利避开了此次危机事件。

最后,在技术层面要构建多维的监督体系,进行实时监测。在透明多孔的网络环境中,企业若能及早发现危机预兆,就能够防微杜渐。专业、全面的监测系统能够协助企业更快洞察信息走向,把握危机公关的主动权。在监测内容上,包括政府、公众、行业、媒体、投资方、竞争对手等利益相关者发布的一切信息。

---

① Division W.P. The Third-Person Effort in Communication [J]. The Public Opinion Quarterly, 1983(1).

2. 危机公关的处理策略

危机的爆发是企业发展过程中的问题或腐败机制累积的结果,危机公关预警并不能完全阻止危机爆发,企业需要针对问题采取处理措施来降低危机带来的损耗。

首先要快速反应,积极应对。危机一旦爆发,危机信息病毒式的高速传播和扩张,使反应慢的企业错过危机公关的最佳时机,也会面临更加复杂的境地。因此企业要第一时间找出危机源头,定义危机级别,用合适的危机公关策略有效防止危机的扩散,并且要在第一时间表明态度,勇于承担责任,建立信息发布机制,让公众第一时间了解真相,占领信息发布的制高点。

其次要深入挖掘危机的本质。企业危机处理要做"行动上的巨人",用实际行动平复公众情绪,妥善解决危机事件。当企业遭受产品危机需要召回问题产品时;当企业内部管理机制遭受质疑时,要寻找管理漏洞,及时纠正,完善内部运行机制。危机公关的过程中要抓住事物的主要矛盾,厘清最本质的问题,迅速出击。

再次,企业要整合媒体和职能部门的资源。资源整合要求企业在危机公关过程中整合利用并适度依赖媒体、权威部门以及政府。在危机公关中,媒体的作用不可忽略,企业危机发生后,不安和不确定让公众越发依赖媒体和权威部门获取危机信息。媒体和权威部门对公众的影响极大,甚至能轻而易举地改变公众认知行为[1]。为此,企业必须整合利用多方媒体与政府资源。

最后,开展双向对等沟通机制。企业危机公关在根本上是一种重新构建企业公众关系的传播过程[2]。及时、主动和全面的沟通,对处理公众质疑和引导非理性舆论具有良好的功效。

3. 危机公关的善后策略

对企业而言,修正危机形象、重塑企业美誉度是危机善后阶段的重要目标。但网络的长尾效应能够在偶然间诱发危机的回旋,成为危机公关的痼疾。2010年富士康的"连环跳"事件如今依旧留有阴影。可见,在善后阶段,重在切断危机长尾,清除危机残留,修复企业形象。

首先,清除危机残留,安抚利益受损方。企业要持续关注并安抚利益受损方,彻底平息利益受损方的不满和怨恨,通过一系列的安抚行动,动之以情,晓之以理,用真诚和决心去帮助对方化解负面情绪。

其次,持续疏导,持续互动。在危机处理阶段,企业的危机公关信息容易被冲散,部分公众在接收信息时具有一定的滞后性,即使危机暂时性得到了化解,公众以及利益受损方和意见领袖却依旧活跃在各个网络平台,危机也会随时再次被点燃,因此在善后阶段,需要持续地疏导公众的情绪,耐心解答公众的疑问,展现企业的诚挚与坦率,进而重新赢得公众的信心与支持。

---

① 张慧元.大众传播理论解读[M].苏州:苏州大学出版社,2005.
② 鄢灵慧.网络环境下企业危机公关的策略研究[D].南昌:南昌大学,2013.

再次,巧用媒介,修复形象。传统媒体时代,传播工具简单,反馈途径单调,企业的形象修复策略比较单一。而在互联网时代,企业形象修复的途径和平台日趋多样化。企业和危机公关工作人员要学会巧用各种媒介,提升危机公关的善后效果。

最后,事后评估,总结经验。"吃一堑,长一智",危机善后阶段,及时对危机事件进行反思、整理,在总结中吸取教训,显得十分重要。危机善后阶段的评估策略不可或缺,通过一定的评估标准对危机公关的成效进行评估,总结危机经验及公关过程中的可取之处,反思公关策略的不足之处,完善预警机制和公关经验,有效避免下一次危机,恢复正常运作秩序,促进企业的健康发展。

# 本 节 小 结

任何一个企业与竞争对手博弈都有两个基本的思路,要么壮大自己的实力以远远超过竞争对手,进行市场调研,制订成功的经营战略。要么研究竞争对手,借鉴其长处,打击其短板,了解竞争对手的活动动态,掌握其传播的信息要点,清楚其优势、劣势,在制订竞争策略时站在竞争对手的肩膀上。

## 本章复习思考题

1. 舆情预警的概念是什么? 舆情预警在危机的不同阶段各有什么样的作用?

2. 2018 年"3·15"曝光了大众汽车旗下途锐,请结合此案例分析途锐的危机处理方案及效果。

3. 以微博、微信、博客为例。在这三个不同平台进行舆情预警监测的时候,各自的监测重点是什么? 危机处理的重点是什么?

# 下篇　新媒介思维与
技术能力养成

- 新媒介思维养成
- 新媒介技术能力养成

# 第七章 新媒介思维养成

在互联网时代,个人为了适应新的媒介环境和社会关系的变化应该掌握新的技能。面对海量信息,人们需要养成应对全球信息化的基本思维,如信息的获取、分析、利用等。纷繁复杂的网络舆情信息使人们不能再像以前一样,仅用人工筛选、分类、剔除来监测网络舆情大环境。科学技术和科学研究方法为我们提供了新的思路:在处理信息时,定量和定性的研究方法能使舆情分析做到"质"和"量"的兼顾,在实验中不断检测分析结果,能使舆情监测更加科学;"大数据"分析方法为海量的数据分析指明了道路,现代科学设备的使用也延伸了"人"的功能;文字、图像、音视频处理技术的发展为可视化提供了更多的可能,信息宛如有了生命变得"能说会道",信息分析结果也更加通俗易懂。本章内容介绍了在网络信息化社会中,人们如何养成并利用定性定量、大数据、可视化的思维方式,来应对舆情信息快速增长带来的新挑战。

# 本章思维导图

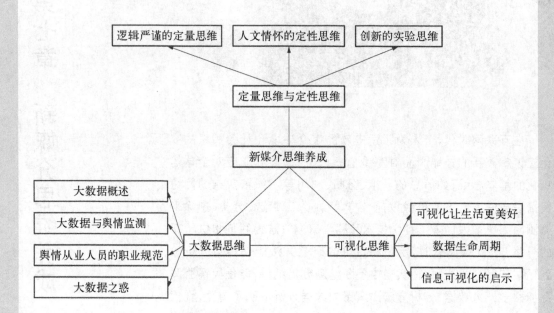

逻辑严谨的定量思维　　人文情怀的定性思维　　创新的实验思维

定量思维与定性思维

新媒介思维养成

大数据概述

大数据与舆情监测

舆情从业人员的职业规范

大数据之惑

大数据思维

可视化思维

可视化让生活更美好

数据生命周期

信息可视化的启示

# 第一节 定量思维与定性思维

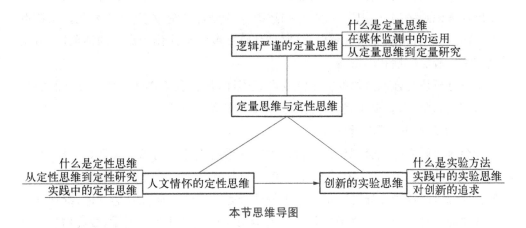

本节思维导图

20世纪以来,生产力的发展为人类的社会实践提供了许多新的技术手段,大大开阔了人类实践领域,也扩大了世界向人发出的信息通量。

在科学文化领域,人类科学知识的信息量呈几何级数增长,新的科学发现不断涌现,情报、知识激增,出现了所谓的"知识爆炸"。在社会生活领域,随着社会生产的发展,人们的社会交往日益纷繁复杂,社会信息量也大幅度地增长。人类认识的对象是一个多样化、复杂化、巨量化和急剧多变的信息的海洋。到现在的大数据时代,"量"已经成为现阶段信息技术的核心概念之一。大数据的核心就是数据思维,数据思维的核心是对庞杂数据的系统科学地分析及处理。

## 一、逻辑严谨的定量思维

从哥白尼提出"太阳中心说"到开普勒用精确的数学形式阐明行星运行及其变化的规律,从伽利略对自由落体运动的研究,到牛顿用数学形式定量表述出物体运动的三大定律,从法拉第提出"场"概念,发现电与磁的相互关系,到后来麦克斯韦建立起由四个微分方程构成的麦克斯韦方程组,无不是定量思维方法的提高和应用使天文学、经典力学、经典物理学作为一门严格的科学理论体系而得以确立。其他如生物学、气象学、化学等学科也都是由于建立在运用定量方法的基础上,才从经验性描述变为精确的科学。

定量也就意味着精确,这与大数据时代的数据追求是一致的。因此定量的思维方式需要在大数据时代的新媒介环境下成为一种思维习惯。

（一）什么是定量思维方法

所谓定量思维方法就是指认识主体从事物的量的角度,通过对客观对象各种量与量的变化、量之间的关系进行记录、运算、推导等考察,以获得对事物本质更为精确、深刻的认识的一种思维方法。它具有多种形式,如定量观察、定量实验、定量分析,另外还有信息方法、控制论方法、系统论方法、计算机方法、模型方法等。这些定量方法虽各有侧重、有所区别,但有着共同的内容和特点。从内容上看,都是从量的角度出发去刻画事物、认识事物的质,描述事物的语言系统数字化、符号化。从特点上看,首先都具有精确性和可靠性,其次是具有高度的形式化和高度的抽象性,再次是其逻辑具有层次性和严密性。

定量分析往往强调事物的客观性及可观察性,强调现象之间与各变量之间的相互关系和因果联系,要求研究者努力做到客观性和伦理中立。

### (二) 从定量思维到定量研究

社会科学研究的社会现象具有独特性。如果组成社会的每个人都是一样的,就像实验室里的小白鼠一样,社会科学研究的任务就会大大简化。而事实不是这样。如何描述和刻画这种差异呢?定量思维的选择是统计学。研究社会群体,统计学是不可或缺的工具。统计学之于社会科学,就犹如显微镜之于生物科学,或高倍望远镜之于天文科学,它能帮助我们看到肉眼看不到、常识感知不到的社会群体之间的差异模式。然而,对统计学的过分强调会导致定量研究有"技术化"的风险,将定量研究与统计技术对等起来。美国社会学家邓肯将其称为"统计学主义"的病症。如何避免"统计学主义"之病,邓肯提出了两条可能的途径:一是提高社会测量的水平,二是强调研究对象的概念化并且在研究设计中体现出这种概念化的研究思路。我们提出什么样的研究问题,作出什么样的研究假设,搜集什么样的研究数据,如何理解研究结果,很大程度上受到理论导向的影响。

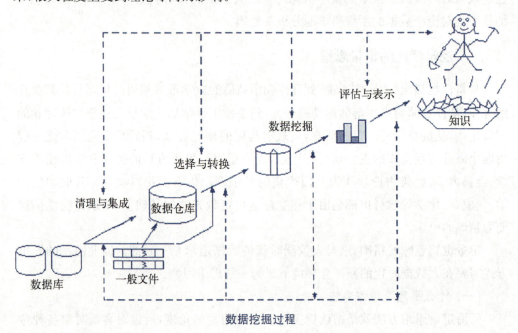

**数据挖掘过程**

好的定量研究,一定是理论概念和统计技术的完美结合。研究者的理论素养体现在研究设计之中。大数据时代为定量研究提供了前所未有的便捷路径与探索领域,在定量统计技术的基础上结合理论思考是厘清与理解浩瀚数据的思维方式。

在统计技术方面,对数据的挖掘是定量研究中必不可少的一环,大数据时代中如何才能不被数据的汪洋大海所淹没,需要我们掌握功能强大的通用工具进行数据分析,以便从海量的数据中发现有价值的信息,把数据转化成有价值的知识。这种需求促成了数据挖掘的诞生。这个领域是年轻的、动态变化的、生机勃勃的。数据挖掘已经并将继续在我们从数据时代大步跨入信息时代的历程中做出贡献。

(三)实践中的定量研究

信息技术的跨越式发展在一定程度上改变了人们认识世界的方式,提高了人们加工处理数据的速度、数量以及精准度。定量研究的发展空间也更大了。

新媒体发展同样也借助于计算机技术的发展。可以说,计算机技术推动了媒体的发展转型。定量思维是媒体监测一项必备的专业素养。

智能手机时代,App 成为人们获取信息的重要端口。在同一个 App 当中,不同用户的界面和内容都不相同。比如新闻客户端,相较于传统报纸,其内容更加多元,且因人而异。这是在"精准推送"的概念下产生的用户理念。

精准推送建立在"数据资产"之上,App 运营人员通过对海量数据进行用户行为分析,从而得到精准的用户画像,结合"基于设备/App"的属性维度,为每一个用户精准地定制出他们所需的信息内容,以提高自身产品的利用率及用户对产品的依赖性。

精准推送适用于各类 App。对于电商类 App,数据处理会倾向于绘制精准的用户画像,打造"爆款产品";对于游戏类 App,可以关注玩家的活跃度,对活跃度降低的玩家定制推送消息,以召回流失玩家;而对于新闻类 App,则可以分析用户点击、浏览等行为,实现精准推送,更好贴合用户的阅读习惯和偏好,进而提高用户黏性。

某电商 App 想推送一款高档商品的相关消息给在上海(用户画像/地理位置)的购买力强(用户画像/消费能力)的用户,这时候就非常依赖精准推送。曾有创业者推出针对海外群体的手机游戏客户端。海外群体很依赖语言推送这个简单的功能,而在此款手游最开始做推送时,由于在用户语言这个维度积累的数据很少甚至是错误的,导致英语用户收到中文推送,部分中文用户收到英文推送,用户对此很是反感,因此造成大量卸载。所以说,精准推送是运营者与用户之间积极的对话,运用定量思维来运营新媒体、转变传统的市场运作模式至关重要。

定量思维下的"算法"已经成为一股时代潮流。无论 2016 年科技圈热门的噱头有多少,数据基础设施方面的耕耘仍然是决定实力的关键。阿里巴巴之类"电商数据帝国"自不待言,今日头条、一点资讯等在资讯数据领域的开拓同样值得注目。比起电商的物流数据,资讯算法驱动与用户数据分析是更加"触及灵魂"的事情。

今日头条有强大的用户行为数据收集器和分析能力。每一篇新闻都应该被看作

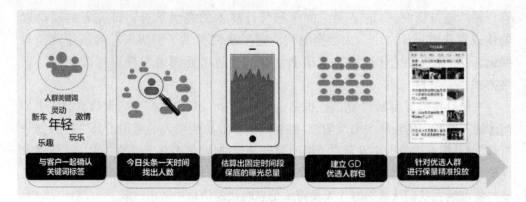

今日头条个性化信息推荐

一道针对用户的测试题,用户的每一次点击、评论都是一种回答,都被系统记录,和关键词、标签、作者、阅读时间、网络环境等一起构成多维数据矩阵,刻画出这个用户的特征。每道测试题都很粗糙,但是正如凯文·凯利(Kevin Kelly)的"蜂巢思维"所言,海量资讯测试出的用户特征就会趋向准确。而且因为用户是在不知情的情境下完成测试的,答案比较真实。这就是今日头条技术和商业模式的核心所在。

对于文章而言,衡量其好坏的标准也渐渐依赖数据。文章阅读数、转发数、评论数等量化的数据成为非常重要的指标,因为这就意味着获得了用户认可,是影响力的重要表现。

定量研究不仅强调统计,量化数据的同时,最重要的是让数据说话。如何让数据说话?以乘飞机为例,当面对航班延误的情况,单单向乘客提供航班的延误时间除了引起乘客的焦虑情绪外,无济于事。但如果和更大的数据集结合起来,向乘客提供延误原因、可否有适合改签的航班、哪班航班价格更加合算等,帮助乘客更好地作出决策,这样的数据才有意义。这种算法就是利用了更全面的大数据,通过更多的环境动态数据而非单一统计数据来提供服务。

计算机方法正越来越成为定量思维方法的一种主要形式,在科学认识活动中发挥着重大的作用。这是定量思维方法的一个大发展,是跟当今科技的高度发展和社会实践的特点相适应的。可以相信,定量思维方法在科学认识活动中的作用及前景是广阔的、诱人的。

(四)定量思维在媒体监测中的运用

网络舆情具有规模大、传播速度快、互动性强的特点,面对庞大的网络数据,运用定量思维对网络舆情进行统计分析,对于掌握社会舆情具有举足轻重的作用。运用定量研究方法分析网络舆情,一般需要以下七个步骤:一是确定研究的主题或假设,对网络舆情进行定量研究的主题多是针对单一的舆情事件,或针对具有一定共性的舆情现象;二是确定研究样本的范围,可以是单一的新闻报道也可以是全部或某类别的新闻报道,另外还需对网络舆情的时间范围进行限定;三是从总体中选择合适的样本,其参考指标包括信息来源、时间段等;四是选择和限定分析单元,主要指实际需要统计的信息，如网民、观点、时间、报道数量、网络参与、评论数量等；五是建立量化系统，将各个独立的分析单元整合成一个有步骤的系统；六是分析数据；七是解释结论。

针对网络舆情进行定量分析主要包括网络舆情传播速度、网络舆情传播范围及网络舆情总体评价等三方面的内容，每一方面又有细分。要对舆情的传播速度进行统计和定量分析，需要设计出便于统计和计量的舆情传播指数。同时，网络舆情通过网络媒介传播并对受众产生影响，网络舆情对受众影响力的大小取决于舆情要素的内容和区域社会的和谐程度。因此，舆情传播一般应包括的要素如下表所示。

表7-1　舆情传播的要素[1]

| 舆情传播的要素 | 舆情发布者指标 | 主要用于衡量舆情发布者所受到的关注程度；包括有号召力的网民、发布信息的时间、发布的平台等 |
| --- | --- | --- |
| | 舆情性质指标 | 该指标对舆情的传播至关重要，不同类别的舆情信息的传播途径及其关注度不一样 |
| | 舆情受众指标 | 包括三个子指标：一是衡量舆情对网民造成情绪影响的程度；二是网民对舆情的参与频率；三是网络分布指标，即网民的分布范围和密集程度 |
| | 舆情传播所处阶段指标 | 该指标主要在于确定网络舆情所处的传播阶段，在一定程度上用来判断舆情的影响程度 |
| | 区域社会的和谐程度 | 事件在网络舆情的刺激下是否进一步发展为公共危机，取决于舆情的推动、事件本身的意义以及该事件发生地域的社会和谐程度 |

网络舆情总是产生于一定的时间和空间。舆情一旦形成便会在个人以及社会环境因素的影响下不断变化和发展。要对网络舆情的传播范围进行统计及量化，可根据研究目的从不同的维度进行，如下表所示。

表7-2　网络舆情传播范围的不同维度[2]

| 网络舆情传播范围的不同维度 | 网络舆情的时间维度 | 是各类舆情研究常用的指标，它体现网络舆情传播的持续时间 |
| --- | --- | --- |
| | 网络舆情的强度 | 反映媒体和网民对事件的关注度，通常按一定时间段内媒体报道评论数与网民参与、关注、评论数等进行统计定量 |
| | 网络舆情的空间维度 | 包含多个子指标：媒体和网民的地域划分，媒体、网民关注的平台划分。从相关数据的统计可追寻到舆情传播的一些规律并对舆情的走势进行预测 |

现实生活中的舆情强度往往通过语言、行为等方式表现。在互联网这个虚拟空间内，舆情强度往往靠网络言论的措辞、语气、含义等来传达。网络舆情强度一般通

①　谈国新，方一.突发公共事件网络舆情监测指标体系研究[J].华中师范大学学报：人文社会科学版，2010(3).
②　郝晓伟.网络舆情监测：理论与实践[M].北京：国家行政学院出版社，2015.

过观察法、网络访谈法、网络调查法等得到较为直观的了解。对网络舆情总体评价度的统计与定量,可引入如下表所示指标。

表 7 - 3 网络舆情总体评价度指标

| 网络舆情总体评价度指标 | 网络舆情的热度 | 指当突发事件发生后,网络媒体和网民对事件的报道、讨论以及政府或网络监管部门提供的引导机制在网络上所形成的突发事件舆情高涨程度 |
| --- | --- | --- |
| | 观点的倾向性 | 是针对一个舆情主题所表达的观点立场。对于媒体和网络的观点倾向,往往是靠舆情主体发表网络言论时的措辞、语气、行为模式等来表示 |
| | 网民类型分布 | 用于评价网民观点的价值。如低学历的网民发言更可能是情绪的宣泄,而高学历的网民则偏重于冷静的思考和建议 |

## 二、人文情怀的定性思维

(一) 什么是定性思维

定性思维是指根据事物的性质和属性来认识、确定和判断事物的思维方法。要理解定性思维,先得理解定性分析。定性分析就是对研究对象进行"质"的方面的分析,具体地说是运用归纳与演绎、分析与综合以及抽象与概括等方法,对获得的各种材料进行思维加工,从而去粗取精、去伪存真、由此及彼、由表及里,达到认识事物本质、揭示内在规律的目标。

(二) 从定性思维到定性研究

定性思维在定性研究中能得到最直观的体现。定性研究是指研究者在和被研究者的互动关系中,通过深入、细致、长期的体验、调查和分析对事物获得一个比较全面深刻的认识。当研究者想对某一社会现象进行深入全面的探讨时,往往需要根据该事物的特性同时使用各种不同的方法,定性研究就是一种重要的研究方法。在实际研究中,往往采用定性与定量研究相结合的方式。

定性研究要求在自然环境下,使用实地体验、开放访谈、参与型和非参与型观察、文献分析、个案调查等方法对社会现象进行深入细致和长期的研究;其分析方式以归纳法为主,研究者在当时当地收集第一手资料,从当事人的视角理解他们行为的意义和他们对事物的看法,然后在此基础上建设理论,通过证伪法等方法对研究结果进行检验。

(三) 实践中的定性思维

虽然对于媒体监测而言,直接可见的数据似乎更有说服力与可操作性,但定性思维依然不可或缺,必须与定量思维紧密结合。

文本分析是媒体监测的重要手段,也是文本定性思维在媒体监测中的表现,在实践中往往与定量研究的方法结合。分析是对文本的表示及其特征项的选取,从而推断出文本作者的目的和意图。

富豪的资产总额、入榜门槛、行业、地区、性别、年龄以至"神秘的第一桶金"、他们对入榜的反应是媒体津津乐道的话题,也是社会瞩目的话题。媒体叙事往往"框限"部分事实、选择凸显另一部分事实,从而形成公共议程,引导人们的认知。对相关报道进行内容分析发现,富豪议程的报道已成为一种常规的新闻生产行为,并且,各种媒体,无论态度和立场如何,对富豪的报道可以从政策法规、行业变化、经济变化或富豪的态度、致富史、生活方式、是非困境等主题来把握。在经济变化和行业变化的议程下,富豪被当作一个群体来描述;在致富史的议程下,富豪的个性得以呈现。媒体对富豪形象的叙述聚焦于其价值层面的形象而不是行为层面的形象,富豪阶层和社会、时代的关系,以及财富所隐含的社会权力成了媒体报道的重点。而对于富豪群体的具体行为,媒体的描述却不甚清晰。

英雄形象的构建,是媒体报道经常的做法。比如在 2003 年《新闻晨报》的报道《互联网英雄收复失地》一文中,就把丁磊和张朝阳称为"互联网英雄"。将富豪与英雄形象类比,其依据在于这些富豪所取得的成就——在新闻文本中又被具体描述成他们在短时间内所创造的巨大财富以及与之相应的富豪榜排名。与之相应的,富豪创造财富的历程则被媒体冠以"神话"或者"传奇"之名,比如《南方周末》的报道《丁磊:中国版的创业神话》以及《从 3 万到 270 亿,首富张茵何以成就纸业传奇》等。媒体对富豪的英雄化叙事,避免不了的一点就是和整个时代的关系。作为一个时代的英雄,往往被塑造成激励普通大众的榜样,对英雄的崇拜和这个时代的精神价值观念是紧密联系在一起的。媒体通过强调英雄的出现,展示了一个充满机遇的社会,给普罗大众提供一种成功可能性的想象。

对于媒体监测,文本分析是较为常用的方式。回顾经典的定性研究方法,其中最常见的是以实地调研、田野工作为主的经验研究。定性研究为媒体监测提供了一种新的思路,鼓励转换研究者的身份,以当事人的视角,进入研究场域亲身去经历与感受。

### 三、创新的实验思维

#### (一) 什么是实验方法

实验思维的先驱首推意大利著名的物理学家、天文学家和数学家伽利略,他开创了以实验为基础、具有严密逻辑理论体系的近代科学,被称为"近代科学之父"。爱因斯坦评论说:"伽利略的发现,以及他所用的科学推理方法,是人类思想史上最伟大的成就之一,是物理学的真正开端。"实验科学要求组织好实际的物质条件,按照理论科学提出的论题进行反复实验,最终得到该理论是否成立的结论。

#### (二) 实践中的实验思维

物理实验往往需要多次测量和多次实验。多次测量取平均值可以大大减小误差,多次实验是为了探寻相关实验的普遍规律,排除因实验次数太少而使得出结论具有偶然性的可能。在新媒体时代,我们也需要这样为求精确而反复实验的思维。

创办小米四年来,雷军一直保持着一个习惯,就是每周一 9:30 至 13:30 专心只干一件事:与一线的工程师、设计师、产品经理讨论,怎么把产品细节做好。

小米 MUI V5 发布,其中有一款名为"多看"的阅读应用,研发了两年时间,收纳图书仅 3 000 本书。"3 000 本书都是从 76 家出版社几十万本书中挑出来的,每本书都精排过,如图文混排、数学公式、化学。"雷军还发现电脑端许多扫描版文件手机没法看,于是把它们切成一个个小方块,按照手机屏幕尺寸进行重排,让它们在手机上也能阅读。

互联网里批评的声音此起彼伏,小米每一天都被骂得生不如死。雷军说:"每个星期产品出来后都会有打分表,哪些做得好哪些不好,我觉得只要每位员工都有 100 位米粉朋友,就会有无数人会帮我管着他们干。"

小米确实是这样做的,它的第一款产品 MIUI,产品出来后只挑选了 100 位用户,团队(当时 20 多人)与其中每个人都认识,雷军许多精力花费在与用户沟通上,听他们的意见。通过这种方式,MIUI 目前用户数量突破了 1 500 万。用这样的理念,雷军"逼着"员工去打磨产品细节。

(三) 对创新的追求

实验不仅能验证结果的准确,还鼓励创新,是创新产品的孵化器。实验思维就是要敢于试水,勇于做"第一个吃螃蟹的人"。

新媒体艺术是以数字平台为创作媒介,以艺术想象与科学技术相结合为创作方法的当代艺术。从艺术创作角度来看新媒体艺术,无论它的数字化和技术性多么高端,作品所展现的交互方式多么令人震惊,艺术家的表现手段多么出人意料,作品在视觉效果上多么令人眼花缭乱,作品信息的主体与客体之间和网络链接设计得多么巧妙和不可思议,新媒体艺术都具备了当代艺术的美学特征,因而,新媒体艺术的本质属性是当代艺术范畴。

作为当代艺术范畴的新媒体艺术,其媒介特性本身就具有强烈的实验性特征。实验性不仅是指艺术的创新性和独创性,还表现在艺术家从构思到创作过程的考察和研究。它体现在以下几个方面:

一是数字技术的发展迅速得令人称奇,新媒体艺术家每一件作品的构思,都离不开对数字技术不断实验和对电脑软件的重新编程。为艺术创作进行编程设计就是一种数字化的艺术实验。

二是艺术家对新媒体艺术作品不断创新的呈现方式和思考方式,以及新媒体艺术在媒介上的特殊性,为艺术家的想象力和对新媒介的表达与转换方式,都提供了富有挑战性的实验空间。由于注重表达思想观念,注重解决艺术语言问题,注重艺术手段的独创性,当代艺术不排斥运用任何材料和媒介进行艺术创作,来寻求材料、语言和观念的统一性。

三是当代艺术也极为注重对观看方式的研究和实验，同一件作品在不同的空间环境，具有不同的展示和观看方式，这是新媒体艺术区别于传统艺术的特点所在。互动性不仅仅是一个技术性的如何表达问题，更重要的是一个观众与作品之间的交流空间问题。

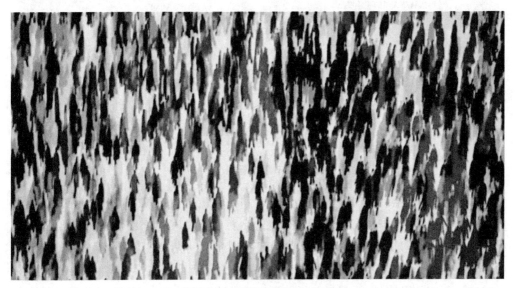

**米歇尔·鲁芙娜影像装置艺术**

米歇尔·鲁芙娜（Michelle Rovner）运用数码录像和计算机技术创作的影像装置艺术就是其中佳例。她大胆地将影像投映在从无名年代遗留至今的石块之上，这些动人心弦的奇妙录像装置让人们聆听到历史与今天的窃窃私语。排列成行或走或舞的人影构成了数码时代的新文字，铭刻在似乎永恒不变的天然材料背景之上。

不仅仅是艺术领域，实验性思维在新闻、视频等传媒领域也发挥着作用。在讲求创新、适者生存的时代，实验作品成为创新产品的前身。实验作品中不乏"出生就意味着死亡"的"短命儿"，但如果有幸生存下来，则可能产生一个新潮流。

## 本 节 小 结

定量思维决定了我们的测量方式，定性思维牵引着我们的解释分析。在网络社会中，定量分析和定性分析结合的科学研究方法，为舆情分析提供了新的发展空间。同时，实验思维反复校验与创新的精神，也为媒体监测的深度与广度提供了保证。在定量、定性分析的基础上，通过实验校验分析结果，是信息思维养成的重要板块。

## 第二节 大数据思维

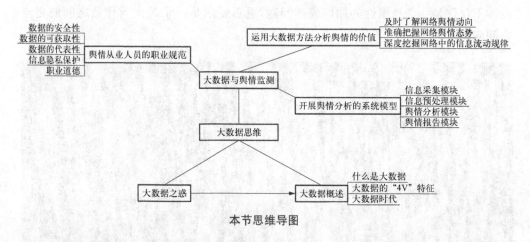

本节思维导图

在科技高速发展的互联网时代，人们之间的交流越发密切，信息流通更快，累积成庞大的数据信息，于是"大数据"这个概念孕育而生。阿里巴巴创始人马云在演讲中曾提到，未来不是"IT"的时代，而是"DT"的时代。所谓"DT"就是 data technology（数据科技）的简称。它对人类社会的未来发展举足轻重。在媒体监测领域，大数据也带来了更多的可能性，增强了分析结果的科学性和准确性。但同时，纷繁复杂的大数据也可能带来误导，使人们陷入"大数据之惑"。

### 一、大数据概述

#### （一）大数据的概念

随着网络信息化时代的到来，互联网的应用得到了极大地拓展，人类社会的数据增长速度比任何时期都快。随着数据量越来越大、数据变化速度越来越快、数据类型越来越复杂、数据特性的逐步演变和发展，基于海量信息数据处理需求等诸多因素，诞生了一个全新的概念——大数据[1]。

大数据并不只是存储规模简单的数量级增长；本质上，大数据是需要使用新工具来计算的任何规模的数据集。更确切地讲，大数据是各类数据集的汇总，包括结构化和非结构化数据，由物理数据源转换为在线数据集的数据集，以及事务型和非事务型数据库。大数据一般以"太字节"为单位，通常是指在规定的时间周期内，数据中心不断流入的或不断增长的数据流。现在惯用的单位有泽字节（zettabyte，ZB）、尧字节（yottabyte，YB）、吉字节（gigabyte，GB）等，[2]各存储容量单位转换如下：

---

① 段云峰.大数据和大分析[M].北京：人民邮电出版社，2015.

② 帕姆·贝克，鲍勃·格雷，等.大数据策略：如何成功使用大数据与 10 个行业案例分享[M].于楠，译.北京：清华大学出版社，2016.

1 000 GB＝1 TB　　　　1 000 TB＝1 PB

1 000 PB＝1 EB　　　　1 000 EB＝1 ZB

1 000 ZB＝1 YB　　　　……

（二）大数据的特征

大数据必须具备 4V 特征，即容量大（volume）、多样化（variety）、速度快（velocity）、价值性（value）。其中，容量大是大数据区别于传统数据最显著的特征。近年来，数据的计量单位已经从原来的 MB、GB、TB 发展到 PB、EB、ZB、YB 等。谷歌公司高级副总裁兼法律总顾问肯特·沃克（Kent Walker）在哈佛大学的演讲中指出："随着计算机存储成本的下降、存储数据的量激增，大数据正以惊人的指数增长。目前世界上 90% 以上的数据是在近两年产生的，2000 年人类的数据存储量仅为 12 EB，而现在我们每天就能产生约 2 EB 的数据。"智能手机和互联网的出现也极大地丰富了数据的数量和种类，现在的数据不仅有文字形式，还有视频、音频、图片、地理位置信息等多类型的数据。

无论是企业的大数据发展、行业的大数据发展，还是社会智慧城市的建设，这些我们描绘的美好的大数据时代都需要真实、准确的数据作为支撑。价值性是数据质量的保证，在未来的大数据发展中至关重要。此外，处理速度快是大数据区分于传统数据挖掘最显著的特征，如今，数据处理遵循"1 秒定律"，以最快的速度从各类数据中获得高价值的信息。

（三）大数据时代

当今世界，大数据已渗透到各行各业之中。在农业方面，大数据被用于分析作物的生长与耕作过程；在能源方面，大数据被用作能源使用与消耗的测量工具；在公共服务领域，大数据能够为我们提供诸如精确的交通信息、基础设施信息等公共服务；在媒体监测领域，大数据能够更好地展示线上民众意见，实现更为准确的分析。

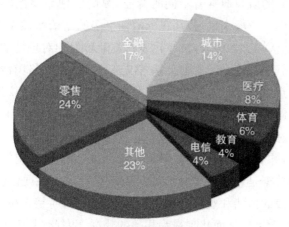

大数据应用百分比

大数据的发展经历了大数据普及、大数据分析和人工智能三个阶段。当下,我国已经基本完成了大数据普及,正处于向大数据分析和人工智能过渡的时期。众多媒体监测公司已基本具备使用互联网技术和设备进行大数据分析的能力,但是在一些较为复杂的舆情分析上,尤其是在一些错误数据的剔除上,智能设备还难以做到绝对精准,需人工进行二次筛选。

## 二、大数据与舆情监测

### (一) 运用大数据方法分析舆情的价值

大数据被学界称为继实验科学、理论科学和计算科学之后的第四种科学研究模式。中山大学传播学教授张志安在《从美国大选看大数据与网络舆情研究》中指出,大数据应用领域的发展趋势主要有三点:一是大数据的处理方法越来越侧重于对非结构数据和半结构数据的处理,如情感分析和语义分析等;二是多元、多源、立体化数据处理越来越重要,应该集合各搜索引擎、社会化媒体、网站等网络平台;三是未来大数据的发展潜力在于人工智能,即一切智能化、数字化、网格化。对应于此,大数据分析方法对网络舆情监测有以下三方面的价值。

#### 1. 有助于及时了解网络舆情动向

传统网络舆论引导工作的起点,是对已发生的网络舆情进行监测。这种方式的局限在于数据的滞后性,而大数据方法可以实现实时动态数据处理。新媒体的兴起产生了大量网民表达数据,使得公众的观念和行为等能够被记录下来。大数据技术的应用,就是挖掘、分析网络舆情相关联的数据。大数据分析系统可以实时抓取这些行为数据并进行分析,甚至可将监测的目标时间点提前到敏感消息进行网络传播的初期,通过建立的模型,仿真模拟网络舆情演变过程,实现对网络突发舆情的预测。因此,大数据方法可获取动态数据,有助于及时了解网络舆情动向。

#### 2. 有助于准确把握网络舆情态势

网络事件在不同的阶段通常有不同的特征,舆情研判需要把握特定事件在不同阶段的信息传播规律。一般来说,公众在酝酿期更多的是情绪性表达,随着事件不断演进,公众对事件的认知更加深入,情绪化表达逐渐转为相对理性的表达。在公共领域,利益冲突和情感正义、社会矛盾都会暴露出来。对特定网络舆情事件的大数据分析,有利于把握参与者情感与理性的交融与互变。同时对于特定议程,大数据分析方法可以通过设置关键词和标签等方式,抓取最为相关的网络信息,并围绕于此展开后续分析,有助于把握舆情发展态势。

需要指出的是,并非所有的社交媒体和网络大数据都是有用的。如何从网络平台获取真正有用的数据是开展科学分析的前提。对特定事件或议程的大数据分析,有助于了解不同阶段的情绪和观点表达状态。一般来说,对特定事件和特定议程,可以设置"关键词"和"标签",从而找到最为相关的数据。因此,基于大数据的舆情分析可以聚焦于特定事件与议程,有助于准确把握网络舆情态势。

3. 有助于深度挖掘网络中的信息流动规律

网民在使用网络过程中产生了大量的数据，这些基于个体交互行为而产生的数据构建起一个基于人类交际行为的数据网络。在这个数据网络中，关键节点可能是影响力较大的意见领袖。网络的密集程度代表了网民对某一观点的认同程度，而一个个关键节点则"穿针引线"般地串起了整个网络。基于大数据的舆情分析有助于我们把握整个网络的整体状态和每个节点的具体情况，从而更为深刻地理解大数据分析方法的核心理念，以及其在舆情研究中的意义。[①]

（二）运用大数据方法开展舆情分析的系统模型

大数据时代，繁多且流动速度快的网络数据对舆情分析提出了新的要求。在大数据环境下的舆情分析，一是要做到信息抓取全面：随着数据集规模不断扩大，需要采用大数据存储技术和新型网络爬行器，从各种类型的数据中，全面抓取有用的信息；二是要做到信息处理及时：网络舆情的流动和变化速度非常快，信息的指向性可能在短时间内发生较大变化，因此在处理时，必须注意数据的时效性；三是分析结果准确：正确的网络舆情分析结果可以发现、跟踪、监控网络媒体上人们关注的热点问题和重大新闻，进而为相关部门提供决策支持。

基于以上需求，我们需建立一个运用大数据开展舆情分析的系统模型，从而充分利用大数据平台和技术，更好地完成舆情处理分析。如今，学者们已提出各种网络舆情分析的模型，我们将介绍马梅、刘东苏、李慧基于大数据的网络舆情分析系统模型供大家学习参考。该模型构建在 Hadoop（分布式系统基础架构）平台上，应用 HDFS 分布式文件系统和 MapRe-Duce 编程模型实现系统中数据的存储和处理，主要由信息采集、信息预处理、舆情分析、舆情报告四个大的模块组成一个完整的网络舆情分析的生命周期，从而实现海量网络舆情数据的自动采集、分析和处理，有助于及时发现舆论热点和各类事件发展趋势。模型的总体处理流程设计如下。

1. 最低层：信息采集模块

主要是利用网络爬虫技术从互联网上抓取网页信息。首先指定 URL（网页地址）采集入口列表，并建立网页白/黑名单，然后爬虫根据指定的地址入口列表，抓取白名单网页并存储到本地，避免无用网页的抓取。

2. 第二层：信息预处理模块

主要任务是将采集的原始网页转化成格式化文本存入数据库。首先将采集到的网页信息进行去重、消除噪声等处理，然后从网页中提取出正文信息，利用中文分词技术将采集到的文本字符串进行切割，转化成单个的词条（文本的特征项）。最后利用向量空间模型、概率模型等数学模型对特征项文档进行特征抽取形成文本向量集，为后期舆情分析过程中排序、比较、计算等操作提供便利。

① 张志安，曹小杰，晏齐宏.从美国大选看大数据与网络舆情研究[J].汕头大学学报：人文社会科学版，2017(1).

## 3. 核心模块：舆情分析模块

主要完成话题检测、话题追踪、文本倾向性分析、热点发现等功能。话题检测是对文本向量集进行机器学习，将关于同一事件的大量文档进行汇总聚类，识别出文档的主要话题。话题追踪是对每一个后续更新的向量化文本进行相似性计算，判断该文本是否与某一已存话题相关，如果相关则把该文本归类到这一话题中，不相关则算作新话题。文本倾向性分析可通过计算机挖掘网络文本内容蕴含的各种观点、喜好、态度、情感等非内容或非事实信息以获取文本语义，帮助相关部门及时发现负面舆情。同时，通过统计话题出处权威度、评论数量、转载次数、发言时间、密集程度等参数，发现给定时间段内的热门话题，并根据热度排序，方便用户查看。

## 4. 上层输出模块：舆情报告模块

主要根据舆情分析结果生成分析报告，并将分析报告以短信、邮件等形式反馈给

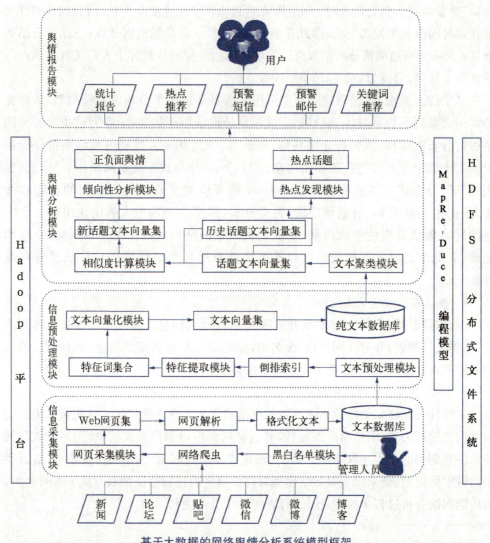

基于大数据的网络舆情分析系统模型框架

决策者或舆情监督部门,为管理和决策提供支持。[1]

### 三、大数据时代舆情从业人员的职业规范

#### (一) 数据的安全性

数据的安全性一是指大数据系统本身的安全,如数据保密、双向身份认证等;二是指数据处理时的安全,如数据在录入、处理、统计时由于硬件故障、程序缺陷、人为误操作或黑客侵入、病毒等造成数据系统破坏和数据丢失。在进行舆情分析时,要注意技术安全性和管理制度安全性并重,防止信息被损坏、篡改、泄露或被窃,保护公民和国家的信息安全。

#### (二) 数据的可获取性

要想提高大数据分析的效果,可获取的数据量是关键。大数据时代,传播形式的多元化使得数据分布在不同的传播终端,一条新闻的网民评价可能分布在众多移动新闻客户端中,开放平台的数据获取比较方便,但那些处于半封闭社群中的数据(如微信等)则难以获取。除此之外,涉及国家机密、敏感话题的数据获取难度也比较大。因此,在进行基于大数据的网络舆情分析时,必须考虑到数据的获取难度。

#### (三) 数据的代表性

开放共享的互联网为网络舆情分析提供了海量的数据,但是这些数据也可能让使用者"迷失"。在凭借技术构建的大数据平台"打捞"数据时,应该注意议程与数据关键词设置的关联性和数据样本的代表性,这也是基于大数据的网络舆情分析的先决条件。若是未能把基础样本设置好,那么我们所精心分析出的网络舆情实际上是不全面的,以此来指导社会管理也是有偏差的。此外,在进行一些话题的舆情分析时,网络舆情大数据可能只是一个方面,而非全部。如果所需数据的样本群体与网络隔绝,或由于"沉默的螺旋"心理效应而不在网络上发表观点,那么在进行大数据舆情分析时,这些"沉默的声音"样本就是缺失的。

#### (四) 信息隐私保护

在大数据时代,数据的价值很大一部分体现在二次分析上。由于二次分析的结果未知,在收集数据前仅仅"告知"和获得"许可"就不一定能起到绝对保险的作用,数据的使用者极有可能侵犯到数据所有方的隐私。2016年11月7日,十二届全国人大常委会第二十四次会议表决通过了《中华人民共和国网络安全法》。作为我国网络领域的基础性法律,其备受关注的一点是对个人信息进行了界定,并明确了网络运营者对个人信息侵权的法律责任。因此,在利用数据挖掘进行舆情分析时,需注意数据挖掘的权限和范围,既鼓励面向群体、服务社会的数据挖掘,又要防止侵犯个体隐私;既提倡数据共享,又要防止数据被滥用。如可有意将数据模糊处理,使得对大数据的查询不能显示精确的结果而只有相近的结果,从而更好地保护个人隐私。

---

[1]　马梅,刘东苏,李慧.基于大数据的网络舆情分析系统模型研究[J].情报科学,2016(3).

（五）职业道德

对于数据的使用者而言,把握海量的数据资料使其面临着双重考验,一是对数据分析能力的考验,这是对他们工作能力的挑战;二是对数据使用目的的考验,这是对他们职业道德的挑战。一般来说,庞大的数据资料里包含着其较为机密的核心内容,对企业来说,这些数据是商业机密,对政府或官方机构而言,它们是组织机密,甚至是国家机密,需要数据使用者对数据的分析结果绝对保密。当心怀不轨的不法分子通过各种途径想要从数据分析师手中窃取数据分析的机密成果时,需要掌握数据的媒体监测从业者们坚守自身的职业道德,坚决捍卫数据信息安全,对诱惑说"不"。

## 四、大数据之惑

作为新发明和新服务的源泉,大数据正在改变人类的生活乃至理解世界的方式。但我们不应盲目崇拜,要正视潜藏的风险和挑战,避免在大数据的洪流中迷失。

在大数据时代,我们想要获取的信息资源可能只占数据总体的万分之一,甚至更少。未经前期调研论证和规范分析所获取的信息,其数据量越大,得到的"垃圾"信息也就可能越多。不仅如此,许多大数据本身就是模糊的,掺杂着虚假和有害的内容。如果纯粹凭借数据来判断和分析,甚至不假思索地利用和传播,就会导致数据使用者的误判。在计算机自动识别技术还不够成熟的情况下,人工剔除无效信息、保留有效信息,就成为减低数据源信息杂音的有效办法。一旦把一些低相关性的信息放入样本,那么得出结果的准确性也就有待商榷了。2016 年针对美国大选的民意调查数据结果就是一个很典型的例子。

2016 年 11 月 8 日,美国共和党总统候选人唐纳德·特朗普从佛罗里达、北卡罗来纳、康斯维辛等摇摆州中一一胜出,径直摘取获选必需的 270 张选举人票,使媒体一片哗然。而此前的民意调查则显示了一个截然不同的舆论场:数据庞大、模型众多、意见杂糅的各类民调统计数据高度一致地预言了特朗普的最终落选。

著名统计学者、数据新闻旗帜人物内特·希尔以单独计算民调数据的模式推算希拉里·克林顿的胜率为 71.4%,而这几乎是众多民意调查中最为保守的估计:《纽约时报》估算希拉里的胜率为 85%;《赫芬顿邮报》调查的数据显示希拉里有 98% 的可能性获胜。事实上,几乎所有主流媒体、独立调查公司、民意测量网站以及选情预测专家都明显看好希拉里。

在本届大选前一周,根据整体民调数据显示,希拉里的领先优势为 4%。众多专家媒体分析,希拉里拿下民主党保底的 242 张选举人票志在必得,如果再在共有 84 张选票的五个摇摆州(佛罗里达、密歇根、新罕布什尔、北卡罗来纳、宾夕法尼亚)中得到 29 张选票,便可当选总统。而实际结果是特朗普拿下了五个关键摇摆州中的四个,只输掉拥有 4 张选票的新罕布什尔州,击败希拉里,成功当选第 45 任美国总统。

为何基于大数据的预测结果和选举结果大相径庭? 主观上,负责数据解读的媒体或机构都属于知识分子精英阶层,这一部分人群更偏向于支持希拉里。他们接收到的信息、看到的评论,也都和自己的倾向相同。客观上,民意调查的数据确实存在偏差,比如特朗普在犹他州拿到的选票就比之前的民调结果多了 8.5%。此外,在最后一轮全国民调时,仍然有高达 12.5% 的选民迟迟未作好选谁的决定,而在此前的三次大选中,这个数字都不到 4%。2016 年美国大选为各媒体机构提供了一次关于"数据迷失"的反思机会。在数据爆炸的时代,海量数据成为我们寻求深层原因和探索复杂世界的新工具和新路径。然而,纷繁的大数据也可能带来误导。这一方面需要我们提高自身的辨析能力,谨慎对待大数据分析结果;另一方面也需要我们不断提高数据分析的方法,使数据分析更加精确。

<h2 style="text-align:center">本 节 小 结</h2>

随着媒体监测进入大数据时代,数据挖掘和深度学习等新技术使得即时搜索和处理数据成为现实。但是大数据技术并非万能,在进行媒体监测的过程中,依然需要人工判断作为舆情分析技术手段的补充,解决当前媒体监测中缺乏整合性和系统性的不足。使用大数据思维及系统进行舆情分析的同时,需谨慎对待计算机设备产出的结果。

<h2 style="text-align:center">第三节　可视化思维</h2>

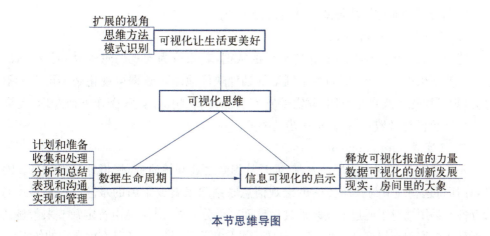

**本节思维导图**

如今,不同类型的数字信息为我们的现代生活提供了更深层次、更高效率的视角和洞察力。可是,其中有用的信息却并不能细致直观地展现,方便我们使用;相反,数字信息往往数量庞大、分布广泛,或者是存储于巨大的数据库中。要从巨大的数据库中提取出有价值的信息,需要我们掌握分析数据、助人思考的工具和方法,学习设计缜密的可视化模型和技术,了解它们的优缺点,让更多的人了解到数据背后的真相。

理论上来说,借助现今的智能手机、平板电脑等数码设备,只要用指尖轻轻一划,就能获得海量的各类数据。不过,这些信息背后真正的价值却难以触及。我们会获取不少和自己有关的重要数据,但如果不知道这些数据背后的价值,那么这些数据就是无意义的。掌握数据可视化和其他新方法有助于填补我们和数据之间的鸿沟。

## 一、可视化让生活更美好

对于大多数人来说,通过纯粹的数据来思考并非本能。正因如此,在有需要的时候作出迅速、准确的判断和决策并不容易。不过,如果能将一些旨在完成任务的脑力活动(例如比较数据元素)分配到大脑的不同区域,大脑的其他部分就能解决更高层次的问题。例如,通过视觉系统感知数据的差别,而不只是单纯地琢磨抽象的数字。

### (一) 扩展的视角

可视化揭示了这个世界上很多不为我们所知的信息。虽然人们对"可视化"的定义不太明确,但根据应用技术的不同,大致可以分为两类:一是数据可视化(data visualization),二是科学可视化(scientific visualization)。数据可视化是将无形及抽象数据转换成有形的可视化形式,例如统计趋势图;科学可视化则可以让人们透过表象,看到物质或运动中隐藏的形态或发展过程,例如通过正电子放射断层造影术(positron emission tomography,PET),可以在大脑执行特定任务时扫描到各部分的新陈代谢水平。

### (二) 思维方法

在媒体监测的过程中,要解决问题和从数据中发现信息,可能有许多出发点和方法。以下为三种通过线段形式描述的思维方法。

#### 1. 水平线(horizontal line)

通过考察范围广阔且带有相应概要的数据,获取较为宏观的轮廓、特征及模式。想要观察庞大的数据集(例如数字网络的某种映像地图),数据可视化必不可少。不过,若想可视化形式真正有用,就需要它们交互性高、响应迅速、操作方便合理、允许用户导航至任意区域,并提供进一步的缩放。

#### 2. 互连线(interconnecting line)

不是先从信息的宏观层面着手,而是从细微之处开始研究,慢慢地呈现信息。因此,如何将这些细节与其所传达的宏观信息联系起来就成了新的难题。视觉形式的交互性与易用性对于通过概要来展现信息而言十分重要,对于经由特定细节来彰显其中所蕴含的宏观框架这一过程而言,其作用也非常关键,并不亚于其在前者中的作用。

#### 3. 故事线(story line)

从一个故事(理论、论点、假设)开始,寻找数据来确证或驳斥相关信息。如果人们能够忠实而持久地执行这种方式,拒绝所有"第一印象",也许就已经具备了科学家的气质。如果人们只是为了"证明自己的认知有道理",那么他们可能更多是为了利益、某种政治倾向,抑或只是想达成一次交易。在这种情况下,只要感觉自身目的已

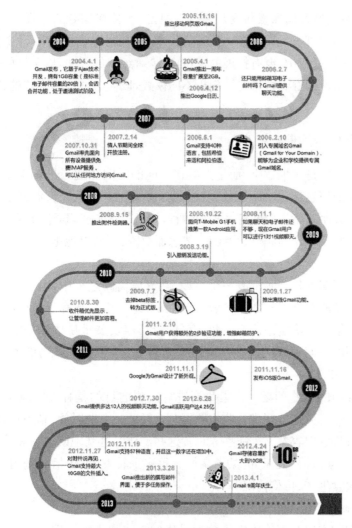

**Gmail 发展历程**

经达到,他们也许就会停止观察,还可能会构筑能够维护已有观点的屏障性支持。

（三）模式识别

人类的大脑从出生起就能够识别不同的模式。不过,就像人类的认知识别是一个循序渐进的过程一样,一些重要的、有价值的模式并不一定能够准确及时地被大脑感知。例如,即使是医生也无法准确感知患者的生理状况,无法直接窥探患者的心肺功能,无法直接了解某个影响广泛的公众健康问题。只有借助设备、数据以及一定的视觉形式,才能观测并全面了解这些信息。在媒体监测的过程中,监测人员由于受到习惯的影响,生活中那些易于被感知的或太过熟悉的模式往往容易被忽略,倘若能够识别它,则会大有裨益。可视化可以以一种集约的形式,反映或重现生活中的方方面面,并将其以一种全新、有效的形式展现出来。

当我们识别出模式之后,最重要的就是判断该模式是否有价值、有意义。当该模式有意义之后,就要开始探索与发现之旅。但是,人类在探寻的过程中,往往喜欢先探寻自己感兴趣的部分,并且通常会深陷其中无法自拔,由此而不得窥探全貌。因此,我们在探索的过程中,要有扩展的视角,减少对细节的关注,以全面的视角把握宏观的模式和关系;与此同时,也应该剖析不同模式,以便了解这些模式的含义,知道如何利用这些模式。

## 二、数据生命周期

数据并不仅仅是一堆数字,而是人类在不同的时间和地点进行交互及协商的产物。我们依靠的信息都源于原始数据,而数据可视化不过是冗长而复杂的数据处理过程中的一个方面。不论时间跨度短如纳秒,抑或长达数年,这个过程都可以不断重复。对于数据收集来说,除非人为终止、传感器故障、机器电池电量耗尽,否则就要一直进行下去。

数据生命周期的每一步都有一个主题,在媒体监测过程中,由于不同的原因,我们需要不同类型的数据。从数据的收集到展示,每一个步骤都需要监测者的决策和介入。只有了解这些决定最后会收集、存储、分析以及展示哪些数据的讨论,才能得知最后会得到的是何种数据,这是"数据故事"最为基本且最有魅力的关键环节。

（一）计划和准备

首先需要明白这些问题：收集数据进行监测的目的是什么？应该如何收集数据？如何确定过滤数据的标准？收集数据总会耗费一定的时间、精力以及资金,那么数据收集都有哪些内容？又是哪些人负责这些工作？这其中既包括私人自发自费的行为,例如统计某微博"大V"的某条微博获得多少转发,也包括监测国民收入、就业情况或农业粮食生产、价格情况等。

（二）收集和处理

采集数据的方法和理论决定了数据采集的方式和步骤。例如,民意调查需要电话访问,监测环境数据需要传感器等。上述种种工具和方法都需要详细地思考、全面地规划和认真地执行。所有采集来的数据都要经由某种介质存储。那么数据是如何存储的？是以纸还是以计算机文件为存储介质？文件格式又是什么？数据的组织、索引和排列方式是什么？数据检索方便吗？这一系列问题凸显了元数据的重要性,也引出了"所有数据都是有用的"这一观点。

（三）分析和总结

原始数据需要经历多少次数据处理、质量保证以及统计分析？需要进行复杂全面的数据分析,还是采取基本的分析方法？采取的步骤可能包含大量的统计查询,但处理的成本可能十分高昂。如何确定并分析数据的级别,以使其适应讨论中的数据,才是至关重要的。

（四）表现和沟通

处于计划、收集以及分析等过程中的数据如何实现可视化和传播？数据由谁传播，传播到何处？数据是由其创造者传播，还是由第三方传播？第三方会不会进行额外的数据分析或修改？如果会，就得确定过程能否持续。所有必需的元数据必须与数据产品完成打包，还需确定数据产品是什么格式的、数据产品如何展示等问题。

（五）实现和管理

完成上述步骤之后，又该如何使用数据？虽然经过上述几个阶段后得到的数据可以回答一些特定问题，但在此基础上又会衍生出全新的问题。这些新衍生出的问题至关重要，也许还能产生新一轮的计划，开始新一轮的数据生命周期。同时，所有已收集到的数据也许并未完全展现出其价值。庞大的数据集总需要规划管理，有些数据适合放在手边随时使用，有些则适合存储在远程服务器上，成本更加低廉。不断更新延长数据流，可以让数据生命周期更为有趣和复杂。很少有数据是"全新"的，甚至几乎所有数据，都只不过是在数据生命周期中流动多年的最新版本。这些数据甚至已经流动了几个世纪，而且会一直流动下去。

虽然要剔除多余的数据，创建有价值的可视化图形，但同样需要牢记，剔除过程本身就有可能导致或强化错误的结论。数据是无限的，但处理数据的能力是有限的。尽管如此，收集、存储以及分析数据的能力在迅速扩展和提高，能够帮我们决定哪些数据应该保留，哪些应该抛弃。如果能收集、存储更多可检索的数据，那么对于那些乍一看毫无用处但仔细回想起来却相当关键且价值非凡的元数据来说，我们就拥有了找回这些数据的能力。从这个角度来说，凡是数据皆"有用"。

## 三、信息可视化的启示

科学的发展使我们不得不适应充斥着密集数据且快速改变的周遭环境。要从数据中获取最多的洞察力，需要设计出优秀界面，还要帮助人们更好地理解观察界面的方式。对于可视化而言，未来的发展需要调动起很多先天的、经由演化所塑造与磨砺的感知与认知能力。

（一）释放可视化报道的力量

信息可视化（information visualization）是一个跨学科领域，旨在研究大规模非数值型信息资源如软件系统之中众多的文件或程序代码的视觉呈现，以及利用图形图像方面的技术与方法帮助分析数据。与科学可视化相比，信息可视化侧重于抽象数据集，如非结构化文本或者高维空间当中的点。信息可视化囊括了数据可视化、信息图形、知识可视化、科学可视化以及视觉设计方面的所有发展与进步。在这种层次上，如果加以充分适当的组织整理，任何事物都是一类信息；表格、图形、地图，甚至包括文本在内，无论其是静态的还是动态的，都将为我们提供某种方式或手段，从而让我们能够洞察其中的究竟，找出问题的答案，发现形形色色的关系，或许还能让我们理解在其他形式下不易发觉的事情。不过，如今在科学技术研究领域，信息可视化这条术语则一般适用于大规模非数字型信息资源的可视化表达。信息可视化致力于创建那些以直观方式传达抽象信息的手段和方法。可视化的表达形式与交互技术则是利用人类眼睛通往心灵深处的广阔宽带优势，使得用户能够目睹、探索以至立即理解大量的信息。

1. 信息可视化之问

所谓"可视化"，是指人通过视觉观察并在头脑中形成客观事物的影像的过程，这是一个心智处理过程。可视化提高了人们对事物的观察能力及整体概念的形成等，可视化结果便于人的记忆和理解，同时对于信息的处理和表达方式拥有其他方法无法取代的优势。

可视化技术以人们惯于接受的图形、图像并辅之以信息处理技术，将被感知、被认知、被想象、被推理、被综合及被抽象了的对象属性及其变化发展的形式和过程，通过形象化、模拟化、仿真化、现实化的技术手段表现出来。可视化不仅是客观现实的形象再现，也是客观规律、知识和信息的有机融合（可视化技术不仅用来表现静态的知识，同时可用于动态地描述和表达客观对象的发展演化规律以及进行动态知识的获取）。

2. 信息可视化之髓

信息对于用户和企业主来说是至关重要的数据。把烦琐且令人头疼的数据、图表信息设计转化成可读性强的可视化信息，是一种价值的体现。下面我们用几个关键词来阐述信息可视化设计后的图表，使其价值得到提升，从而产生突飞猛进的质的变化。

（1）准确性（accuracy）。准确性体现在设计信息图（infographic）上。这是很容易犯错的地方，若想扩展数据、图表和图形，可以使用不同尺寸和形状进行可视化，但不

操作系统信息图

使用完美比例
的信息图

要过度。绘制形状需要一个准确的基本尺度,最好使用数学公式,并且在图形中使用相同的比例。例如在信息图表中,媒体使用完美的比例。他们用比例半圆,比较在商店和在网上购买的商品,利用圆的半径比与理想匹配的数字之比来诠释人们真正在线想购买的是哪些东西? 包括用颜色和肌理的不同来区分的百分比数据,传递精准的数据可视化。

(2)创新性(creativity)。创造力与创意设计可以从简单的图表中体现出来。在信息图表中,不要害怕使用排版、插图、图标或其他设计元素,通过创意和大胆的设计,让信息图表脱颖而出。"操作系统信息图"展示的是花了很长时间从安卓、iOS 等移动操作系统平台中找到一个胜利者。这些巨头只能锁定一个胜利者,它最终"通杀"所有的对手,所有的这些都包含在一个生态系统之中,谁占据这最大的销售额,谁拥有着下载最多的 App 商店? 可以从这张表中得到一些答案。

**2008 年法拉利四驱车比赛信息图**

(3)灵感(inspiration)。灵感是使精神互相沟通,用知觉感知情绪或景物因而触动某种认识和创作的情感。在设计输出的时候,灵感也是非常重要的。上面这张信息图就很好地展现了灵感所在。"2008 年法拉利四驱车比赛信息图"中有选手的分布特征,还有四驱车的性能解析,以及国家的占比量。用一个速度感很突出的法拉利四驱车来展示信息,给人一种很强的视觉冲击,也使主题性更加浓郁。

(4)关联性(relevance)。针对一些信息图表进行跟踪设计,是为了让公众更方便地查找到适合自己的信息图表的外观风格。创建一个信息图表能恰当反映主题是最好的。

（5）简洁（succinctness）。其实就是需要把一些烦琐复杂、很难以理解的数据转化成一些简单易懂的数据。创建一个信息图表，主要目标是回答一个具体问题时，可以通过图表简洁有效地予以归纳。这样做的同时，可以添加额外的事实或资料，使图形更广泛。简洁地回答话题，也将有助于创建一个更有效的可视化图形。

（6）可视化（visualization）。几何形状、图表等元素都可以帮助实现数据的可视化。如果可能的话，最好更换一些烦琐枯燥无聊的图标或符号。当然，你必须保持信息的前沿，因为这是在有"信息"的图表之中。然而，现在人们有很多更直观的技术方法，来清楚地介绍人们不感兴趣的话题。

（二）数据可视化的创新发展

随着精巧设备与强大技术的不断面世，我们有时很容易忘掉一点，即"日光之下，必无新事"。虽然现今数据管理能力与可视化能力在高速发展，然而如何利用具体形式来表现抽象概念却困扰了人们很长一段时间。另外，还有一些历史悠久的问题持续影响着数据处理。有时，换一个角度去观察长久存在的看法或观点也是很好的一种做法。

1. 数据是一种通用语

面向协作的可视化工具能够帮助更多的人接触并理解各种类型的数据集，从而促进各学科间的交流。专为具备特殊技能与知识的人们制定高度专业化的工具，这本身并没有任何问题。但是，如果这些工具没有配置其他一些可视化形式，无法让更多具备不同技能的人参与进来，也是一件憾事。

专业化发展的趋势会继续下去。但是，数据可以提供一种通用的概念性"语言"及"语法"，帮助不同学科进行沟通。的确，关于数据定义以及数据模型的不同想法会给沟通带来障碍。即便如此，科学家普遍尊重有效采集的数据，往往会以这些作为协议与发现的基础，前提是所有人都对用于不同学科的基本术语的含义达成一致。如果能结合不同来源的数据，并在同一可视化方案下进行操控，这种跨学科的理解就构成了所需的"交叉引用"的基础。

2. 不确定性与预测

很多企业都希望能够长久且精确地预测企业发展的各个方面，而要达成这个目标具有挑战。细想起来，实现预测到底需要什么呢？尽管可能不需要完善的知识来改善预测，我们也还是应该结合多种学科为预测模型添加更多变量。

借助价格低廉、随处可见的数据采集传感设备，成本低廉的存储方案以及能够处理大规模数据流的计算机，人们现在已经可以在很多领域实现精确预测。传感和计算技术使这一概念看起来更为真实，虽然它仍然不容易实现。这其中的困难之处在于，如何从各种来源中提取数据，再将这些数据用某种方式组合起来，进而阐释多种因素是如何共同作用而产生某种特定结果的。比如，从本地新闻中听到气象学家提供的周末天气预报，从中得知了准确的天气变化趋势，使周末公司的室外慈善活动有了保障。但现实情况是，影响世界的因素太多，而且它们之间有着非常复杂的关系，很难去确定它们的共同运作机制。

### 3. 运动起来

静态的可视化形式不一定能较好地展示出多种相关因素的动态性。即使经过较好的设计与执行，也需要细致的研究与审查才能完整了解这些内容的含义。借助现代计算技术，我们可以立即将多种因素的多维交互结果以可视化的形式总结出来。这种显示形式通常可能难以解释，但可以通过交互性的界面与动画来减轻认知与理解的压力，使我们更好地明白可视化形式背后的含义。例如，相对而言，一个运动着的天气形势图就更易于人们理解。对于几十个因素导致的、在数千个数据点的联合效应下产生的"很有可能发生的"结果，观众就更容易明白。

还有一种可能，即针对某一或某一组变量，故意改变数据，然后查看这种情况究竟会在预报/预测上引起多大改变。这能让一些人分辨出哪些是最重要的"诱因"，哪些对成功预测的影响较小。这种做法在二三十年前是非常耗时的，而对于现在的气象学家来说，一切都太简单了。他们能在几分钟内尝试各种气象模型，因此能保证即时地预报早上 6 点和 6 点半的不同天气情况。这可能要归功于简洁高效的界面，使他们能够毫不费力地进行微调，然后只需点击"运行"按钮，就能得出分析结果。

### 4. 新型通才

可视化为不同专业的科学家们提供了一种竞技舞台，使他们能够针对某种常见的深层主题或目标，创建出新奇并能够启发观点的数据整合模式，比如寻找有效的疾病治疗方法。精于跨学科沟通的新型通才将在该领域大显身手，他们可以有效地沟通来自不同概念视角的专家意见，并以有意义的模式将各方提供的数据完美地融合起来。

#### （三）现实：房间里的大象

可视化最强大的作用之一在于连接数据点间的已知点。即使数据良好，但如果观测角度有限，真相也不会浮现。在片面的认知角度下，人们怎么能相信自己能够完整地了解某件事物呢？有一个古老的印度民间故事叫作"盲人摸象"。其中所蕴含的基本思想于今仍然有益，并且直接与数据可视化有关。

在这则故事中，三位盲人各自只能摸到大象肢体上的某一部分，并据此猜测大象是什么东西。第一个人摸到象牙，第二个人摸到大象耳朵，最后一个人摸到了大象尾巴。由此，每个人都对大象得出了合理却不正确的结论。摸到象牙的人认为大象是骨头，摸到大象耳朵的人认为是皮革，摸到尾巴的人则认为是绳子。这则故事之所以经常被人引用，是因为我们很容易就能想象到它的场景。无论宏观还是微观，有时我们只能依靠片面的观点找寻答案。DNA 分子结构曾经是科学领域的一个不解之谜与挑战。对于这种至关重要的生命关键结构，研究者只能从有限的角度来分析。只有仔细研究各个不同元素间的关系，真相才会浮现。有关洞察力的古老传说与现代知识结合了起来。

虽然从多个角度看待数据可以获取其全貌，然而房间里还是有一头大象。在用户界面设计中，界面只是其中一个因素，有时还远不是最复杂与最具挑战性的部分。需要正视的是用户以及人性。事实上，由于各种原因，人们不想彼此分享数据，或者他们给予与获取数据的动机并不纯粹。新型显示设备能够获取并分享数据视图，但其本身也无法解决这一问题。在考虑数据可视化的创新方式时，应该把现实生活中人性的渴望与癖好考虑进去。更重要的是，人们理解数据方式上的发展应该包括共享与协作的过程，这不仅适于获得对现实的最佳反映，也能解决人为因素带来的问题。

## 本 节 小 结

许多新的发现都是来自对周围数据感知与思考能力的突破。因此，在进行媒体监测的过程中，素质的培养需要我们学会跨越各学科边界，这些学科可能包括计算机科学、心理学、新闻学、平面设计、美术、统计学等。我们应该学会走出自身的舒适区，从不同的角度来监测。在可视化的辅助下，我们可以更加全面地体验数据并与数据进行交互。伟大的心灵帝国有其自身所独有的"商路"，用来交换思想、技术以及知识，共享个领域内的财富。数据可视化像是通行证，又像是翻译导游，让这一切成为可能。

## 本章复习思考题

1. 简述定量思维和定性思维对媒体监测从业者的重要性。
2. 简述媒体监测在市场精准营销和公关决策中起到的作用。
3. 以"2018 年春运"为主题，制作一张可视化信息图。
4. 根据你所学到的知识，举出一些商业和社会中的大数据应用案例。

第八章　新媒介技术能力养成

　　纵观当下时局，媒介的社会功能可以说是越来越大。对媒体传播的内容进行监测也是当前政府、企业等组织机构的必然要求。但如今，新媒介不断出现，其速度之快、规模之广，使我们难以凭个人之力从中提取出有价值、有意义的信息。于是人们发明了工具来解决问题、完成任务、扩展能力。

　　此前，人类发明了能遥望银河、太空的望远镜和能洞察原子、粒子的显微镜。现在，我们已经并将继续探索新方法、掌握新能力，以便能洞察数据的潜在含义。我们将通过本章的学习，掌握数据挖掘、舆情研判和撰写可视化报告的知识，从而提升、扩展我们与生俱来的感知和认知能力，以便用更"广阔"的视角看待世界。

## 本章思维导图

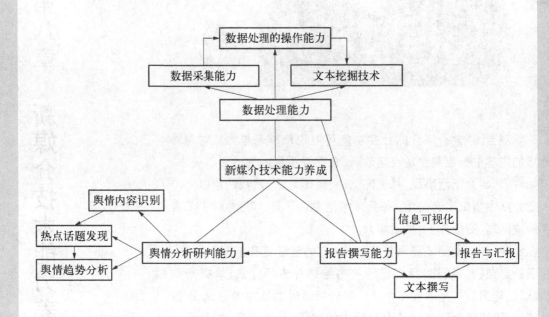

# 第一节 从数据到智慧——数据处理能力

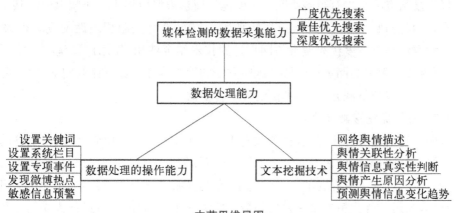

本节思维导图

美国 EMC 公司首席市场官杰瑞米·伯顿(Jeremy Burton)曾经表示："大量杂乱无序的数据无休止地增加，带来了无穷无尽的机会，将促使社会、技术、科学和经济发生根本性改变。数据是企业最重要的资产，数据正在促使企业改变数据管理方式，并从数据中挖掘出更大的价值。"在不久的将来，数据可能会成为最大的一种交易商品。在互联网上，继"人口为王""流量为王"和"应用为王"之后，我们迎来的必将是"数据为王"。未来的数据将像今天的公用设施一样，有数据提供方、管理方、处理方和监管方等。数据的供应和处理将形成一个新的大产业链。而媒体监测工具作为传播从业者的"放大镜"，其使用需要掌握强大的数据采集与处理能力，可以帮助传播从业者通过监测与研究新闻在媒体的发布情况，评估企业等组织机构的"媒体表现"，了解传播状态。

## 一、媒体监测的数据采集能力

数据采集是媒体监测系统中最关键、最基础的系统，决定着整个媒体监测系统的覆盖范围、分析质量和及时程度。简而言之，数据采集是有组织有目的地收集资料，通过分析资料使之成为信息，进一步在大量的数据中寻找潜在规律以形成规则或知识的技术。

尽管数据采集技术经过几十年的研究发展已经相对成熟，但随着互联网的飞速发展，它也面临着一些新的挑战，首要问题就是如何高效地将海量的网页信息抓取到本地。

网页的数据采集策略可以分为广度优先、最佳优先和深度优先三种。深度优先在很多情况下会导致爬虫的陷入(trapped)问题，所以目前常见的是广度优先和最佳优先方法。

(一) 广度优先搜索策略

广度优先搜索策略是指在抓取过程中,在完成当前层次的搜索后,再进行下一层次的搜索,演算法的设计和实现相对简单。在目前为覆盖尽可能多的网页,一般使用广度优先搜索方法。也有很多研究将广度优先搜索策略应用于聚焦爬虫中。其基本思想是认为与初始 URL 在一定链接距离内的网页具有主题相关性的概率很大[①]。另外一种方法是将广度优先搜索与网页过滤技术结合使用,先用广度优先策略抓取网页,再将其中无关的网页过滤掉。这些方法的缺点在于:随着抓取网页的增多,大量的无关网页将被下载并过滤,算法的效率将变低。

(二) 最佳优先搜索策略

按照一定的网页分析算法,预测候选 URL 与目标网页的相似度,或与主题的相关性,并选取评价最好的两个或几个 URL 进行抓取。它只访问经过网页分析算法预测为"有用"的网页。其存在的一个问题是,在爬虫抓取路径上,很多的相关网页可能被忽略,因为最佳优先策略是一种局部最优搜索算法,因此需要将最佳优先结合具体的应用进行改进,以跳出局部最优点。

(三) 深度优先搜索策略

深度优先搜索策略从起始网页开始,选择一个 URL 进入,分析这个网页中的URL,再选择一个再进入。如此一个链接一个链接地抓取下去,直到处理完一条路线之后再处理下一条路线。深度优先策略设计较为简单,然而门户网站提供的链接往往最具价值,网页排名(PageRank)也很高[②],但每深入一层,网页价值和网页排名都会相应地有所下降。这暗示了重要网页通常距离种子较近,而过度深入抓取到的网页却价值很低。同时,这种策略的抓取深度直接影响着抓取命中率以及抓取效率,对抓取深度的把握是该种策略的关键。因此,相对于其他两种策略而言,此种策略很少被使用[③]。

## 二、数据处理的操作能力

在所有的数据挖掘过程中,准备工作占用的时间都会在一半以上。没有数据的数据挖掘就像是巧妇难为无米之炊。而如果没有清理过的合适、正确的数据,数据挖掘则是没有基础的,而且分析出的结果也是没有价值的。下面列出媒体监测中数据处理的操作技巧,以便我们进行详细的思考和全面的规划。

---

① uniform resource locator,常缩写为 URL,统一资源定位符(或称统一资源定位器/定位地址、URL 地址等)。URL 如同在网络上的门牌,是互联网上标准的资源地址(address)。它最初由蒂姆·伯纳斯-李发明用来作为万维网的地址,现在它已经被万维网联盟编制为互联网标准 RFC 1738。

② 网页排名(PageRank),又称佩奇排名、谷歌左侧排名,是一种由搜索引擎根据网页之间相互的超链接计算的技术,而作为网页排名的要素之一,以谷歌公司创办人拉里·佩奇(Larry Page)之姓来命名。谷歌用它来体现网页的相关性和重要性。在搜索引擎优化操作中它是经常被用来评估网页优化的成效因素之一。

③ 周蔚华,徐发波.网络舆情概论[M].北京:中国人民大学出版社,2016.

（一）设置关键词

"关键词"源自英文 keywords，特指单个媒体在制作使用索引时，所用到的一种词汇。关键词搜索是网络搜索索引的主要方法之一，任何一位搜索引擎用户，在搜索框中输入关键词，就可以通过搜索引擎查找到想要的相关信息。它可以是一个字，也可以是一个词、一句话、一个英文字母、一个英文单词、一个数字、一个符号等任何可以在搜索框中输入的信息。

为了将符合某种特征的舆情信息集中提取出来，要通过数据库软件平台对该信息的特征进行描述和限定。于是关键词的设定和管理就成了媒体监测工作的一个关键。如果关键词设定准确、配置科学，那么所提取的数据准确率就高，舆情分析的结论就更接近真实状况；反之，所提取的数据准确率就低，舆情分析得出的结论与真实情况之间的差距就大。

关键词设置流程与范例

网络舆情信息的特征需要用关键词来描述。对于某些项目来说，关键词可能是显而易见的，但并不是所有的媒体监测项目都能自动给出这些关键词。对于大多数媒体监测项目来说，关键词经常是含糊不清的。因此，业务分析员和决策者在项目一开始对有关的业务问题、商业目的和数据挖掘的目标给出一个清晰的描述就显得至关重要了。否则，数据挖掘是很少能取得成功的。

不同业务领域的关键词跨度很大，但基本的类别是相同的。第一类是一般名称词，包括相关的人名、地名、机构名等；第二类是业务词汇，以名词和动词为主，名词指示业务内容，动词指示活动内容；第三类是效果词汇，用以描述业务活动的状态和结果，以动词和形容词为主。用关键词描述网络信息的特征，就是要描述某类信息的标题特征和正文特征，也就是通过关键词设置，标示出含有某些关键词的标题和含有某些关键词的正文，具体有如下两种基本情况：一是信息的标题中含有某些关键词或者正文中含有某些关键词的信息，二是信息标题中含有某些关键词的同时正文中含有某些关键词。在舆情监测分析系统平台中进行了这样的设置之后，被采集到数据库中的那些符合条件的信息，就会以系统设计好的样式集中呈现出来，供人们做进一步的分析。可见，所谓设置关键词，包括两个基本方面：第一，要设置好关键词汇，做到搜集全面、分类清晰、便于取用。第二，要时刻做好关键词组合搭配的训练。

某集团原董事长曾参与某品牌酒业公司的资本运作，在其涉黑案件爆出之后，该酒业公司虽与此案无直接关联，但仍因此被大量媒体提及。这一社会事件自 2013 年3 月就已被媒体陆续曝光，考虑到此事件与企业的潜在关联可能引起负面品牌曝光，该企业于 2013 年开始使用 CMM 系统对此事件的发展进行了监测，以评估其对品牌的影响。该酒业公司品牌是地名，普通搜索会产生极多不相关杂音，人工搜索同样费时费力，且难免有错漏。通过调整关键词设置功能，客户根据自身情况添加上百条排除词，最终结果准确率达到 90% 以上。

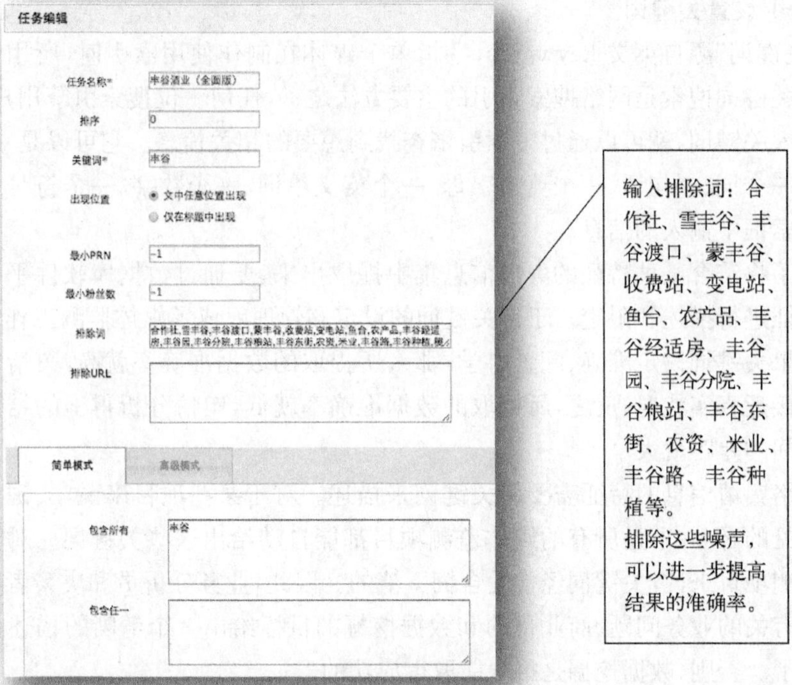

**CMM 示例截图**

（二）设置系统栏目

在媒体监测分析系统平台中，对日常舆情信息的监测是以栏目形式呈现的，这样的呈现方式使得查看更加方便。即便是舆情需求机构的非专业人员，也能很方便地通过栏目查看舆情变化。

设置系统栏目，是通过适当的关键词组合设置，把某一类别的信息集中呈现出来。比如，设置关键词，限定网络信息的标题特征和正文特征，提取有关"高考作文"的网络信息，然后设置好时间段（可以设置具体的前后两个时间边界，也可以设置为最近几日、几星期、几个月），就形成了一个主题为"高考作文"的栏目，栏目一旦设置完成，相关时间段内的有关高考作文的网络信息就被自动提取，呈现在栏目之中。

设置系统平台各栏目，需要遵循两个原则。一是准确。配置关键词要尽可能准确。不同的关键词，不同的组合策略，栏目呈现的结果大相径庭。栏目内总会有部分关联度不高的信息被提取过来，因此必须通过完善关键词的遴选和组合策略，提高所提取信息的准确率。二是适宜。栏目涵盖的时段并非越长越好，时段太长意味着对系统计算资源的浪费，实践表明以最近 3～5 日为宜。栏目数量并非越多越好，栏目太多，显得纷繁复杂，信息琐碎，容易淹没应该关注的重要信息。栏目数量以基本覆盖舆情需求主体的主要业务范围为宜。

（三）设置专项事件

当一起比较重要的舆情事件发生之后，人们往往希望对该事件的舆情最新发展状况和总体走势进行连续追踪,监测该事件舆情酝酿、扩散、平息的全程面貌,这时候就需要在舆情系统平台中进行专项事件设置。

设置专项事件,需要考虑的主要是关键词组合策略和时间段的设置。与栏目不同,设置专项事件,除了对信息的标题和正文进行关键词设定,还可以对相似文本、微博信息作相关设定。设置相似文本的功能,在集中呈现同一信息的不同版本和转发频率方面很有用处。设置微博信息关键词,是为了将相关的微博信息集中呈现。在时间段选择上,栏目一般设置为最近若干天,旨在采集最新增加的信息。专项事件既可以设置为指向未来,追踪该事件最新信息,也可以对发生在过去的事件,设置好前后两个时间节点,对该时段内的某一事件进行回顾式的信息集中呈现和分析整理。

(四)发现微博热点

 **2016年微博活跃用户继续保持稳步增长**

> 截止2016年9月,微博月活跃人数已达到2.97亿,较2015年同期相比增长34%;日活跃用户达到1.32亿,较去年同期增长32%。

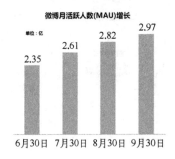

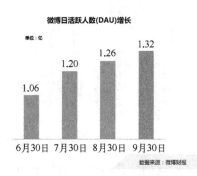

微博日/月活跃人数

微博用户数量庞大,有数亿之多,舆情监测系统平台难以将所有微博账户均纳入监测范围。事实上,微博用户总数虽然庞大,但活跃用户一般只占一定比例。比如,根据《2016微博用户发展报告》数据显示,截至2016年9月底,新浪微博注册用户数已超过5亿,日活跃用户数为1.32亿。在这些活跃用户中,具有舆情监测价值的也只是其中的一部分。因此,舆情信息数据推送机构采取的微博信息采集策略是:将活跃用户中最有代表性的那部分用户作为大数据样本,列为舆情监测对象。监测样本的数量一般在3 000~5 000万之间。这个数量足以反映微博平台的舆情动态。在舆情监测分析系统平台中,通过设置关键词组合,筛选、过滤微博焦点舆情信息和热点舆情信息,实现微博热点的及时呈现。系统依据转发量、评论量等数据,计算某一话题的热度,呈现在舆情监测平台中。

以蓝色光标(Blue View)2016年"欧洲杯"人群画像为例。该报告应用蓝色光标营销分析平台,挖掘关注欧洲杯的目标人群(T.A),尤其是活跃在社交平台新浪微博上的"欧洲杯粉丝",清晰地了解他们的在线日常生活,为市场营销人员更好地定位目标人群。

分析流程

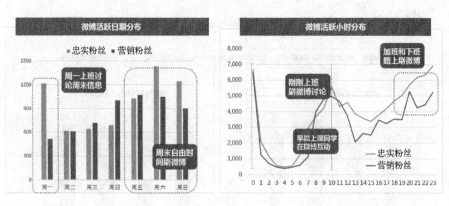

微博活跃日期分布

忠实粉丝的活跃时间多为早上 10 点、下午 4—5 点、晚上 19—24 点，在 24 点达到最大值；而营销粉丝更喜欢在早上 8—10 点活跃。

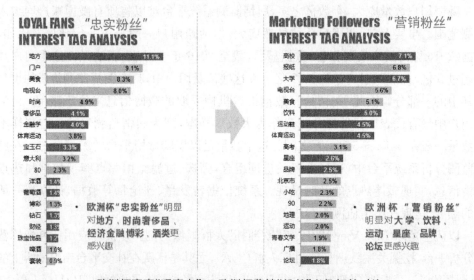

欧洲杯赛事"观赛者"VS 欧洲杯营销"粉丝"兴趣标签对比

通过分析研究"谁在社交平台上讨论 2016 欧洲杯""他们都在讨论哪些有趣的话题",描绘出一个完整的人群画像,包括:"T.A 基本信息""T.A 喜欢什么,关心什么""T.A 在聊与欧洲杯相关的哪些话题点"。此报告首先提出关于目标人群在社交平台上的深度行为分析,进一步总结出有价值的洞察人群,为品牌营销提供建议。

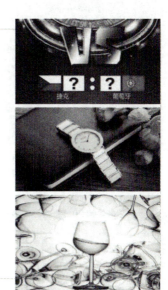

▶ **金融博彩相关**
他们对金融经济类相关内容感兴趣,在欧洲杯期间,尤其关注赛事博彩,竞猜信息。主动参与线上,例如微博:欧洲杯竞猜,赢大奖活动。

欧洲杯观赛行为,"一边关注赛事,一边进行竞猜投资"已经在他们中成为必不可少的习惯。

▶ **轻奢品和时尚概念**
他们追求时尚,喜欢套装
对珠宝,钻石饰品等感兴趣。
反应出其"轻奢"感念生活的理念,
是对生活品质有更高要求的群体。

▶ **丰富的多种酒类**
对于他们而言,欧洲杯期间,看比赛喝酒是必然搭配,
对于酒的品类有丰富的选择,
啤酒不是唯一的选择,
洋酒,葡萄酒更受欢迎,并且显示出其对生活品质的要求

**欧洲杯赛事忠实"观赛者"喜欢什么?**

▶**校园生活相关**
欧洲杯"营销"follow人群,年龄多为90,95s
在校学生居多,他们主要偏好在校园生活相关标签,
高校,美食,饮料,同时2016欧洲杯将在高考之后开赛,
参加高考学生也是重点T.A 人群

▶**赛事热门赞助品牌营销**
他们关注欧洲杯"营销"大于"赛事"本身,
本次欧洲杯热门赞助营销品牌是谈论的重点

▶**喜欢星座,爱泡论坛,爱发表言论**
他们喜欢星座,研究每一个星座特点,
爱泡论坛,自由抒发言论,
在微博等社交平台上,表达对本次欧洲杯的看法

**欧洲杯营销"粉丝"喜欢什么?**

## (五)敏感信息预警

对于那些关系重大的舆情信息,舆情需求方一般会要求将监测结果尽快通知其知晓。因此,一般的媒体监测活动都设置了"敏感信息预警"的环节。

危机监测预警流程

比较优秀的媒体监测分析系统平台一般都会有舆情预警功能模块。在 2015 年 3 月 3 日傍晚,中国广播网发表了题为"母亲在飞机洗手间清理幼儿便溺被某航空公司空乘逐下飞机"的新闻,由于该新闻以某航空公司为主题,文中多次提到"逐下飞机""发生争执"等负面词语,遂被 CMM 系统成功判定为负面信息,监测系统将符合敏感信息特征的网络信息集中起来,并计算每条信息的转发频率。而后,CMM 系统平台的预警功能模块与短信系统、电子邮件系统对接,当负面词语的转发频率达到规定的数值时,该条信息便被通过短信、电邮的形式发送给信息接收者,客户在获知该条自身负面信息后,连夜处理,通知媒体将新闻中的错误表述进行了及时调整和修改,从而保证了该航空公司的品牌美誉度。

定义清晰的关键词是任何数据挖掘项目取得成功的基石,是开展媒体监测活动比较核心的一环。下图给出了关键词设置的基本流程。

值得注意的是,在设置关键词时还应该注意对关键词的动态管理,当有新的事件发生的时候,或者在实践中有了新发展、在政策层面有了新规定的时候,一般都会增加相关关键词。对于这些新增词汇,要及时归纳到关键词序列中去。同时,自身和竞品相关的关键词不要频繁删除,以便保证数据的长期积累;热点事件或者行业热词监测可以按照客户需求定期调整,保证监测时效性和精准性;关键词定期登录管理,不断增加排除词,以提升精准度。

标示标题和正文的特征应分别使用什么关键词? 标题特征与正文特征是"或然"关系还是"并列"关系? 标题或正文中的关键词相互之间的逻辑关系究竟怎样设定?

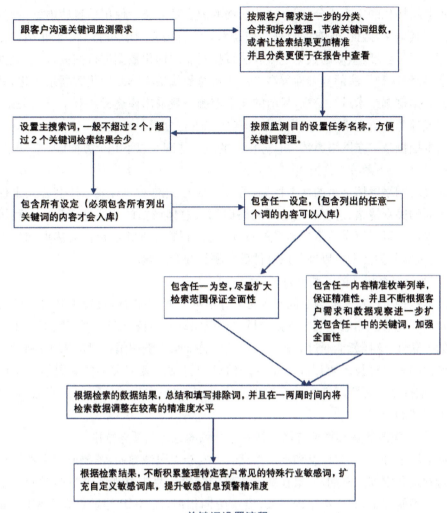

关键词设置流程

这些既有规律可循又是灵活变化的。只有机动把握，融会贯通，才能把所需要的舆情信息描述准确，尽可能多地命中有价值的信息，尽可能大地提高有效信息所占比例。

### 三、媒体监测的数据分析能力——文本挖掘技术

当今，文本挖掘是各大舆情监测系统做数据分析时不可或缺的技术。在网络舆情监测系统中，文本挖掘技术负责对数据进行挖掘分析。通过对一个具有丰富语义的文本进行文本挖掘与分析，理解其中所包含的内容和意义，已经成为数据挖掘中一个日益流行而重要的研究领域。

拓展：文本挖掘

一般的数据挖掘都是以关系、事务和数据仓库中的结构数据为研究目标，而文本挖掘所研究的文本数据库则是由来自各种数据源的大量文档组成，包括新闻、研究论文、书籍、期刊、报告、政府出版物、数字图书馆、产品样本、电子邮件消息、网页页面等。这些文档可能包含标题、作者、出版日期、长度等结构化数据，也可能包含摘要和

内容等非结构化的文本成分,而且这些文档的内容是人类所使用的自然语言,计算机很难处理其语义,因此,现有的数据挖掘技术无法直接应用于其上。对于非结构化问题,一条途径是发展全新的数据挖掘算法直接对非结构化数据进行挖掘,由于数据非常复杂,导致这种算法的复杂性很高。另一条途径就是将非结构化数据结构化,利用现有的数据挖掘技术进行挖掘,目前的文本挖掘一般采用该途径。对于语义关系,则需要集成计算机语言学和自然语言处理等成果进行分析。

文本挖掘技术在网络舆情信息分析中的应用体现在以下几个方面。

（一）对网络舆情进行描述

通过对网络舆情信息的文本挖掘,可以生成有关网上针对某一社会公共事件存在的不同的民众情绪、态度、观点,即网络舆情的总体概括的描述性信息。如利用文本特征提取可以了解舆情信息涉及的具体社会问题,发现并追踪社会热点和焦点内容;利用文本分类技术可以判断该事件反映哪类社会问题。

（二）对网络舆情的关联性进行分析

文本挖掘可以从时间与空间角度分析事件之间的关联性,发现关联事件的发展规律及发展趋势。如通过文本挖掘分析法可以明确舆情信息产生者与舆情信息特征之间的关联性,这样就能通过分析舆情信息的特征来追溯舆情信息的来源;网络信息的主题检测和追踪技术可以在海量网络信息中自动发现突发事件的舆情信息流主题;文本挖掘技术可跟踪突发事件的相关信息,有效地发现并预警不良信息,起到辅助决策支持的作用。

（三）对信息的真实性及传播主体的态度倾向进行判断与推论

如上所述,网络虚假信息和不良信息会引发错误舆情导向,需要通过文本挖掘对其进行判定和掌控。例如,如果在文本挖掘的结果信息中发现多个主体对同一条信息发表的不同评论,其文本结构一致、语气用词相似,而且 IP 地址也大致相同,那就有可能存在不良意图和人为操纵。同时,文本挖掘可以对传播主体的意图及态度倾向进行推论。网络舆情信息在大多数情况下真实地表达了民众的态度和情绪,可以据此推断其观点和立场。

（四）对网络舆情的产生原因进行分析

文本挖掘技术利用多维分析对舆情信息进行跨时间、跨空间的综合分析,描述起因事件发生的全貌及产生的影响。网络还存在着大量歪曲、偏激地反映社会现实、现代社会的价值观念的舆情信息,甚至还有别有用心的人在网上散布虚假信息。在这种情况下,通过文本挖掘分析法,可以比较网络舆情信息与社会现实状况。对虚假信息追根溯源,及时消除其不良影响。

（五）预测和推论网络舆情信息的产生和变化趋势

舆情一经产生,便处在动态变化之中,网络舆情变动趋势的预测对管理决策者有着重要的意义。由于网络具有覆盖面广、获取信息便捷等特点,利用文本挖掘对在某一时期集中反映某一社会热点问题的网络舆情信息进行跟踪,便可以得到舆情产生、变化和衰落的趋势或规律,分析网络舆情随时间发展的趋势情况,以便实现对舆情环境的监测与预警,进行适时控制和疏导。网上出现的舆情突发事件原因是复杂的,在某种程度上也是不可避免的,如果事先建立有效的舆情监测和预警机制,就能够及时地对舆情的发展进行监测分析和正确引导,避免事件向消极的方向发展。

当前网络舆情传播速度之快、波及面之广、影响力之大,远远超出人们的想象。有些本来只是一般性事件,一经互联网的传播,迅速演变升级成为群体性突发事件。与传统舆论相比,网络舆情的受众和传播主体更加分散,形成速度更快,内容更丰富。同一舆情事件,在不同的传播平台的响应速度及发酵速度不一。将网站新闻数据、论坛数据、博客数据、微博数据等进行对比,可以分析出舆情热点在不同舆论场的传播速度和广度,从而掌握哪些舆论场更易于传播哪类舆情。任何一个网络舆情,它都不会凭空而来,也不会突然消解,均有其发生、发展和淡化的过程。分析舆情的传播速度,就是分析舆情的这一发展周期。

## 本 节 小 结

随着互联网的迅速发展,大数据带来的信息风暴正在改变我们的生活、工作和思维,可以说,人类已经完全进入大数据时代。虽然数据给人们带来了全新的视角和能力,突破了众多因传统技术导致的瓶颈,但与此同时也带来许多问题。因此,仅仅掌握数据的处理能力对我们进行媒体监测是远远不够的,因为我们需要的并不是一个数据科学家,而是更有效地处理数据——对数据"提出更新和更好的问题"。

## 第二节　从字节到价值——舆情分析与研判能力

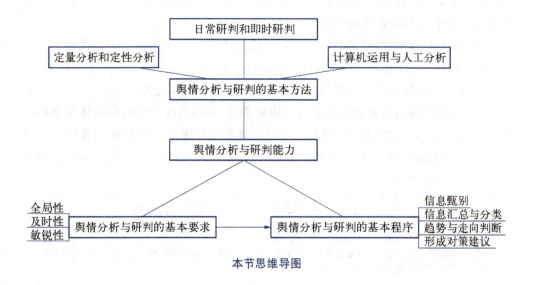

**本节思维导图**

当下，网络舆情已然成为社会舆情的"晴雨表"与"风向标"。因此，通过对网络舆情的分析与研判，挖掘网络舆情背后错综复杂的本质，进而了解网络舆情的运动规律，对可能爆发的危机事件形成预警并及时有效地应对与引导，最终实现化解危机与风险、提高社会治理水平、促进社会和谐发展的目的。

## 一、舆情分析与研判的基本要求

网络舆情的发展往往受一定的内因推动，承载着特定的诉求，通过各种媒介在互联网中传播、扩散，并持续发酵。网络舆情分析与研判就是指运用系统科学的程序与方法对监测与收集到的网络舆情信息进行甄别、分析和归纳，去粗取精，删繁就简，提炼并整理出具有全局性、趋势性、指导性、预警性和线索性信息的过程。这一过程是网络舆情工作的重要环节，它一头连接着舆情的监测与收集，另一头连接着舆情的应对与引导，起着承上启下的作用。因此，分析与研判的结果必须尽量做到全面、准确、及时。

### （一）全局性

网络舆情分析与研判就是要从监测与收集到的大量信息中提取代表舆情趋势与规律的内容，找到影响舆情发展的关键节点，这就要求立足全局，不能被细枝末节迷惑。要做到全局性，需要对社会所处发展阶段的特点与问题有深入、正确的认识。

### （二）及时性

舆情的分析与研判中很大一部分是对危机事件的处理。危机公关理论视速度为第一原则[①]。危机事件信息出现后应第一时间表态、第一时间发声，掌握舆论的主动权和事件处置的主导权。如果不能先发制人，被网络舆情牵着鼻子走，挤牙膏似的应对舆情，就容易陷入"塔西佗陷阱"[②]。受传统社会治理思维影响，一些地方政府有时候在没有认真进行调查研究的时候第一时间本能地予以否认，导致舆情被动，当真相被一层层剥开后，其公信力将受到质疑。

信息发布是否及时，很多时候影响着舆情走向，并制约着应对与引导的效果。传统观点中有"黄金24小时"之说，网络媒体兴起后又有人提出了"黄金4小时"的概念，即从危机事件爆发到相关责任主体第一次回应的时间不超过4小时。但是，日常习惯导致我们对舆情信息的分析研判与应对都相对滞后，这也是有些群体性事件被激化的因素之一。当然，所谓"黄金4小时"，这里的数字不该被教条地看作确定时间，而是强调时效的重要性，要求突发事件发生后，要第一时间发声，相关责任主体要

---

① 危机公关5S原则是指根据公关危机事件的规模、影响、性质及危害性，处理公关危机事件的五条原则，即速度第一原则（speed）、系统运行原则（system）、承担责任原则（shoulder）、真诚沟通原则（sincerity）、权威证实原则（standard）。

② "塔西佗陷阱"得名于古罗马时代的历史学家塔西佗（Publius Cornelius Tacitus，约55—120年），通俗地讲就是指当政府部门失去公信力时，无论说真话还是假话、做好事还是坏事，都会被认为是说假话、做坏事，这一定律在近年来的社会群体突发事件中有一定的体现。

第一时间处理问题,做突发事件的"第一定义者"。事实上,"黄金 4 小时"的功夫并不只在这"4 小时"上,更在相关责任主体长效机制的建立上。

对舆情的分析与研判必须走在信息发布之前,这一阶段的分析与研判工作的重点是尽力找到核心事实,并披露掌握的信息。

（三）敏锐性

敏锐性,是舆情分析与研判工作的题中之义。敏锐性包括以下几个层面:首先是信息准确,谣言在分析与研判阶段应被识别出来,并及时提请相关责任主体辟谣。其次是捕捉到有价值的信息,准确判断舆情的发展趋势。特别要注意的是,在事件原因尚未清晰时,不宜简单粗暴地对事件进行归因,网络舆情分析研判人员应提示责任主体发言人避免使用一些刺激网民心理、引发网民吐槽的敏感词。"不明真相的群众""别有居心""一小撮""临时工"等都是极易引起网民反感的敏感词,应该避免使用。

2013 年,网络推手秦火火被刑拘,几个由他炮制的谣言真相才开始浮出水面:"7·23"动车事故发生后,编造、散布谣言称中国政府花两亿元天价赔偿外籍旅客;编造雷锋生活奢侈情节;利用郭美美炫富事件蓄意炒作,编造了一些地方公务员被要求必须向红十字会捐款的谣言;捏造全国残联主席张海迪拥有日本国籍的谣言等。他捏造的这些谣言被网民广泛传播,挑动了民众对政府的不满情绪。试想,如果在网络舆情分析与研判的最初,分析人员就能及时和敏锐地察觉此类谣言可能带来的后果及造成的影响,及时作出有效应对,就能在一定程度上阻止谣言的散播。由此可见,掌握及时和敏锐的舆情分析与研判能力是必要的,缺少任何一个,分析与研判的效果都会大打折扣,甚至走向反面。

综观各类网络舆情事件的发展过程可以发现,如果在事件爆发之前或爆发之初对危机有及时敏锐的趋势研判,往往能在很大程度上缓和冲突、化解危机。

## 二、舆情分析与研判的基本程序

舆情分析与研判是综合的逻辑思维过程,是对获得材料的再创造。由于网上信息量十分巨大,必须利用现代科技手段对网络舆情予以分析与研判。网络舆情分析与研判流程主要包括以下基本程序:信息甄别—信息汇总与分类—趋势与走向判断—形成对策建议—总结规律—矫正与纠偏[①]。当然,并非每次网络舆情分析与研判都需要经历以上所有步骤。

网络舆情分析与研判在实践中包括一个大致稳定的流程,在此结合东方航空客机引擎爆炸事件来进行分析。2017 年 6 月 11 日,东航悉尼至上海航班起飞后,机组发现左发动机进气道机匣损伤,果断处置,及时返航,安全落地,人机安全。东航妥善做好了旅客的后续服务保障。

---

① 周蔚华、徐发波:网络舆情概论[M].北京:中国人民大学出版社,2016.

## （一）信息甄别

网络舆情信息来源广泛，分析与研判人员应首先占有海量信息，如东航客机引擎爆炸事件在网上被爆料后，应在第一时间监控和收集各大网站上的所有舆论信息，对这些新闻或帖文进行分析与判断，确定其在舆情事件中可能存在的潜在价值。同时，由于信息来源复杂，舆情分析与研判人员必须剔除虚假舆情，排除其对真实舆情的干扰。在该事件爆出后，一时间人心惶惶，网民都在为此次东航客机引擎爆炸事件担忧，网络管理人员对网上舆情事件进行有针对性的鉴别，防止在新闻转载或跟帖中出现添油加醋的现象，达到透过现象看本质的目的。

## （二）信息汇总与分类

信息汇总之前需要对收集到的信息进行预处理，如格式转换、数据清理、数据统计等。对于新闻评论，需要滤除无关信息，保存新闻的标题、出处、发布时间、内容、点击次数、评论人、评论内容、评论数量等，最后形成格式化信息，概括出主要问题、主要内容、主要观点及主要策略，并以此为基础写出网络舆情信息摘要。

所有类别的网络舆情都有其共性，又有其个性，因此，在处理时，不同类型的网络舆情有不同的应对方法与技巧。所以，对其分类就显得尤为重要。东航客机引擎爆炸事件爆出后，网络管理部门应将该事件归为交通运输类突发事件的类别，这样网络舆情分析与研判中就有的放矢，并可借鉴国内外类似舆情事件的处置经验。

## （三）趋势与走向判断

趋势与走向判断是舆情分析与研判的核心，是应对与引导网络舆情的依据。根

东航客机引擎类似故障一个月内两起 制造商回应_网易财经
2017年6月12日 - (原标题:东航客机引擎类似故障一个月内两起,引擎制造商:下结论太早) 据新华社报道,中国东方航空一架悉尼至上海航班的飞机11日在悉尼起飞后,左引擎...
money.163.com/17/0612/... ▾ - 百度快照

民航局参与东航发动机故障调查 或发出适航指令_网易新闻
2017年6月14日 - 上海东方航空公司悉尼至上海的MU736次航班在北京时间6月11日晚6点42分起飞后,遭遇引擎故障返航。6月12日,外国网友"Dave Knight"通过社交网站分享了...
news.163.com/17/0614/0... ▾ - 百度快照

**通过百度搜索各大媒体对该事件的报道**

据汇总到的舆情信息,通过系统的分析,作出关于舆情发展趋势与走向的基本判断。在东航客机引擎爆炸事件发生之后,网民第一时间是质疑东方航空的安全性能。但是,在随后的报道中,"中国版萨利机长"获得了网民的一致好评。紧接着,关于该事件的后续报道相继发出,网民在肯定了机长的及时处理之后,开始将目光放在该事件背后的原因上。舆情分析研判的目的就在于最后的研判结论,要得到研判的指向需要把握量与度的指标。网络管理人员通过对相关网上信息进行定性与定量的分析与统计,可以得出网络舆情的基本研判结果,并给相关部门提供处置措施和咨询参考意见。

(四)形成对策建议,对可能发生的危机进行预警

在实际工作中,舆情分析与研判的结果与实际并不总是完全吻合,但对于错误的研判,要对舆情事件本身和舆情的分析研判实施"倒查"制度,这样既可以使舆情进一步臻于精确,也有助于提高舆情分析研判人员的工作能力和水平。东航客机引擎爆炸事件的爆出与及时妥善处置,既是一次机遇,更是一次挑战,通过政府相关部门、网络管理部门、媒体以及网民的共同关心和推动,使得该网络舆情事件得到及时解决。网络媒体在引导社会热点和疏导公众情绪等方面堪称社会"防火墙""安全阀"和"减震器"。依照网络舆情分析与研判工作流程体系,针对各种类型的网络舆情事件进行详细而周密的网络舆情危机分析,提出处置意见,争取做到有备而无患。

## 三、舆情分析与研判的基本方法

(一)计算机运用与人工分析

1. 计算机运用

目前,网络舆情分析的一些关键技术如网络舆情话题的发现与追踪、网络舆情倾向性分析、自动分类、摘要、排重、聚类、敏感词过滤分析等技术都已成熟,许多舆情服务机构均可通过计算机技术对传统媒体网络版(含中央媒体、地方媒体、市场化媒体、部分海外媒体)、网站新闻跟帖、论坛、微博、网络意见领袖个人博客、网站等网络舆情主要载体进行 24 小时监测,还可对监测结果进行专业的统计和分析,形成监测分析研究报告等成果,并可利用百度、谷歌等搜索引擎进行信息补充,进行关键词、关注度、转载率等统计分析。但这些舆情监测系统擅长的是抓取新闻网页,在社交媒体及网络社区如博客、微博、微信、QQ群、论坛、新闻跟帖中则效果有限,目前网络社区中的舆情主要依靠人工分析。

2. 人工分析

计算机对信息的处理能力始终存在一定的滞后性和简单化,虽然在一定程度上解放了人力资源,但在高层次的信息处理如情感判别和影响力评估等方面,计算机还不能完全取代人工,计算机处理的数据和结果在实践中的有效性和可行性还有待于进一步提升。

人工分析就是在技术分析的基础上,进一步修改、补充研判类的信息,特别是提供关于网民情感、情绪的分析。传统的舆情分析往往重视解读舆情信息的文字内容,而忽视网民互动的社会关系网络研究,这些都需要人工分析,甚至需要社会学、心理

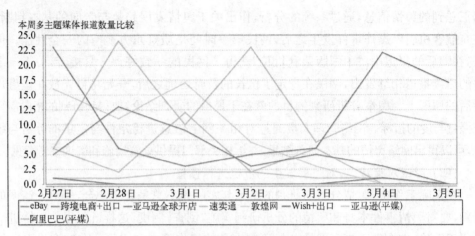

本周电商主题媒体报道数量比较

学、传播学方面的专家。

下图为品胜集团的一周监测报告截图。品胜通过网络和社交媒体监测自身品牌的网媒报道情况。

| 标题 | 报道日期 | 报道数 | 报道媒体 | 摘要 |
|---|---|---|---|---|
| 各地倒春寒来袭,品胜暖手充电宝再度热销 | 2016-03-11 | 80 | 搜狐、北京晨报、科技日报、网易等 | 3月8日起,受"倒春寒"影响,品胜电子旗下的一款暖手充电宝受天气影响再度热销,广受消费者追捧。 |
| 品胜展开3.15打假行动 规范数码3C配件市场 | 2016-03-15 | 70 | 网易、今日头条、雪球网、IT帮等 | 在"3.15国际消费者权益日"到来之际,广东品胜电子股份有限公司展开了大型打假活动,查处了3家假冒品胜产品的销售点。 |
| 专注手机后市场,品胜打造急啥App,万亿级蓝海市场一触即发 | 2016-03-10 | 5 | 百度贴吧、长江论坛、南阳社区等 | 品胜"急啥"更加专注于手机后市场,借助于"当日达"建立起来的得天独厚的优势,通过整合所有资源,畅通沟通渠道,将线上线下双向渠道完全打通。 |

品胜集团一周监测报告截图

此外,由于网络表达的戏谑化和娱乐化,计算机单凭文本不能分析出网民的意见倾向和价值取向,这些工作都要依靠人工完成。例如,"呵呵"原指笑、微笑或开心的笑,也表示自己开心,是笑声的拟声词。但在互联网迅速发展特别是聊天工具和论坛普及的情况下,"呵呵"这个词被越来越多地打在屏幕上用来反映自己的表情。同时,"呵呵"逐渐有了更多含义,在使用中,或者表示敷衍,或者表示赞同,或者表示好笑,或者表示无奈,或者表示同情,更有"流言止于智者,聊天止于呵呵"的调侃。

（二）定量分析与定性分析

1. 定量分析提供数据

定量分析是指对网络舆情信息进行量化处理[①],即根据信息的数量及频率来分析

---

① 定量分析法(quantitative analysis method)是对社会现象的数量特征、数量关系与数量变化进行分析的方法。

网络舆情和把握网络舆情影响的大小、发展方向及趋势。就网络舆情信息的显著度和集中度而言,可以用发帖量、点击量、转载量、回帖量、评论量等指标来衡量,这些也是定量分析的主要指标[①]。

一般来说,事物的发展是从量变到质变的过程,因此对量的关注是十分必要的。例如有学者通过对 40 个微博舆情事件的监测数据统计发现,一个社会性公共事件从微博场域"溢出"到社会话语场域的临界值是该条微博转发次数超过 1 万次或其评论次数超过 3 000 条,满足其中任何一个条件都可以。

2. 定性分析提供判断

定性分析是对网络舆情的性质与走向的研判[②],主要从以下方面着手:信源出处、确定舆情信息的类别、判断其是突发舆情还是人为制造的舆情、判断其能否成为热点事件。对于网络舆情信息,单靠定量或定性分析都难以得出有价值的、准确的结论与判断,必须综合运用两种分析方法。一般来说,定量分析为定性分析提供数据及证据,定性分析提供价值判断,有时也用来解释定量分析的结果。

(三) 日常研判与即时研判

网络舆情分析与研判工作是一项系统工作,主要由两部分组成:一是日常研判,对网络舆情信息进行日常性和持续性的分析与研判,并在此基础上总结规律,建立网络舆情信息库;二是即时研判,针对某一突发事件进行有针对性的研判,为突发事件的应对与引导提供依据,促成突发事件的圆满解决。

1. 日常研判

日常研判具有长期性、稳定性、系统性的特点。日常研判应重点关注两方面的工作:一是发现倾向性、苗头性的话题;二是在突发事件结束后对网络舆情发生发展的特点以及网络舆情运行过程中舆情主体所表现出来的社会意识、社会情绪、社会态度乃至社会的思潮进行专门化、系统化的研究,为顶层设计建言献策。

一般来说,日常研判更注重宏观与中观层面,主要内容包括中介性事件发生发展的特点及规律分析、网民的网络舆情表达方式、网络舆情中所显示的思想观念。比如,在"我爸是李刚""杭州飙车案"中把握网络上仇官仇富、官民对立情绪的分析等,众多"老人过马路扶不扶"的案例折射的则是社会信任危机,日常研判就是要发现个别事件背后的深层次问题,这样突发事件发生时就能抓住关键问题,从容有效应对。

2. 即时研判

即时研判,是一种相对日常研判来说的微观层面的研判,是指在网络舆情的具体处理过程中,针对本次舆情的具体内容及特点所作的研判,一般体现为对特定突发事

---

① 周蔚华,徐发波.网络舆情概论[M].北京:中国人民大学出版社,2016.

② 定性研究方法是根据社会现象或事物所具有的属性和在运动中的矛盾变化,从事物的内在规定性来研究事物的一种方法或角度。它以普遍承认的公理、一套演绎逻辑和大量的历史事实为分析基础,从事物的矛盾性出发,描述、阐释所研究的事物。

件的研判①。即时研判的内容主要是对本次舆情产生的直接导火索、舆情形成过程中意见领袖及网民的代表性意见倾向进行分析,在此基础上对本次舆情的下一步发展作出预判,同时为相关责任主体应对与引导工作提供具体的意见。

相较于日常研判,即时研判是一种紧急状态,对时效性、指导性和可操作性要求很高。即时研判随着突发事件舆情的平息而结束。对网络舆情工作来说,日常研判与即时研判是同等重要、相辅相成的两个方面。日常研判为即时研判提供宏观理论指导,即时研判为日常研判提供具体案例经验。

## 本 节 小 结

分析与研判是媒体监测工作的重要环节之一,起着承上启下的作用。监测和搜集到的大量舆情信息只有通过分析与研判才能实现其价值,及时有效的应对与引导同样离不开科学正确的分析与研判。网络舆情分析与研判的结果是政府、社会组织、企业等进行决策与应对的基础与依据。因此,必须尽量保证分析与研判结果的全面、准确、及时,否则,舆情的应对与引导就如"盲人骑瞎马,夜半临深池",错误的信息比没有信息效果更糟。

## 第三节　制胜组合——用可视化助力舆情报告

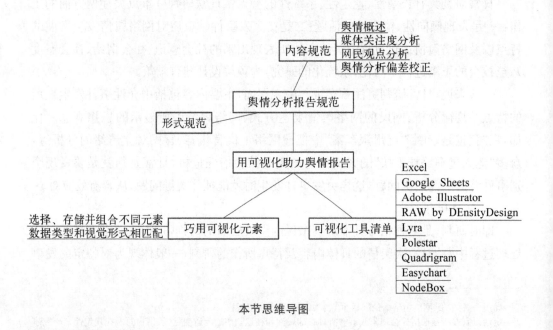

本节思维导图

---

① 周蔚华,徐发波.网络舆情概论[M].北京:中国人民大学出版社,2016.

互联网的发展将世界带入了海量信息的时代,虽然意见领袖依然存在,权威渠道在一定程度上不可替代,但是传统的传者和受者的关系已然改变,报纸、电视、广播等传统媒体的传播模式已然被颠覆。这是一个人人都有麦克风的时代,而且这已经不是一个需要说或者写才能表达的时代。在评论或转发中添加表情符号,甚至单纯地分享、转发、点赞,都是态度、意见或情绪的表达。各种各样的搜索指数更是暗示着人们,即使是简单地搜索,也代表着关注。

在一定程度上,网络是个自由市场,"把关人"相对缺席,平台丰富而广阔,无形也无际。面对纷繁复杂的网络信息和四面八方的喧嚣声音,怎样做到相对简便、快捷又比较科学地认知舆情? 这需要舆情报告的帮助。

通过一定的总结和归纳,对网络舆论信息进行有效的汇集、整理和分析,以简洁明晰的形式呈现舆情的重点,帮助客户认知和把握舆情,这是舆情报告的基本目的和作用。本节将系统介绍如何撰写舆情分析报告。

## 一、舆情分析报告概述

舆情分析是一项集统计、研究、编辑、写作等于一身的综合性工作。更好地展示舆情分析结果需要一份好的舆情分析报告。它是对舆情分析的全面展现,也是受众了解舆情动态的直接桥梁。在日常舆情监测中,常见的舆情报告有社会热点事件、社会热点话题、中央部委形象、地方政府形象、企业形象及公众人物形象等舆情分析报告;从撰写周期来分有日报、周报、月报、半年报及年报;从内容方面来分有政务报告和企业报告;从撰写对象来分有机构报告和人物报告。

不同的舆情监测报告侧重点有所不同。如全国性舆情分析更加强调深度和全面性,而地方性舆情分析则更侧重找准问题、锁定网络与媒体信息的来源。这就需要舆情分析师根据不同的监测对象和监测特点,选择不同的文案。

## 二、舆情分析报告规范

所有的网络舆情分析报告都要求质量与效率并重,做到形式为内容服务,坚持"言简意赅、美观整洁、深度解读、精益求精"的原则,实现舆情报告的科学化、标准化、高效化和形象化。规范化是舆情分析报告专业性的重要体现,总体来说,舆情分析报告需做到形式规范和内容规范两个方面。

### (一)形式规范

舆情分析报告的形式规范包括页面设计、logo 标志、字体、字号、字数、色系、图标类型、美编原则等。而在文件规范中,针对网络时代的多媒体传播特点,结合社会受众或客户需求,可以将同源的舆情分析报告文本转化成 Word 文档、网页、Excel 表格、Ppt、动态视频等多种格式的文件形式。一般来说,一个舆情分析单位出品的分析报告在排版、字体、色彩搭配上有统一的格式。对不同的舆情分析主题,报告的色彩、文字风格也有所偏向。如涉及社会性的严肃话题,其报告的色彩较为单一,文字也更加严谨;而一些趣味性较强的舆情报告,色彩则较为鲜艳,报告的呈现形式也更加丰富。

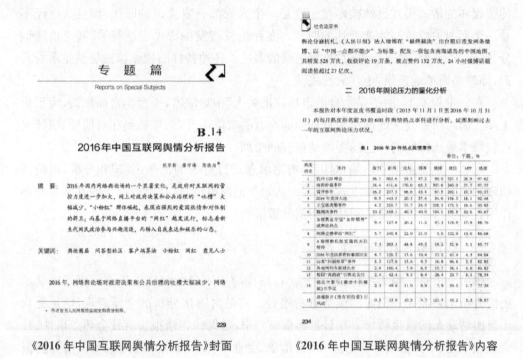

《2016年中国互联网舆情分析报告》封面　　　　《2016年中国互联网舆情分析报告》内容

## (二) 内容规范

网络舆情的内容分析是"三结合"的工作模式,即定性分析与定量分析结合,人工分析与计算机技术相结合,舆情分析师基础分析与相关领域专家的舆情研判相结合。在内容规范上,一篇舆情分析报告大致有舆情概述、媒体关注度、网民观点分析、舆情点评等。下面我们结合 2015 年中国进出口商品交易会(广交会)海外媒体曝光度监测季报来了解分析报告的撰写。

### 1. 舆情概述

舆情概述作为舆情分析报告的开篇,对整份报告有统领作用。在一定程度上,舆情概述可以套用新闻写作中的"5W1H"原则(when 何时、where 何地、who 何人、what 何事、why 何故、how 如何),即对事件的发展脉络有一个清晰的描述。在此基础上,还需要对舆论发源地进行描述,如 2015 年的广交会是在官方媒体上曝光的。

舆情报告是基于数据分析的报告,在进行舆情概述时,展示并简要呈现各项统计数据,可以给读者一个较为直观的感受。如下图所示的展会媒体曝光度监测季报截图,给出了声量数据、媒体覆盖度等。此外,在舆情概述中,媒体对此事件的主要评论观点和网上的民众意见也需有所提及。当然在概述部分,对观点和意见的展示不必一一展开,可在报告对应部分进行细致的阐述。

|  | 展会时段 | 总声量 | 新闻 | 推特 | Release | Blog | 其他 |
|---|---|---|---|---|---|---|---|
| 广交会 | 会前60天 | 3583 | 2078 | 1302 | 0 | 68 | 135 |
|  | 第一阶段 | 1140 | 101 | 968 | 0 | 22 | 49 |
|  | 第二阶段 | 603 | 54 | 409 | 0 | 15 | 125 |
|  | 第三阶段 | 402 | 17 | 336 | 0 | 8 | 41 |
|  | 会展期间（包含三个阶段） | 2145 | 172 | 1713 | 0 | 45 | 215 |
|  | 会后10天 | 244 | 37 | 187 | 1 | 15 | 4 |
| 汉诺威电子展 | 08.15-11.15 | 8829 | 2403 | 5868 | 0 | 403 | 155 |
| 国际消费类电子产品展览会 | 08.15-11.15 | 67748 | 29716 | 12413 | 4261 | 12112 | 0 |
| 汉诺威工业博览会 | 08.15-11.15 | 1967 | 996 | 828 | 0 | 110 | 33 |
| 香港电子展 | 08.15-11.15 | 6247 | 643 | 0 | 6 | 5558 | 40 |

> 将这些数据按事件发展的时间段为节点展现，使报告的观看者更清晰了解事件的发展变化。

展会媒体曝光度监测季报汇总图

## 2. 媒体关注度分析

媒体关注度分析包含三个要素：媒体报道量的统计、关键媒体报道节点、媒体报道的关注点。通过对下图媒体报道量的指标分析，可以基本掌握舆情事件的发展态势。

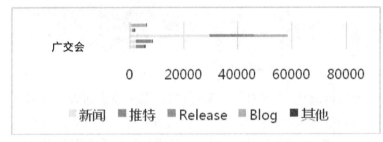

> 媒体报道量统计主要包含两部分，一是传统媒体对事件的报道量，二是网络媒体对事件的报道量及转发量。

广交会媒体报道量统计

在整体总量统计的同时，也需统计每日、每周、每月、每季度的报道量，最终呈现出一个报道数量的走势图。

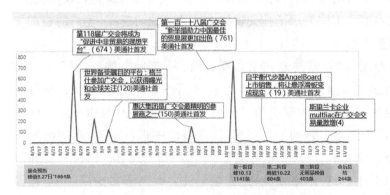

> 会前预热期较长，部分参展商会前主动宣传，会中自身宣传较集中，峰值较为明显，会后宣传内容略少，参展商新闻以国内和亚洲展商新闻为主，欧美展商新闻较少。

广交会新闻报道走势图

在对媒体报道量完成数据统计后,下一步就是针对所有的新闻报道进行传播分析。在广交会的案例中,美通社作为关键报道节点,其报道被众多媒体采用或转发,需要单独对其进行分析,从而使读者了解到事件形成较大传播范围的全部过程。此外,对媒体报道内容的分析也是必不可少的。准确把握媒体报道的动向是每一位网络舆情分析师应具备的素养。在面对众多的媒体报道时,需用科学的抽样方法进行抽样分析,把握好中央媒体和地方媒体、体制内媒体和市场化媒体的抽样权重。

| 标题 | 时间 | 报道数 | 首发媒体 | 转发媒体 | 提及方式 | 摘要 |
|---|---|---|---|---|---|---|
| 第118届广交会将成为"促进中非贸易的理想平台" | 8月27日 | 674 | 美通社 | 雅虎财经 路透社 | 主要提及 | 第118届的广交会与南航合作为非洲客商提供便利,越来越多的非洲客商通过广交会与中国进行贸易往来。 |
| 第一百一十八届广交会"新举措助力中国最佳的贸易展更加出色 | 10月14日 | 761 | 美通社 | 共同社 | 主要提及 | 第118届广交会,场馆扩大、布局合理、大数据智能化等新举措,势必比以往更加多元化、更贴合用户需求,取得更大收益。 |
| 第一百一十八届广交会为企业打造品牌提供平台 | 9月6日 | 232 | 美通社 | Global Maketing | 主要提及 | 广交会建立智能中心平台为参展商拓展机会 |
| 世界备受瞩目的平台:格兰仕参加广交会,以获得曝光和全球关注 | 9月6日 | 150 | 美通社 | Nosis | 附带提及 | 格兰仕参加广交会以获得更多的国际贸易机会,且认为广交会是一个企业获得国际关注的重要渠道。 |
| 惠达集团是广交会最精明的参展商之二 | 9月30日 | 150 | 美通社 | Japan Times | 附带提及 | 惠达集团拥有100多家国际客户,该公司将在10月15开幕的广交会上参展,希望借此提高贸易量。 |

广交会网媒热点

另一方面,在当今的互联网时代,众多自媒体平台直接、真实地表达着网友们来自四面八方的不同声音。自媒体如微博、微信、论坛等网络社区是公民用以发布自己亲眼所见、亲耳所闻事件的载体。在研究自媒体关注度时需了解该事件是否从某一自媒体平台上开始传播,或事件传播过程中自媒体是否作为重要的传播节点等。

3. 网民观点分析

网民观点抽样一半来自新闻跟帖、论坛、微博等平台,其主体对象包括媒体人士、当事人、网友和意见领袖等,下图展示了社交媒体上意见领袖的观点,他们的观点与言行是舆情分析的重要内容。

在进行网民倾向性分析时,需注意几个重要方面:一是网友的"支持""反对""中立""不关心"四种最基本倾向性态度,每一个选项都是千差万别的,需针对每一大类的主观性态度设置更为具体的观点项;二是需防止观点在内涵和外延上的相互交叉;三是若以言论个性化主题词为观点项,应在备注中进行说明,声明结论和图表中可能会出现观点交叉的情况;四是有关数据应参考官方的统计公报,并和网友言论抽样统计进行对比,矫正网络偏差,把握全部社会舆论真实构成;五是在言论抽样中,选取和各个客体对象有关的言论,重视媒体评论和意见领袖观点,在选

**意见领袖观点截图**

择样本时,应充分考虑到倾向性言论的多样性和代表性,保证网民观点呈现较为完整和准确。

4. 舆情分析偏差矫正

当今社会,舆论瞬息万变,如果不对舆论进行整体把握,仅仅依靠媒体评论和网友言论的抽样分析,往往很难确切反映社会的真实意见构成。而不准确的舆情分析报告,往往会导致数据使用者作出错误的判断,在一些突发事件上甚至会导致事态的扩大、恶化,造成严重的后果。因此,检查舆情分析结果,并及时矫正舆情分析结果与真实意见构成的偏差,是必不可少的环节。

(1) 社会舆论构成偏差。

一般情况下,社会舆论的构成包括网民意见、意见领袖观点、市场化媒体看法(如都市报、商业性网站)、体制内媒体观点(党报、国家电视台)等。要处理社会舆论构成的偏差就要设置好各群体的构成比例。在设定样本指数时,充分考虑到各样本的加权比重。首先,应将传统媒体报道与评论倾向性分析以及网络言论倾向性分析区分开来,在两者分析数据的基础上,再进行宏观报道与言论数量或热度的定量比较;其次,应加大言论抽样的数量,不能遗漏重要媒体和网站,也不能遗漏重要观点,并且应将转载量作为重要的评估依据。最后,在提取主流媒体、权威部门、意见领袖的言论的同时,也要兼顾社会话语权的弱势群体,关注社会底层民众的呼声。

（2）样本内容分析偏差。

样本内容分析属于文本的定性分析，强调舆情分析师的理解、判断和表达能力。在对舆情文本进行初步分析时，首先要把握言论本身的情感性质和情感色彩。对网友感性的言论要批判分析，对理性的言论要重视提炼突出，同时排除一些过激言论和不痛不痒的感慨言论。其次，需对言论的立场角度进行划分，如政治角度可分为体制内和体制外。然后，需对言论的感情色彩进行划分，如赞扬、同情、支持、中立、反对、厌恶、批评等。接着，进入言论分析的核心层面即观点概括。要防止避重就轻、以偏概全、词不达意、张冠李戴等情况的出现。最后，在观点分析过程中，对煽动性言论、敏感性言论要充分重视，及时形成报告。总之，就是要加强文本分析的准确性、洞察力，一旦出现文本分析偏差，就要第一时间修正，否则会影响舆情分析的结论。

（3）客户需求偏差修正。

对于舆情监测机构来说，有关党政军部门、司法机构、企业或事业单位等委托舆情监测机构进行的舆情监测项目，存在客户偏差修正的情况。客户对舆情监测报告的偏差修正需求多出现于舆情选题、监测范围、监测重点、敏感词过滤、检测周期、报告格式、报告篇幅等方面。舆情监测机构和舆情客户及时沟通，对提高报告的质量、深度、价值等具有重大意义。但是，在尽量满足客户需求的同时，舆情分析师也要坚守职业原则。一是坚持真实性原则，真实反映社会意见构成，不帮忙说假话；二是坚持专业性原则，不能一味地顺从客户的要求而置舆情报告的质量于不顾。

## 三、巧用可视化元素

信息具有不同的"风味"，而每一种信息又和特定视觉表现形式相契合。有些组合很和谐，但有些并不搭配。举例来说，特定的可视化模型设计在总结和突出不同数据的特征时更为有效。就像烹饪一顿大餐，随着食材的增加，烹饪难度也在增加，选择的增加需要我们作出更多的决策。无论是烹饪还是信息可视化，只要包含了不同的元素，就会涉及艺术和科学，而且经验和实践越少，就越容易依赖某些指南或"菜谱"。这些菜谱代表的是前人在多次试验中所犯的错误、做过的计算和宝贵的经验。我们在学习继承的过程中，也需要有自行发挥和试验的空间。

（一）选择、存储并组合不同的元素

数字蕴含着力量。尽管万物平等，但是大一些的数据集往往比小一些的数据集更为全面可靠。不过，只有在收集到的数据准确、有效且完全能够表示某个数据集的前提下，上述论断才是准确的。在数据分析和数据可视化中，越是扩大数据的数量和类型，获取的视角也更为丰富、更具深度，但不恰当地处理数据的可能性也越高，从而产生有误导性的结果。因此，对数据以及关键元数据的管理任务十分重要①。

---

① 元数据（metadata），又称中介数据、中继数据，为描述数据的数据（data about data），主要是描述数据属性（property）的信息，用来支持如指示存储位置、历史数据、资源查找、文件记录等功能。

1. 选择

虽然我们可能知道自己想买哪些东西,但并不总是能预先估计会买到什么。同理,在处理监测数据时,我们可能需要许多主要数据集,但也有可能不断担心是否遗漏某些关键元素。一旦发现有遗漏,这些数据可能就不再容易获得了。

在数据选择的过程中,也会有意外出现。我们去超市购物时,经常会准备一个购物清单,上面写着需要购买的商品;但在购物过程中,我们有时也会买些清单上没有的东西,比如出发前未曾想到的商品,它们直接进入我们的视野提醒我们购买,如下图所示。

"购物单上的食品都已经卖完啦!"　　　　"咦,橙子现在是特价销售,我得把橙子加到购物车!"

购物过程中出现的意外

这种情况同样发生在获取数据的过程中。有时,用户也许会检查严格定义的数据点,但另外一些时候,则可能对整个数据集感兴趣,并且想要知道哪些数据在这个数据集中,哪些不在。

| | 新闻\|敏感 | 微信\|敏感 | | 微博\|敏感 | 网络互动\|敏感 |
|---|---|---|---|---|---|
| 美通社 | 346\|31 | 38\|3 | | 48\|4 | 117\|3 |
| 新闻稿 | 3\|0 | 27\|1 | | 394\|36 | 0\|0 |
| 发布会 | 756\|47 | 226\|11 | | 870\|42 | 0\|0 |
| 电讯 | 0\|0 | 46\|0 | | 0\|0 | 2\|0 |
| 公共关系 | 88\|17 | 6\|0 | | 149\|36 | 246\|9 |

"我想知道不同平台的监测数据。"　　　　"看起来除了新闻和微信,还有一些其他有意思的平台。"

数据选择过程中出现的意外

2. 存储

在忙碌的时候,许多人也许愿意一次性购买尽可能多的商品,以减少去商店的次数。不过冰箱和橱柜的空间总是有限的,我们购买的食物都有保质期,虽然整盒的汉堡和芝士保质期很长,但水果的保存期只有几天而已。如何正确存储食物是个问题,在数据洪流中对数据的选择和存储是一项更加艰巨的任务。虽然如今存储数据的能力已经十分强大,并且还在不断提升,但生成的数据总量却更多。就数据本身来说,它们也有不同的"保质期"。

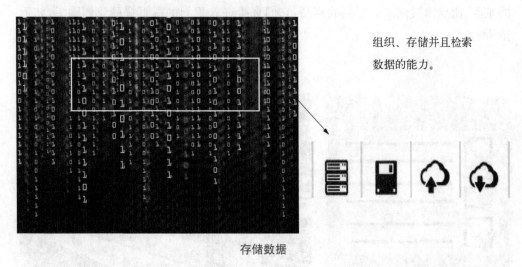

组织、存储并且检索数据的能力。

存储数据

同时,在讨论大数据的生成和管理时,分类问题十分重要。因为在进行这种大规模的工作时,自动化技术和机器学习并不总能发现会在最终分析中产生重大影响的细微差别。这是我们在组织和结合数据时必须考虑的问题。技术和机器就像我们的机器人助手,可以卓有成效地完成特定任务,但也有可能无法仔细地分类,从而导致很多新的问题产生。在处理诸如水果这样的有形物品时,如果机器分类错误,那么发现错误和解决问题相对来说还容易一些。但是,如果是处理无形的数据,一旦表格里的数字重合在一起,想要检查出错误,再将其正确分开则难于上青天。因此,为了高效地完成任务,必须仔细地考虑添加标注和分类等事项。

3. 组合

数据集会因许多原因合并在一起,例如添加了新的分类,或者是更新了现有的数据库。而数据的合并可能会引入许多错误,并且一旦数据合并在一起,产生的新问题就很难被发现了,而且有时人们甚至根本不会去检查。举例来说,一位医生有两份病历,上面分别写着李洪四和洪四;那么这两位病人究竟是一个人还是两个人?如果他们是两个人,那么病例合并之后会产生很严重的后果,甚至导致误诊。如果这两个名字指的是同一个人,那么当医疗提供者最需要其病例的时候,这些数据可能无法被获取,造成遗漏。甚至在更新病历时,也可能在新数据中出现匹配错误,例如一位病人更换了电话号码,但是病历会显示两个号码都有效。好的数据可视化工具能在数据

集中迅速有效地解决这个问题

（二）数据类型和视觉形式相匹配

不同的数据类型适合不同的可视化表现形式。例如，折线图就很适合表现一系列连续变化的数据值。这也是时间轴（time line）而非时间框或时间圈通用的原因。每一种视觉表现形式在表现数据特征时都有其优缺点。并且，可视化有许多"规则"。有的是实际的规则，有的则是帮助我们作出选择的建议。如果是出于数据的要求，而且你也知道该怎么做，那么许多实际的规则也不必遵守。但是，的确有一些规则不应该违背。这些规则通常是用于一些特定种类、几乎只能用特定方式阅读的图表。当这些规则被打破，阅读过程中，数据有可能被误读。因此，尽管某些特定数据集有多种适合数据特征的表现形式，但其中可能只有一种最为适合、有效。

1. 条形图的起点必须是零

条形图依赖长度来呈现数据，是经常使用的一种图表类型。短的条块代表较低的值，长一些的则表示较高的值。条形图的原理就是通过比较条块的长度来比较值的大小。

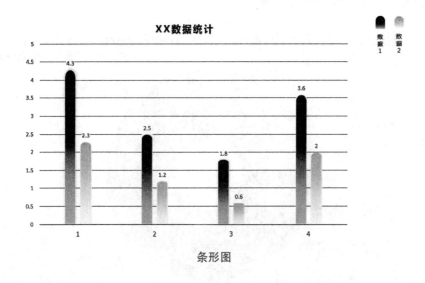

条形图

值得注意的是，当基线被改变，视觉效果也就扭曲了。福克斯新闻截图中，3 月31 日目标的值为 7 066 000，比 6 000 000 高出 17.8%，然而第二个条形几乎是第一个条形长度的三倍。虽然这张图的重点在于两个值的差而非这两个值本身。但即便如此，用条形图来表示本身就是一个错误的选择。使用时间序列来呈现月累积数也许会更好。

2. 饼图并非万能

饼图作为数据可视化中最基本的表现形式，能够立即传达出整体和部分之间的关系。圆形和其他图形一样，能够使我们立刻从折线图的诸多直线中，抑或是网络图

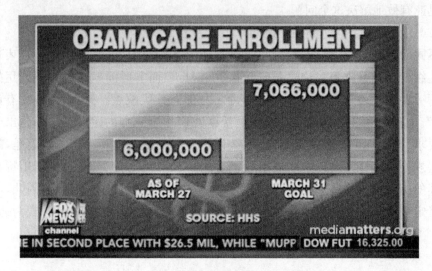

福克斯新闻截图

的节点当中发现其相互关系。但是,随着饼图的滥用,我们发现其实饼图在许多方面都无法从视觉上提供非常准确的信息。

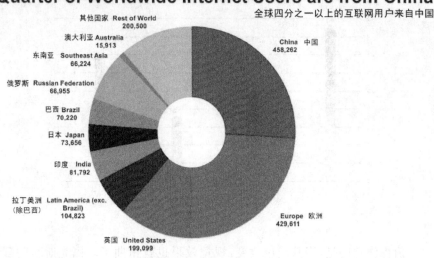

饼图中的扇面过多

在上图中,因饼图的扇面过多而导致我们无法从视觉上获取每个扇面之间的差距。多少是"太多"?这是一个判断力的问题。如果已经很难从图中看出其中一块扇形是另一块两倍大,或者好几个较小的扇形区域看起来差不多大时,在扇形切割上面就该收手了。此时可以考虑把较小的类目归入一个更大的"其他"。圆环图也是一样。需要考虑用其他种类的图表来表示比例,不要太依赖饼图。

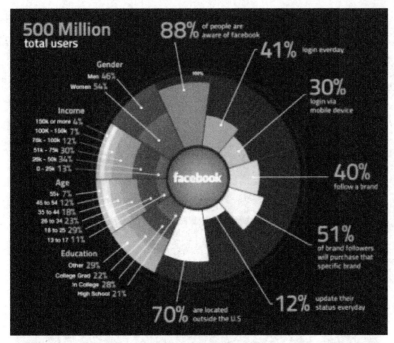

**比较 Facebook 和 Twitter**

上图是一张比较 Facebook 和 Twitter 的复合饼图，图片被切割成许多块，以此来提供更多的信息。但过于复杂的堆积玫瑰图并不方便读者快速获取图片的信息。有许多方式可以展示这组数据，比如树状图、按照数据比例制作的图标等。单薄的饼图只适用于显示只有几组值的数据。

3. 尊重部分所占整体的比例

相较于呈现数值，有些图更着重于表现部分与整体的关系，它们表现的数据是部分所占整体比例。比如，堆积式条形图、堆积区域图、树状图、马赛克图、圆环图以及饼图等。在这些图表中，每一个部分都表示一个独立的、不重叠的比例。

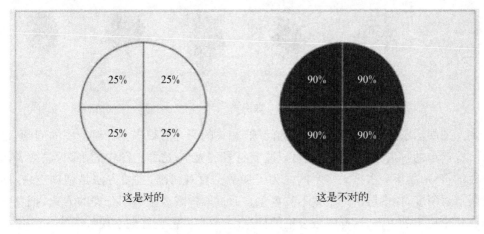

**各部分无直接相关性的饼图**

关于这一条,最常见的错误发生在调查问题允许多选时。比如"你上周使用了哪一种交通工具？可以多选。"这样的问题,会导致图表出现比例的重叠,不同选项的百分比之和大于一。为了避免这种情况,不能直接把比例做成统计图。

例如,这张饼图来自福克斯新闻下属机构,它表现了三个不属于同一个整体的百分比。每一个值都是一个单独的整体,因此在这一例中,用三个堆积式条块(或普通的条块)可更直观地表现每个值的比例。

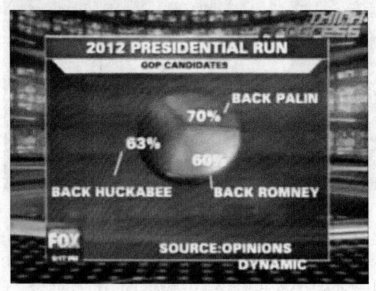

福克斯新闻截图

### 4. 展示数据

让读者看到数据是可视化的重点。如果数据的呈现不够清晰,就违背了做图表的初衷。这常常是因为一张图里的数据太多,导致读者的兴趣被分散。

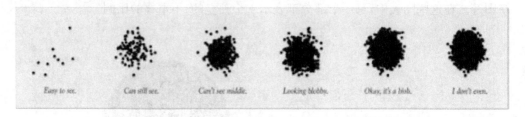

散点图

上图展示了经典的"绘图过度"的问题,相关的研究有很多。针对上图的问题,也有一些简单的解决方式。首先是可以改变符号的大小,这样上图中的小圆点(或者是其他的符号)就不会占据太多空间。为了让数据直观清晰,主要方法是增加空白,同时调节透明度,使多层次的图案不被覆盖。通过取样或者把数据分类的方式,把总体分成几个更小的子群,这样每张表里的信息就会少一些,更好地呈现数据。

下图最终形成了一个球场的形状,并得出了关于球员们投篮最多的地点的一个

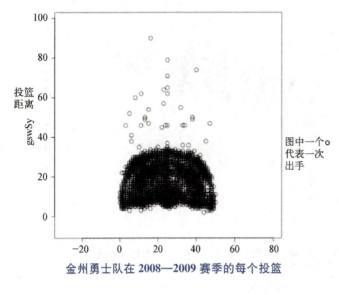

投篮距离 gswSy

图中一个 ○ 代表一次出手

**金州勇士队在 2008—2009 赛季的每个投篮**

小结论——近框、中距离，以及三分球。但是它们之间的差距是很小的，读者并不能看清真正量级上的差距。

最后一件事就是确保你没有违反最基础的可视化规则——这都是关于理解数据转换可视化图形的过程。如果能弄明白数据是如何转换成几何图形的，那么，我们就可以进行可视化创作了。但对于特定的几种只能用特定方式来读取的图表，是没有什么改变的余地的。总之，一定要学会把数据转换成可视化图形，然后真正理解可视化制图中"规则"和"建议"的不同之处。

## 四、可视化工具清单

数据可视化可以将复杂的数据以令人印象深刻的形式表现出来，同时也可使人发现数据有趣的地方，引发思考。数据可视化中的"蒸馏"过程十分具有挑战性，并且需要大量的创新。在现实世界和数据世界中，哪些工具是探索者和传播者实现目标所必需的？

中国首个数据写作社区镝数为几个可视化工具出了一份相同的考题：由 Gapminder 提供的 2015 年包含 187 个国家的人均预期寿命（health）、人均 GDP（income）和人口数（population）的数据。数据如下所示：

| | A | B | C | D | E | F |
|---|---|---|---|---|---|---|
| 1 | country | income | health | population | | |
| 2 | Afghanistan | 1925 | 57.63 | 32526562 | | |
| 3 | Albania | 10620 | 76 | 2896679 | | |
| 4 | Algeria | 13434 | 76.5 | 39666519 | | |
| 5 | Andorra | 46577 | 84.1 | 70473 | | |
| 6 | Angola | 7615 | 61 | 25021974 | | |
| 7 | Antigua and Barl | 21049 | 75.2 | 91818 | | |
| 8 | Argentina | 17344 | 76.2 | 43416755 | | |
| 9 | Armenia | 7763 | 74.4 | 3017712 | | |
| 10 | Australia | 44056 | 81.8 | 23968973 | | |

**Gapminder 数据**

在接下来的可视化呈现中，x 轴表示人均 GDP，y 轴表示预期寿命，气泡的大小代表这个城市的人口数量，你既可以称它为散点图，也可以称它为气泡图。之所以选择这样一个简单的图表进行可视化，是因为对气泡大小的调整可以明显对比出哪款

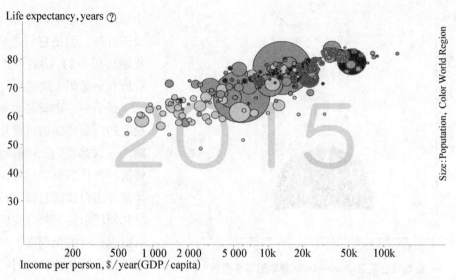

气泡图

工具更好用。

　　规则：最大限度地尝试模仿这张 Gapminder 图表，但不过度使用设计类工具。比如，在 Illustrator 中只用图表工具而不用那些名目繁多的设计类选项。同样，这里也不事先修改数据 csv 文件，数据表格会始终如一。

　　（一）Excel

　　最常用的软件是 Excel 表格。熟练掌握 Excel 表格与制表功能及其他 Office 系列软件，是做好舆情分析工作的基础。Excel 也是所有工具中，气泡图创建花费最多精力的一个工具。在弄清楚如何调整坐标轴后，发现所有的气泡看上去就像是没有识别度的一团黑，需要用"给不同的气泡上色"这一选项让气泡变得五颜六色。可以说，Excel 在坐标轴理解方面表现出色。

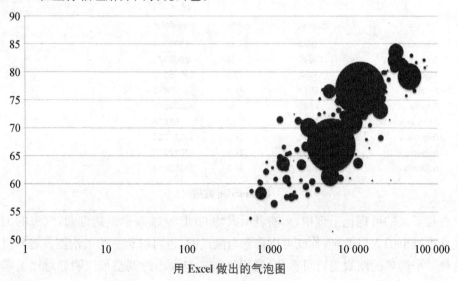

用 Excel 做出的气泡图

### （二） Google Sheets

Google Sheets 是目前非常受欢迎的图表工具，工作相较 Excel 来说更为流畅。虽然它没有 Excel 那么复杂和功能强大，但也足以完成散点图中所需要的基本操作（比如拆分、去重、countif 函数、ifelse 语句、vlookup 语句、最大值、平均值、中位数、简单的数据透视表等）。Google Sheets 也可以做出气泡图，但是需要一点小改动——调整一下数据。

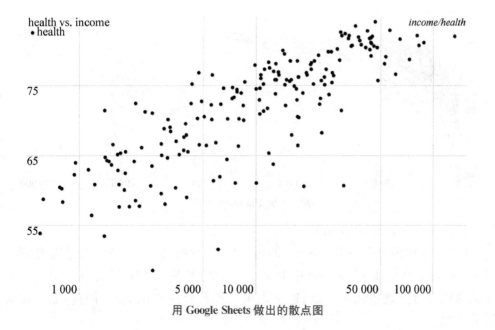

**Google Sheets 截图**

**用 Google Sheets 做出的散点图**

#### (三) Adobe Illustrator

Adobe Illustrator 是几乎所有的信息设计者在数据设计时都会用到的一个工具。事实上，Illustrator 中的图表工具使用感并不是太好。例如 Illustrator 不能处理气泡图，而且这里没有对数标尺的选项（如果你想要设置，你需要处理数据）。

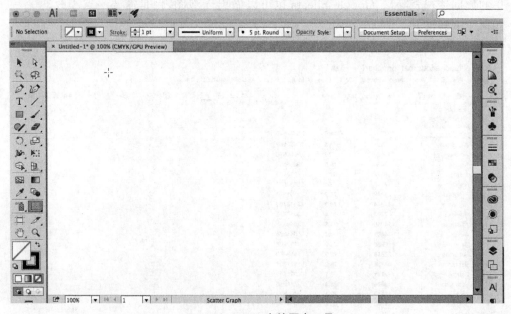

Adobe Illustrator 中的图表工具

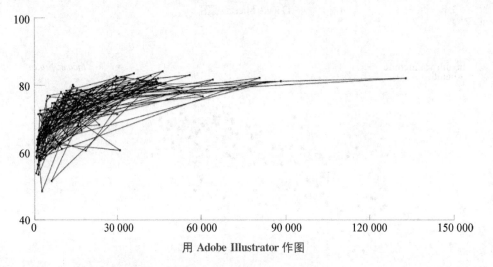

用 Adobe Illustrator 作图

#### (四) RAW by DensityDesign

RAW 被称为 Adobe Illustrator 的超级简易延伸：你可以将图表导出为 SVG 或 PDF 格式，然后在 Illustrator 中调整。对于气泡图，RAW 确实有改变气泡大小的选项且可设置坐标轴 0 点（但横纵坐标轴需要同时设置）。同样，它也没有对数标尺。

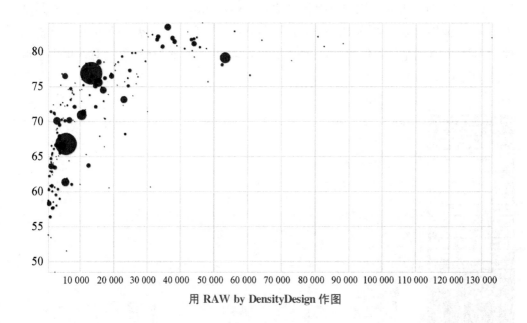

RAW by DensityDesign

用 RAW by DensityDesign 作图

（五）Lyra

这个软件出现有一段时间了，但它还是存在一些问题，因此把它作为第一选择是不明智的。相比于它的执行能力，它的概念或许更让人喜欢：Lyra 把每个可视化的基础元素、大小、高度和宽度都变成可以用数据调整的东西——只需要简单地拖拽变量和尺度。你可以把最后的图导出为 SVG，这样就可以用 Illustrator 调整。在这方面，Illustrator 应该学学 Lyra。

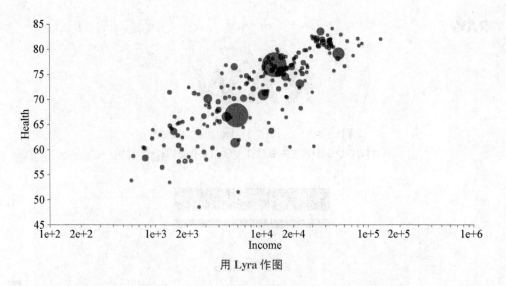

用 Lyra 作图

**（六）Polestar**

和 Lyra 一样，Polestar 也是华盛顿大学交互数据实验室的作品。Polestar 使用 Vega-Lite（一种新的交互数据可视化语法）[①]，Vega-Lite 基于 Vega，而 Vega 则是基于 D3.js。他们的创造者称 Polestar 是"轻量级的 Tableau 式界面的可视化分析软件"。而且它真的是轻量级的（而且处在开发初期，仍有一些故障，也没有选项用于调整图形大小）。

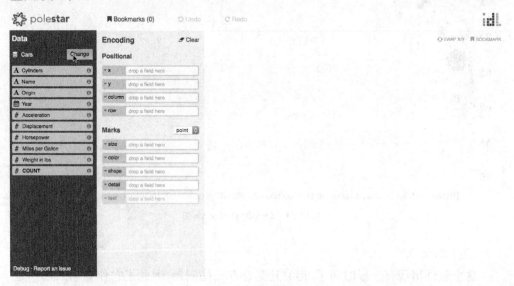

**Polestar 操作界面**

---

① Vega-Lite 是一个基于 Vega 的高级语言，它支持用简洁的规范，快速定义数据的可视化和交互模式。Vega 是一个比较高级的语言，支持用户快速地定义、实现常见的可视化和交互方式。Vega 在实现中，很大程度地依赖了 D3.js。D3.js 是比较底层的语言，它具有比较好的表达性，能够支持用户实现各种新颖、复杂的交互方式。

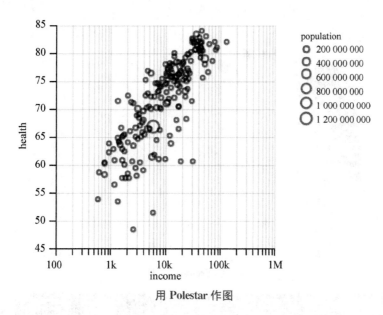

**用 Polestar 作图**

## （七）Quadrigram

Quadrigram 是一个故事构建工具，其子功能就是创建图表。Quadrigram 似乎是简化版的 Lyra，适用于简单的项目，但是它也不提供对数标尺。

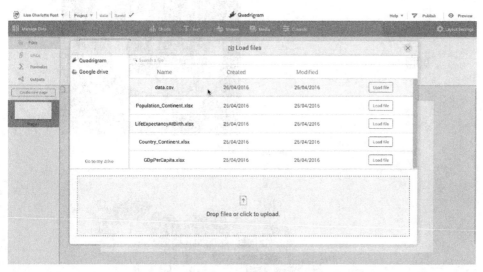

**Quadrigram 操作界面**

## （八）Easychart

Easychart 拥有 Highcharts（是一个用纯 JavaScript 编写的图表库）的界面，在数据处理上，Easychart 的体验更好。遗憾的是，这个软件也不能在坐标轴上调整变量，所以不得不删除数据中的"国家"列。按理说应该将初始值设置为 0，但是设置完后表格却消失了。不过，这个软件还是可以完成气泡图的制作。可以把图表存成 PDF 和 SVG 的格式，这意味着可以用 Illustrator 进行调整。

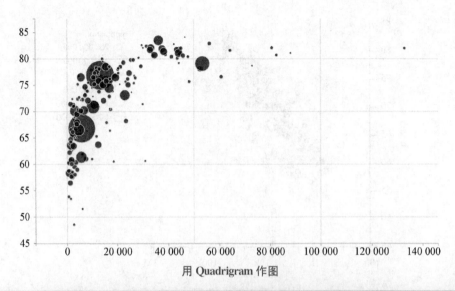

用 Quadrigram 作图

Easychart 操作界面

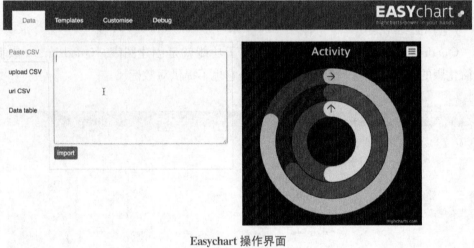

用 Easychart 作图

## （九）NodeBox

可视化的程序语言如果能做到像 NodeBox 这样是非常棒的。但是在散点图上运行时，就可以明显感觉到它并不是为简单的数据可视化而生。它并不能直接将这些椭圆的气泡直接分布在 x 和 y 值上，相反，用户首先必须创造出"点"，然后将这些"点"的坐标值传递给气泡。因此，NodeBox 几乎不可能创造出人们想要的坐标轴。

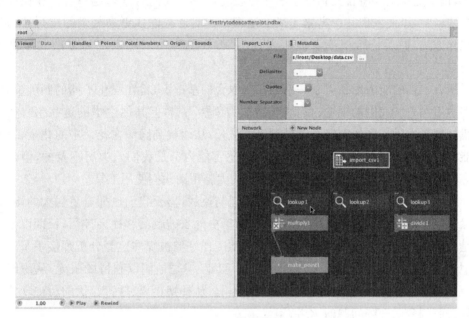

**NodeBox 操作界面**

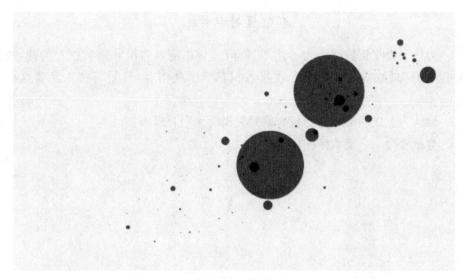

**用 NodeBox 作图**

# 本 节 小 结

在本节中,我们了解了舆情分析报告的撰写技巧以及信息可视化的方法。正如我们所看到的,即便是点和线这么简单的可视化形式也包含很多内容。点和线的威力在于它们所传达的数据,所呈现的设计形式,以及最为重要的——观察并研究它们的人,正是受众最终将含义和信息赋予可视化图形。我们有意识地将目光放在基本的模块当中,以便发现其中寓繁于简的道理。其实还有许多更为复杂的撰写技巧与可视化方法,但还是希望读者能够受到启发,在脑海中勾画出更为复杂和丰富的报告。

所有生物的能力都建立于一系列权衡取舍的基础上,旨在强化不同的制胜策略。人类也不例外。我们的视觉、嗅觉、听觉能力固然不错,但其他生物的这些感官往往比我们还要发达。例如蜜蜂能够看到光的波长,从而找到隐藏在花朵中的花蜜;警犬则能够依靠嗅觉找到潜逃的犯人。它们的感官能力都是我们人类所不及的,但是人类有别于动物之处就在于:我们拥有强大的大脑帮助我们使用工具。

新的媒介技术的出现带给我们新的机遇与挑战,需要我们也拥有更强大的能力。虽然英国历史学家霍布斯鲍姆说"解构披着历史外衣的政治和社会神话,长期以来一直是史学家职业义务的一部分",但现在这项工作好像被媒体监测分析师接手了。尽管他们不是史学家,尽管他们是新兴的一个职业,但是他们以独特的眼光,从纷纭复杂、乱象丛生的网络舆情中理出头绪、还原本真,从扑朔迷离、跌宕起伏的历史现象中梳理关联到今天一些问题的脉络。

# 本章复习思考题

1. 为什么要收集数据? 为了达成目标,应该以何种力度收集数据? 为此,我们应该如何确定过滤数据的标准? 收集数据都有哪些内容,又是哪些人负责这些工作呢?

2. 你认为造成网络舆情分析与研判失误的因素有哪些?

3. 尝试着做一个文本挖掘。

# 参考文献

[1] 詹姆斯·罗尔.媒介、传播、文化：一个全球性的途径[M].董洪川,译.北京：商务印书馆,2005.

[2] 埃里克·麦克卢汉,弗兰克·秦格龙.麦克卢汉精粹[M].何道宽,译.南京：南京大学出版社,2000.

[3] 卡尔·波普尔.客观知识：一个进化论的研究[M].舒炜光,卓如飞,周柏乔,等,译.上海：上海译文出版社,2005.

[4] 马歇尔·麦克卢汉.理解媒介：论人的延伸[M].何道宽,译.北京：商务印书馆,2000.

[5] 李曦珍,楚雪,胡辰.传播之"路"上的媒介技术进化与媒介形态演变[J].新闻与传播研究,2012(1).

[6] 郑超然,程曼丽,王泰玄.外国新闻传播史[M].北京：中国人民大学出版社,1999.

[7] 中国大百科全书出版社《简明不列颠百科全书》编辑部译编.简明不列颠百科全书：第二卷[M].北京：中国大百科书出版社,1985.

[8] 董天策.网络新闻传播学[M].福州：福建人民出版社,2003.

[9] 史达.政府网络与网络政治：多维视角的研究[M].大连：东北财经大学出版社,2011.

[10] 林竹.群体性突发事件的舆情视角研究[J].社会纵横,2016(10).

[11] 王来华,冯希莹.舆情概念认识中的两个基本问题[J].天津社会科学,2012(6).

[12] 伊丽莎白·诺尔-诺伊曼.沉默的螺旋：舆论——我们的社会皮肤[M].董璐,译.北京：北京大学出版社,2013.

[13] 马克斯韦尔·麦库姆斯.议程设置：大众媒介与舆论[M].郭镇之,徐培喜,译.北京：北京大学出版社,2008.

[14] 隋莉萍.网络信息检索与利用[M].北京：清华大学出版社,2008.

[15] 汤景泰.危机传播管理[M].北京：经济日报出版社,2015.

[16] 汤姆·斯丹迪奇.从莎草纸到互联网：社交媒体2000年[M].林华,译.北京：中信出版社,2015.

[17] 张传福,刘丽丽,卢辉斌,等.移动互联网技术及业务[M].北京：电子工业出版社,2012.

[18] 中国互联网络信息中心.第40次中国互联网络发展状况统计报告[R].北京：中

国互联网络信息中心,2017.

[19] 刘知远,崔安顾,等.大数据智能:互联网时代的机器学习和自然语言处理技术[M].北京:电子工业出版社,2016.

[20] 李弼程,邬江兴,戴锋,等.网络舆情分析:理论、技术与应对策略[M].北京:国防工业出版社,2015.

[21] 郝晓伟.网络舆情监测:理论与实践[M].北京:国家行政学院出版社,2015.

[22] 杜尔森·德伦.大数据掘金:挖掘商业世界中的数据价值[M].丁晓松,宋冰玉,译.北京:中国人民大学出版社,2016.

[23] 尚明生,佘莉,陈端兵,等.舆情信息分析与处理技术[M].北京:科学出版社,2015.

[24] 梁雪云.网络舆情的分析与研判机制研究[J].今传媒,2016(5).

[25] 饶元,冯妮,宋明爽,等.数据分析——基于内容与结构的网络舆情分析报告(2015)[M].北京:电子工业出版社,2016.

[26] 薛大龙.网络舆情分析师教程[M].北京:电子工业出版社,2014.

[27] 黑格尔.法哲学原理[M].范扬,张企泰,译.北京:商务印书馆,1961.

[28] 刘建明,纪忠慧,王莉丽.舆论学概论[M].北京:中国传媒大学出版社,2009.

[29] 蔡文之.网络传播革命:权力与规制[M].上海:上海人民出版社,2011.

[30] 梅文慧.信息发布与危机公关[M].北京:清华大学出版社,2013.

[31] 胡宁生.中国政府形象战略[M].北京:中共中央党校出版社,1998.

[32] 人民网舆情监测室.2016年第三季度人民日报·政务指数微博影响力报告[R].北京:人民网舆情监测室,2016.

[33] 胡百精.危机传播管理:流派、范式与路径[M].北京:中国人民大学出版社,2009.

[34] 段云峰.大数据和大分析[M].北京:人民邮电出版社,2015.

[35] 张志安,曹小杰,晏齐宏.从美国大选看大数据与网络舆情研究[J].汕头大学学报:人文社会科学版,2017(1).

[36] 周蔚华,徐发波.网络舆情概论[M].北京:中国人民大学出版社,2016.

# 后　记

在"新媒体教育与行业透视丛书"中，《媒体监测》属于非常特殊的一个篇章。从行业体量上来说，媒体监测比不上自媒体航母级当量；从产业发展增速上来说，它比不上新媒体影视绚丽多彩；从技术前沿性来说，它比不上计算新闻夺人眼球。但是，媒体监测就像是整个产业以及在这个产业架构中运行的社会机器的鼻子和耳朵，不可或缺，其内涵和外延在信息爆炸的时代变革里，在数据资产及人工智能的技术传奇中，渗透进了产业、社会及普通人生活的方方面面中，其从业者，也从曾经的"半路出家"，变成了需要专业精神、专业能力、专业素养的专业人士。

本书有幸能够带着校园里的学生、初涉职场的"小白"，以及对媒体监测行业感兴趣的每一个人，踏出认知这个产业的第一步。文至后记，本书的出发点、创新点、知识架构等，在文中都已反复提及，在此不再赘述，我想借寥寥几笔，与读者分享一下我自己从业界"白领"到大学教师的成长体验，希望未来的学习者、从业者，以及可能使用本书的同行们会觉得读之有趣。

从大学毕业进入外资企业到离开业界，我有幸经历了中国互联网崛起和发展的几乎整个过程，从 QQ、MSN 的便捷，搜狐、新浪网站海量的内容，天涯的丰富社区体验，到微博的颠覆概念，再到微信的横空出世……我在市场品牌部门里，真真切切地感受着变革的速度和力度，也看到十几年来，年轻人的成长、成熟，直至变成变革的推动者和时代的引领者。

2013 年，我离开北京，加入西南大学新闻传媒学院，那时的我，雄心勃勃地认为可以无缝对接地把我在业界所得到的知识、技术，乃至经验都传授给我的学生。然而，在无数的碰壁之后，我发现，年轻人对时代的敏锐性，对自我的把握性，连同他们对社会、未来、生活、梦想的解读都与我们大不相同，他们对我所讲授的知识和技术进行选择性和批判性接受，甚至拒绝接受。当然，这并不意味着他们已经成熟到了不需要引领的程度，相反，他们对高速变革的社会，应接不暇的资讯，以及追赶不及的技术有着他们自己的恐惧，也有着他们自己的诉求，而这种诉求值得思考。

记得 2007 年我在德国留学的时候，我的教授 Dr. Peter Ludes 曾跟我分享他对教育的理解："在被信息和传播技术（ICTs）推动的时代，我们能做的应该是在最关键的地方为学生打开一扇窗，然后去接纳、理解、欣赏，甚至是学习他们眼中所看到的，或许和我们所期望的不一样的景象。唯其如此，才是帮助他们构建自我学习方法、知识体系，乃至世界观的正确途径。"那时的我已经飘飘然觉得自己深谙其中之意。可是，今天，当我坐下来把我的成长写成书，当一本书经历 20 个月的循环往复之后，我发现,当年的我并不能理解教授微笑背后的深意,而这段话,今天,一字不差,成了我自己信念和期许最真实的写照,也成了我对这本书最朴实的解读。

成书不易,每一份支持和帮助都让人铭记和感动。

感谢引领我的学术前辈,丛书的主编涂涛教授,他"走出去"的魄力让此书成为连接学界和业界的桥梁,他"零瑕疵"的学术洁癖使这本书反复修改了将近两年。

感谢所有业界的朋友,感谢美通社亚太区高级副总裁陈玉劼先生慷慨为序;感谢李晶先生提供了海量的案例和数据;特别感谢李洁女士,我会永远记得你在产房里还在和我核对案例数据!还有太多太多在此书过程过给予无私帮助的业界朋友,用这样的方式再次和你们并肩,是莫大的荣幸和快乐。

感谢高等教育出版社的编辑们对本书的充分信任和大力支持,以及对我本人的宽容和指导。

最后还要感谢 TUT 团队参与本书资料搜集、图文处理和文稿校对工作的每一个同学(操梅、刘彤、冯扬帆、冯陶丽娟),两年的时间,你们都长大了,有的已经远赴英国、荷兰继续学业,有的已经走上工作岗位,有的还在继续为此书后续工作出力。

最后也是最重要的,感谢各位读者阅读《媒体监测》。对书中引用的国内外资料,我们尽力注明出处,若有遗漏,恳请原谅。期待你友情点赞或无私批评。

郭　好

2018 年 5 月

高等教育出版社

# 教学资源索取单

尊敬的老师:

　　您好!

　　感谢您使用郭好主编的《媒体监测》。为便于教学,本书另配有课程相关教学资源,如贵校已选用了本书,您只要添加 QQ 服务号 800078148,或者把下表中的相关信息以电子邮件或邮寄方式发至我社即可免费获得。

**我们的联系方式:**

联系电话:(021)56718921/56718739　　　　电子邮箱:800078148@b.qq.com

大学语文、写作教师 QQ 群:279433803　　　通识论坛 QQ 群:278499548

传真:(021)56718517　　地址:上海市虹口区宝山路 848 号　　邮编:200081

| 姓　名 | | 性　别 | | 出生年月 | | 专　业 | |
|---|---|---|---|---|---|---|---|
| 学　校 | | | | 学院、系 | | 教研室 | |
| 学校地址 | | | | | | 邮　编 | |
| 职　务 | | | | 职　称 | | 办公电话 | |
| E-mail | | | | | | 手　机 | |
| 通信地址 | | | | | | 邮　编 | |
| 本书使用情况 | 用于_____学时教学,每学年使用_____册。 | | | | | | |

您对本书有什么意见和建议?

您还希望从我社获得哪些服务?

☐ 教师培训　　　　☐ 教学研讨活动

☐ 寄送样书　　　　☐ 相关图书出版信息

☐ 其他_____